KB182311

체육수업
어떻게 할까

체육수업
어떻게 할까

고문수 지음

이담
Books

『체육수업 어떻게 할까』를 펴내며

학교체육이 위기를 맞고 있다는 주장이 제기되고 있다. 나라 안은 물론
이고 나라 밖에서도 들려온다. 우리나라만이 아니라 다른 나라들에서도
학교체육이 그 역할을 제대로 하지 못하고 있으며, 따라서 그다지 중요
성을 인정받지 못하는 처지에 있음을 공공연히 밝히고 있는 중이다. 국
내외에 불어닥치고 있는 학교체육에 대한 관심의 저하는 외형적으로는
점차적인 수업시간의 감소로 드러난다. 그리고 내면적으로는 체육수업
의 부실로 진행된다. 체육을 가르치는 이나 배우는 이 그리고 그것을 감
독하는 이 모두가 체육수업의 내실화에 그다지 관심을 두지 않는 것이
다. 중요하지 않으니 시간과 노력 및 투자를 쏟아부을 필요성을 느끼지
못하는 것이다. 다른 중요한 것들이 너무도 많으므로……. 이리하여 악
순환은 계속된다. 관심의 부재가 노력의 부족을 낳고, 노력의 부족은 수
업의 부실을 낳고, 수업의 부실은 다시 관심의 부재를 낳고, 이렇게 부실
의 악순환은 계속된다. 결국 위기의 종착지는 파국이다.
<최의창(2010)의『인문적 체육교육과 하나로 수업』의 내용 중에서, 57쪽>

현장의 교사들이라면 위의 체육교육의 문제에 관심을 게을리 해서
는 안 된다. 체육교육의 문제는 다른 사람들로부터 해결되기보다는
나의 노력이 선행될 때, 해결의 실마리가 나타날 수 있기 때문이다.
그리고 위의 문제를 해결하는 것은 먼 훗날의 일도 아니다. 지금 당
장, 오늘의 일로 인식될 때 해결의 실마리가 움트기 시작할 것이다.
무엇보다 현재의 나로부터 체육교육이 변화하고 개선된다는 철학이

교사의 내면에 자리 잡을 때, 학교체육의 위기는 점차적으로 사라질 수 있다. 현장의 교사들은 체육교육의 부실에 대해 누구를 탓해서도 안 된다. 나에게 주어진 체육수업을 충실히 구현할 때, 미래의 체육교육은 변화하고, 학생들의 건강과 체력이 되살아날 것이라는 확신만이 우리가 당면한 체육의 위기를 극복해 나가는 실마리가 될 수 있기 때문이다.

『체육수업 어떻게 할까』는 그동안 학교 체육수업이 지향하지 못한 부분과 현장 중심의 체육수업 개선을 위한 아이디어를 제공하는 교사의 책무성에 관심의 초점을 두었다. 지금까지 여러 해 동안 학교 체육수업이 진행되어 왔지만, 큰 변화 없이 이전의 교육 내용과 방법을 답습하면서 체육수업이 변화하기만을 바라는 현실적이지 못한 기대만을 꿈꾼 것이 우리의 주변 상황이다. 이러하다 보니 우리 학교체육의 오랜 역사에도 불구하고, 초·중등학교 현실에 적합한 체육수업의 내용을 제공되지 못한 아쉬움이 있었다. 이에 좋은 체육수업을 위한 다양한 접근과 교구를 활용한 체육수업 및 체육수업의 새로운 도전의 내용을 구안하는 작업에 착수하였고, 그 결과 체육수업 개선을 위한 핵심적인 내용들을 산출할 수 있었다.

『체육수업 어떻게 할까』는 크게 4부로 구성하여 체육활동의 실제적인 측면에 관심을 집중하였다. 제1부는 좋은 체육수업을 만들기 위한 방안을 소개하였다. 1장은 학생들이 체육수업을 통해 얻는 가치를 탐색하였다. 2장은 체육수업에서의 좋은 교사의 역할을 제안하였다. 3장은 최근 관심을 끌고 있는 체육수업 모형의 이해와 수업지도안을 제시하였다. 4장은 체육수업의 전략을 탐색하는 장으로 체육수업 전, 체육수업 중, 체육수업 후에 해야 할 수업 전략을 자세히 소개하였다.

제2부는 교구를 활용한 체육수업으로 학교 체육수업의 변화를 지향하는 데 관심을 집중하면서 2007년 개정 체육과 교육과정의 내용이 드러나도록 다섯 개의 장으로 구성하였다. 먼저 5장은 즐거운 체육수업을 만들기 위한 전략 방안으로 교구와 체육수업과의 만남을 제안하였다. 6장은 교구를 활용한 체력활동으로 여섯 가지의 활동을 소개하였다. 7장은 교구를 활용한 도전활동 여덟 가지를 소개하여 학습자의 흥미를 고려한 체육수업이 되도록 하였다. 8장은 교구를 활용한 게임활동 열 가지를 소개하여 학생들이 교구의 중요성을 이해하고, 수업참여의 지속화 방안을 고려한 활동이 되도록 하였다. 그리고 9장은 교구를 활용한 표현활동을 교육과정과 연계하여 제시하였다.

제3부는 미래 체육수업의 새로운 도전의 내용을 고려한 활동을 네 개의 장으로 나누어 소개하였다. 10장은 체육수업에서 준비운동에 활

용 가능한 게임활동을 소개하여 새로운 도입활동의 접근 방법을 탐구하였다. 11장은 학생들의 정서를 함양하는 데 도움이 되는 체육과 감상수업의 필요성과 방법을 피력하였다. 12장은 최근 인문적 접근을 바탕으로 총체적인 인간을 형성하는 데 도움이 되는 통합적 접근을 위한 하나로 수업의 사례를 소개하였다. 그리고 13장은 뉴스포츠를 활용한 체육수업으로 킨볼과 플라잉디스크를 활용한 체육수업을 소개하였다.

제4부는 체육수업 개선을 위한 노력과 관련된 내용으로 14장에서는 현장에서 체육수업 개선을 위한 글쓰기 여섯 편을 소개하였다. 이 글쓰기에서는 학교 체육수업 개선과 교사의 역할을 제안하였고, 이 글을 통해 독자들이 글쓰기에 입문하는 실마리가 되고자 하였다. 15장은 체육수업 개선과 관련된 현장 연구 중 교사 연구와 학생 연구를 각각 한 편씩 소개하여 질적 연구에 대한 이해와 교육 주체들의 노력에 대한 연구의 중요성을 제안하였다.

본 저자는 최근 학교 현장에서 이루어지는 체육수업을 보면서 체육을 지도하는 교사가 본연의 역할에 충실하지 못하고, 학생들은 제대로 된 체육학습을 경험하지 못하는 것에 아쉬움을 느끼게 되었다. 초등학교는 대부분 학급담임이 체육을 지도하기 때문에 체육수업의 준비와 신체활동 프로그램을 구성하여 체육수업을 만들어 가는 데 한계를 지닐 수밖에 없다. 하지만 이러한 문제점을 그냥 두고만 보아서는 안 된다는 생각을 갖게 되었다. 현장 교사들에게 적합성이 드러나는 활동을 제시한다면 수업을 준비하는 데 시간을 줄이게 될 것이고, 학생들에게 교육적 효과를 드러낼 수 있는 적절한 활동 방법을 안내한다면 수업활동에 적극성을 갖고 참여하게 될 것이라는 확신을 바탕으로 수업개선에 관심을 기울였다.

『체육수업 어떻게 할까』는 현장의 교사들에게 다양한 신체활동의 안내를 토대로 즐거운 체육수업을 이끄는 실마리를 제공할 것이다. 그리고 학생들에게는 흥미와 관심이 지속될 수 있는 신체활동의 내용을 소개하여 적극적인 활동의 참여를 이끌게 될 것이다. 『체육수업 어떻게 할까』에서 소개된 활동들은 개인 위주의 활동이라기보다는 모둠원들과 상호 협력하여 활동하는 가운데 협동심을 배양하고, 활동에 참여하면서 스포츠맨십과 체육의 가치를 경험하도록 안내할 것이다.

『체육수업 어떻게 할까』가 출판되기까지 많은 분들의 도움이 있었다. 먼저 한국학술정보(주)의 채종준 대표이사님과 편집진 선생님들께 감사를 드린다. 그리고 학교체육이 개선될 수 있도록 다양한 종류의 체육교구를 지원하여 체육수업 프로그램을 구성할 수 있도록 배려해 주신 (주)인터존코리아의 오창익 사장님과 이한찬 사장님께 진심으로 고맙다는 말씀을 전한다. 또한 학교 체육수업을 개선하는 데 좋은 글을 제공해준 인천동춘초등학교 전세명 선생님께도 감사를 드린다. 그리고 매일 바쁘다는 핑계로 함께하지 못함을 이해해 준 사랑하는 딸 나영이와 윤지 그리고 사랑하는 아내가 고맙고, 학교체육을 개선하는 데 큰 빛이 될 것을 약속한다.

학교 체육교육의 발전과 변화는 멀리 있는 것이 아니다. 나와 네가 함께하여 '우리'라는 공동체가 형성될 때, 변화의 그림자는 훨씬 빠르게 다가올 것이기 때문이다. 교육대학과 사범대학의 예비교사들은 물론 현장의 교사 및 체육교육 연구자들의 관심과 노력이 하나로 집결될 때, 우리 체육의 앞날은 밝은 빛으로 자리매김할 수 있다. 학교체육은 자라나는 우리 학생들의 미래 꿈을 실현하는 토대이기 때문이다.

우리 체육 파이팅!

2010년 11월 15일
고문수

CONTENTS

01

체육수업의 가치

    교사가 좋은 체육수업을 만들어 간다는 것은 무엇을 의미할까? 다양하게 이야기할 수 있지만, 여기서는 학생들이 수업활동에 적극적으로 참여하면서 움직일 수 있는 여건을 마련하는 부분에 초점이 있다. 체육수업은 학생들에게 다양한 신체활동을 제공하는 부분에 관심이 모아져야 한다. 그리고 이러한 관심이 교육적 실천으로 나타날 때, 학생 개개인은 움직임 욕구를 실현하고, 운동을 수행하는 데 필요한 기본 운동기능과 체력을 증진하게 된다. 교육적인 측면에서는 학생들이 운동과 건강에 관한 지식을 이해하고, 사회적으로 바람직한 태도를 함양하는 부분에 목표가 있다(교육인적자원부, 2002; 유정애, 2007). 이는 체육활동이 성장하는 학생들의 심동적·인지적·정서적인 발달에 큰 영향을 미치기 때문이다(박노혁, 2003; Wuest & Bucher, 1999).

    2007년 개정 체육과 교육과정에서는 학생들에게 신체활동의 가치를 제공할 것을 제안하고 있다(유정애, 2007). 신체활동의 가치는 의도적으로 계획한 스포츠나 무용 등의 신체활동에 지속적으로 참여하고 수행하는 과정에서 경험하거나 교육의 결과로 얻어지는 교육적 가치를 의미한다. 신체활동의 가치는 목적적 가치와 내용적 가치를 포함한다. 여기서 신체활동을 수행하는 동기는 신체활동의 목적적 가치에 해당하고, 신체활동 수행 과정에서 학습하는 교육 내용으로 개념, 원리, 운동기능 및 전략, 경기 운영, 문제 해결 그리고 태도 등은 내용적 가치에 해당된다.

    체육수업에서 체육의 가치를 이해하면서도 학생들이 적극적으로 참여하지 않는 상황에서 개정 체육교육과정에서 제시하는 심동적·인지적·정의적으로 통합된 목표를 추구하는 체육수업을 진행한다는 것은 매우 힘든 일이다. 하지만 교사가 수업활동에 대하여 열정을 표출한다면 학생들의 수업참여는 높아질 것이다. 최의창(2007)은 수업활동에서 교사의 DIY(Do It Yourself)를 제안하였다. 이는 주어진 환경에서 자신의 철학을 바탕으로 교육활동을 전개하는 것을 말한다. 미래 체육수업의 방향을 설정하는 것도 다름 아닌 DIY의 입장에서 접근해야 할 것이다. 교육활동이 실천으로 옮겨 가기 위해서는 작으나마 교사가 어떻게 해야 한다는 교육적 믿음이나 신념의 책무성을 구현할 수 있어야 한다. 학생들에게 신체활동에 참여할 수 있는 여건만 조성된다면, 학생들의 체육활동이 가치 있게 이루어지는 것은 큰 문제가 되지 못한다. 왜냐하면 대부분의 학생들이 체육수업을 좋아하고, 체육수업을 통한 교육적 가치를 긍정적으로 바라보고 있기 때문이다(고문수, 2008; 곽은창·권순정, 1999; 김윤희, 1999; 김윤희·강신복, 2000; Carlson, 1995; Luke & Sinclair, 1991).

현장의 교사들은 학생들이 수업활동에 적극적으로 참여할 수 있는 다양한 프로그램을 설계하는 부분에 관심을 집중해야 한다. 좋은 체육수업은 창의적인 학습환경과 장비가 사용되고, 새로운 수업 프로그램이 마련될 때 만들어질 수 있다. Good과 Brophy(1994)는 교사 측면에서 좋은 수업의 특성에 대하여 학습자들이 갖고 있는 잘못된 개념들을 추출하거나 예상하고, 학습자 자신이 무엇을, 어떻게, 왜 학습하고 있는가를 이해할 수 있게 하는 초인지 전략을 가르치며, 다양한 학습 수준의 목표를 제시해야 한다고 언급하였다. 뿐만 아니라 교사는 다른 교과 영역과의 통합적인 수업을 진행하며, 평가를 통하여 자신의 수업 반성 자료로 활용해야 한다고 하였다.

Lotie(1975)는 수업을 잘하는 것은 교사가 학생들에게 교육적 영향을 주었다는 것을 느낄 때이며, 이는 교사의 만족감과 긴밀하게 연결된다고 주장하였다. 이러한 만족감은 심리적 보상으로서의 교사의 성향을 말하는데, 교사들은 심리적 보상을 직업 만족감의 가장 중요한 원천으로 인식하고 있다. 교사는 한 학생 또는 학생 집단에 영향을 주어 그들이 무언가 배웠다는 것을 알게 될 때 만족감을 느끼는 것이며, 직접 가르치는 행동인 수업을 잘함으로써 자긍심이 높아지게 된다. 교사는 위와 같은 노력을 기울일 때, 좋은 체육수업을 지향해 나가는 출발점에 위치하게 된다. 이에 교사는 좋은 체육수업을 만들기 위하여 학습자 개개인의 필요와 능력에 따라 적절한 과제를 정하여 지속적으로 실천할 수 있는 방안을 강구해야 할 것이다.

한편, '학생들을 체육활동에 즐겁게 참여시키기 위해 어떻게 해야 하는가?'에 대한 물음은 체육활동의 모습을 변화시키는 원동력이 되고, 변화를 지향하는 체육수업은 학생들의 참여를 이끄는 실마리를 제공하게 된다. 그럼에도 불구하고, 지금까지 여러 해 동안 이 부분에 대한 관심이 실천으로 나타났다고 보기에는 어려움이 많아 보인다. 그렇다면 이 부분에 대하여 어떠한 모습을 보여야 하는가? 이제부터 진지하게 고민할 때이다. 학생들은 내재적으로 동기가 유발되었을 때, 체육수업에 몰입하게 된다. 그러나 내재적인 동기유발은 학생들이 스스로 만들어 나가는 데 한계가 있다. 주변의 여건이 조성될 때, 학생들의 잠재적인 동기가 외현적으로 드러나고, 이것이 자신의 기호에 맞게 형성될 때, 내재적인 동기로 전이되는 것이다. 동기는 학생의 정서와도 밀접한 관련을 맺게 된다. 학생들의 정서는 신체활동을 통해 표출하게 된다. 이러한 측면에서 신체활동은 학생들의 정서를 표현하는 리허설의 장인 것이다. 학생들의 정서와 동기를 별개로 생각하기보다는 같은 맥락에서 접근하는 것이 적절할 것이다. 학생들의 정서가 긍정적으로 작용하면, 학습활동도 적극적인 참여를 가져올 수 있기 때문이다.

　2007년 개정 체육과 교육과정은 건강활동, 도전활동, 경쟁활동, 표현활동, 여가활동으로 구성되어 있다. 그리고 각각의 활동은 학생들에게 신체적·인지적·정의적인 통합을 통해 신체활동의 가치를 드러내는 데 초점이 있다. 학생들이 체육수업의 가치를 높이기 위해서는 체육활동에 흥미를 갖고 참여하도록 이끌어야 한다. 학생들에게 체육의 가치를 높이고, 체육활동에 몰입할 수 있도록 학습활동 전반에 관심의 초점이 모아져야 하는 이유가 바로 여기에 있다. 체육활동은 학생들의 신체에 다양한 변화, 즉 신체적·인지적·정의적인 태도의 형성에 긍정적인 영향을 미치게 된다. 학생들이 학교 현장에서 진행되는 체육수업에 대해 어떠한 인식을 하고 있으며 무엇을 배우고 있는지를 살펴보는 것은 좋은 체육수업에 대한 현재와 미래의 방향을 설정하는 데 중요한 단서가 될 것이다.

1. 건강과 체력 다지기

　우리는 건강의 유무에 따라 수명이 길어질 수도 있고 짧아질 수도 있다. 대부분의 사람들이 실천하는 운동은 건강을 유지하기 위한 경우가 많다. 학교 현장에서도 학생들은 체육을 건강과 관련지어 생각하는 경향이 뚜렷하게 나타나고 있다. 학생들이 체육활동을 통해 느끼는 경험 가운데 가장 우선적으로 생각하는 부분은 건강과 체력 향상에 도움이 된다는 것이다. 이는 학생들뿐만이 아니라, 오늘을 살아가는 대부분의 사람들이 느끼는 감정과 동일한 것으로 보인다. 일반 스포츠클럽이나 헬스장에서 만나는 회원들과 이야기를 나누다 보면, 가장 먼저 이야기하는 부분이 건강에 도움이 된다는 것이다.

건강은 체력을 향상시키는 토대가 될 수도 있고, 반대로 체력을 향상시키면 건강해질 수 있다는 이야기도 있다. 운동은 21세기 건강의 신약이라는 표현이 대변하듯이 학교 현장에서 체육의 가치는 건강과 매우 밀접한 관계를 맺게 된다. 예컨대, 체육의 다양한 가치 중에서 건강이 무엇보다 우선시되는 것은 작금의 현실이다. 또한 학생들은 체육이 질병을 예방하는 데 교육적인 효과가 있다는 부분에 대해서도 상당 부분을 긍정하고 있다.

> 체육을 재미있게 즐길 수 있는 방법의 예로는 축구, 야구, 배구 등이 있습니다. 운동을 하면 건강해질 수 있고 질병의 예방에도 큰 도움이 됩니다<김혜진과의 인터뷰/2009. 4. 6>.

또한 학생들은 운동을 통해 체력이 향상되었다는 긍정적인 생각을 간직하고 있다. 많은 학생들이 학교에서 배운 줄넘기운동을 통해 심폐지구력의 변화에 도움이 되었다는 반응이다. 다양한 스텝과 음악이 사용되는 음악줄넘기는 학생들에게 참여 동기를 유발하고, 이들의 감정을 자극하여 움직임을 유도하는 유인책이 되고 있었다. 단순히 줄넘기만을 가지고 횟수 뛰기를 하는 수업과 음악이 함께 사용되는 수업은 비교할 수 없을 정도의 차이를 보이게 된다.

2. 웃음과 즐거움의 터(Teo)

학생들은 운동장에서 다양한 웃음을 표출한다. 환한 웃음, 행복한 웃음, 어이없는 웃음, 비웃음, 황당한 웃음, 억지웃음 등이 나타나고 있다. 이 중 환한 웃음은 줄넘기에서 2단 뛰기를 하지 못했었는데, 열심히 노력하여 성공하였을 때 나오는 웃음이다. 어이없는 웃음은 자책골을 넣거나, 자신이 실수를 하지 말았어야 하는 곳에서 실수를 했을 때 나온다. 체육수업에서 학생들의 웃음이 일어나는 상황은 매우 다양하다. 학생들이 이야기하기를, 체육수업에 바라는 점 또한 웃음을 주고 성공을 경험할 수 있는 기회를 원하고 있었다.

대부분의 수업은 교사와 학생의 상호 작용 과정에 따라 의미가 달라진다. 과제제시가 학생들의 수준에 맞게 제시되었을 때는 참여율도 높고, 수업에 흥미를 느끼면서 참여하게 되지만, 이와 반대로 과제제시가 학생들의 수준을 벗어나게 된다면 흥미를 잃거나 도전을 포기하는 경우가 생길 수 있다. 이러한 측면에서 교사가 학생들에게 과제를 제시할 때에는 학습자의 현재 모습과 수준을 잘 파악한 다음, 학생들 수준에 맞도록 과제를 제시하려는 노력이 필요하다.

학생들은 체육수업의 경쟁적인 게임상황에서 가장 큰 즐거움을 느끼고 있었다. 물론 게임에서 승리하지 못하고 패했을 때는 그 반대의 경험을 가지기도 한다. 그럼에도 불구하고 승리에 대한 강한 기대를 간직하였고, 여러 번의 도전과 노력으로 승리하면서 경기를 마쳤을 때, 그 기분은 최고라고들 한다. 물론 경쟁적인 게임상황에서 매번 승리를 하는 것은 아니지만, 그래도 승리하는 목표지점을 향해 준비하는 과정이 즐겁다는 것이다. 학생들은 체육수업에 대한 기대가 매우 높고 교육적 가치를 얻을 수 있는 의미 있는 교과라는 인식을 간직하였다(고문수, 2010).

3. 도전감과 자신감 키우기

초등학교 체육수업은 학생들에게 다양한 경험의 폭과 깊이를 제공해 준다. 새 학년이 되어 학생들과 수업을 하다 보면, 이전 학년에서 체육활동과 관련하여 배운 내용이 있을 때하고, 없을 때하고 학생들의 활동 모습에서 상이한 점을 발견할 수 있다. 학생들이 체육수업에서 경험적인 내용을 가지고 있는 활동을 보면, 초보단계라 할지라도 서툴지만 적극적으로 참여를 한다는 점이다. 반면, 경험하지 않은 신체활동의 내용에 대해서는 우선 멈칫거리거나 관심이 부족함을 드러내곤 한다. 예를 들어, 공 주고받기에 경험을 가진 학생은 교사의 시범과 학생들의 활동 모습을 보고 잘 따라 한다. 그러나 공 주고받기를 처음 하는 학생들은 공을 다루는 것도 서툴고, 공을 차는 것조차 관심 없어 하는 표정이다. 이러한 점을 고려할 때, 체육수업에서 학생들이 각 학년의 활동내용을 반드시 경험할 수 있도록 지도해야 할 것이다. 이는 도전감과 자신감 측면에 교육적인 시사점을 제공하게 된다. 학생들에게 도전감과 자신감을 형성시켜 주기 위해서는 학습자 수준에서 가르치기(teaching by invitation)와 과제 내 변형(intratask variation)을 통한 과제제시에 관심을 기울여야 한다. 학습과제가 자신의 운동단계에 적합하게 제시될 경우, 과제에 도전할 수 있고, 학업 성취욕이 높게 나타난다는 선행연구의 결과에 주목할 필요가 있다(고문수, 2010).

\# 02

교사의 역할

초등학교 체육교육의 가치를 실현하기 위해서는 체육을 지도하는 교사의 총체적이고 전인적인 역할이 요구된다. 지금까지 운동기능을 잘 전수하는 소극적 수준의 체육교사의 전문성이 필요했다면 앞으로는 학생들이 개인의 활동적인 생활기술과 건전하고 바람직한 스포츠 문화 활동을 경험할 수 있는 다음과 같은 구체적인 전문성을 지니고 있어야 한다. 첫째, 교사는 체육교과 내용에 대한 암묵적 지식과 이를 학생들에게 의미 있게 전달하기 위한 실천적 지식으로서의 수업지식을 지녀야 한다. 암묵적 지식이 교사가 알고 있는 지식이라면, 실천적 지식은 교사가 알고 있는 지식을 학습자의 발달 특성에 맞게 제공해 주는 것을 의미한다. 교사가 암묵적 지식을 많이 지니고 있을 때, 실천적 지식도 풍부해질 수 있다. 따라서 교사들은 체육수업 개선을 위해 다양한 자료를 구비하기 위한 노력에 관심을 기울여야 한다. 각종 학술지나 전문 잡지를 구독하거나 체육 관련 연수에 참여하여 체육에 대한 이해의 폭을 확장시키는 노력을 해야 한다.

둘째, 교사는 학생들이 신체활동을 극대화하기 위해 다양한 교수·학습 자료를 구비해야 한다. 학생들이 체육수업을 소극적으로 참여하게 되는 원인으로는 수업 교구나 수업 자료의 부족을 들 수 있다. 학교 현장에서도 교구의 부족으로 체육수업에 참여하지 못하는 학생들을 볼 수 있다. 교사들은 평균대를 사용하는 수업에서 평균대 한두 개를 꺼내 놓는다. 여러 개의 평균대를 놓고 수업하는 경우는 극히 드물다. 대부분 한두 개의 평균대에서 30여 명의 학생들이 수업에 참여하다 보니 수업에 대한 참여율이 낮을 수밖에 없었다. 이는 학생들이 체육의 가치로 인식하는 신체적·인지적·정의적인 측면의 통합을 저해하는 요인이다. 따라서 학생들에게 체육의 가치를 구현해 내기 위한 방법으로 다양한 교수·학습 자료를 확충하여 학생들이 즐겁게 참여할 수 있는 기회를 제공하는 노력이 선행되어야 할 것이다. 학생들의 신체활동은 움직임을 드러낼 수 있는 기회가 주어질 때 만들어지기 때문이다.

셋째, 교사는 체육수업에 대한 통합적인 안목을 지녀야 한다. 유정애(2007)는 초등학교 체육과 교육과정 해설 연구 개발에서 신체활동을 총체적으로 체험하고 체육 문화를 이해할 수 있도록 교수·학습 활동을 통합하여 운영해야 한다고 제안한 바 있다. 최의창(2007)도 체육 전문인의 심법적 자질을 향상시키기 위한 인문적 접근을 제안하면서 문학, 예술, 종교, 역사, 철학을 중심으로 제공되는 인문적 지혜와 서사적 체험을 통해 체육교육의 통합화를 강조하였다. 이를 위해서는 신체활동에 직접 참여하는 학습활동뿐만 아니라, 간접적인 학습활동으로 읽기, 쓰기, 조사하기, 토론하기 등을 함께 제공하는 활동을 통해 접근해 나갈 수 있다. 이는 체육수업을 통해 학생들에게 신체적·인지적·정의적 영역에 대한 이해를 넓히고, 학생들에게 전인적인 인간을 형성하도록 하는 방안이다.

지금까지는 체육수업에서 학생들에게 신체적인 영역에 대한 이해를 크게 강조하였지만, 인지적·정의적 영역에 대한 이해 부분은 소홀히 취급하였다. 예컨대 체육수업에서 운동기능과 관련된 활동에 주안점을 둔 것이다. 이는 교육적인 측면에서 볼 때, 불완전한 형태의 모습이라 할 수 있다. 고문수(2008)의 연구에서도 학생들은 불완전성을 해소하고, 학생들이 체육수업을 통해 통합적인 안목을 형성하는 데 도움이 되는 간접적인 활동의 하나로 글쓰기 활동을 제안하였다.

무엇보다 학생들은 심동적·인지적·정의적 측면의 통합과 수업에 대한 참여의 의지를 높이기 위한 방안으로 수업 첫 차시에 글쓰기를 해야 한다는 주장이다.

넷째, 교사는 체육수업에서 도덕성과 책무성을 구현하기 위한 인간적인 성품을 지녀야 한다. 체육에서는 신체활동의 통합적 지도를 통해 학생의 인성을 함양하기 위해 교사 자신이 체육교과의 인성교육적 역할을 인식하고, 체육활동을 통해 감성적인 자질을 갖추어야 한다. 인성의 함양을 위해서는 가르치는 사람의 '본보기'가 효과적이며 가장 근원적인 수준에서 영향을 미치게 된다. 이는 학생들은 교사가 가르치는 인성을 아는 것보다 인성의 역할모델로서 교사의 성품과 행동을 통해 본받고 따라 하고 싶은 마음이 생기기 때문이다(최의창, 2007; Campbell, 2003).

지금부터는 좋은 체육수업을 위한 현장에서의 교사 역할에 대한 이야기이다. '좋은 체육수업을 만든다'라고 할 때, 먼저 무엇을 생각해야 할까? 다양한 측면을 이야기할 수 있지만, 본 글에서는 학생보다 교사가 해야 할 일들에 비중을 두고 글을 전개하고자 한다. 교사는 다양한 암묵적 지식을 지니고 있다. 그러나 이러한 암묵적 지식은 학습대상에 따라 다양한 실천적 지식으로 변화될 때, 학습자의 참여를 유도하게 된다. 만약 암묵적 지식이 실천적 지식으로 전환되지 못한다면, 실질적으로 학생들에게 동기를 제공하지 못할 수 있다. 왜냐하면 각 활동들이 교사가 알고 있는 암묵지로 구성되었을 뿐, 학생들의 발달단계에 맞도록 교사가 실천지로 구성해 나가는 데 구체적인 단서를 제공하지 못했기 때문이다. 각 활동에 대한 내용은 바람직하나, 절차상에서 학생들의 흥미와 관심을 끌어내지 못했다는 것이다. 이것은 무엇을 의미하는가? 교사의 지식이 교사의 지식으로 남아 있을 뿐, 학생들에게 의미 있게 전달되지 못했다는 것이다. 그렇다면 학생들에게 직접적인 전달은 무엇으로 가능할까? 이것은 다름 아닌 학생들의 모습 그 자체가 수업활동과 친숙하게 만들 수 있는 전략들이 동원되면 가능하게 변할 수 있을 것이다. 이를 위해서는 체육교사의 전문성 신장, 체육수업에 필요한 여섯 가지의 학습환경에 대한 이해가 요구된다(고문수, 2010).

1. 좋은 체육수업은 교사의 전문성으로부터 나온다

아담 브룩스는 "수업의 질은 교사의 질을 능가할 수 없다"는 표현을 통해 교사의 중요성을 언급하였다. 체육수업과 관련하여 교사의 중요성 중에서 무엇보다 우선시되는 것은 교사의 전문성이다. 우리는 교사 전문성에 대한 전제요소로 마음의 지도(MAP)를 간직해야 한다. 그리고 나서 마음의 지도를 바탕으로 교사의 전문성(TEMPO)을 함양해 나가야 할 것이다. 여기서 MAP란 도덕성(morality)과 책무성(accountability) 그리고 열정(passion)을 지닌 교사를 의미한다. 그리고 이를 기반으로 TEMPO를 펼치기 위한 교사의 노력에 관심을 경주해야 할 것이다. 여기서 T는 과제참여시간(time of task), E는 학생에 대한 교사의 기대(expectation), M은 학생의 활동에 대한 모니터링(monitoring), P는 학생들이 당면한 문제를 정렬(problem assigned), 그리고 O는 수업조직(organization)과 시간 분배 등을 잘해야 하는 교사의 전문성 요소들이다. 특히 교사의 관심과 노력이 체육교육의 방향을 설계하고, 이러한 노력이 체육교육의 가치를 높게 드러내는 원동력이 되고 있음을 잊지 말아야 한다. 체육수업의 가치를 바르게 이해하고, 이 가치를 드러내기 위한 활동으로 학습활동이 진행될 때, 체육은 바람직한 모습으로 정착되어 나갈 것이다.

2. 체육수업에 필요한 학습환경을 제공해야 한다

가. 체육교과서를 활용해라

체육교과서는 학생들의 학습에 도움이 되는 교육 자료인 동시에 자신의 생각을 구체적으로 표현하는 데 도움이 되는 자료다. 그러나 많은 교사들과 학생들은 체육수업시간에 교과서를 제대로 활용하고 있지 못한 실정이다. 이러한 이유로 무슨 활동을 전개할지 몰라 하면서 다른 교사의 수업을 보고, 그 수업을 따라 하는 경우도 있고, 오히려 다른 교사가 사용하고 있는 준비물을 빌려 달라고 다가가는 모습도 확인되었다(고문수, 2008). 이러한 부분이 흔하게 나타나는 것은 아니다. 다만 이러한 부분이 있다는 것 그 자체가 교사의 책무성을 되돌아보게 하는 사례가 된다. 학생들이 수업에 대한 참여와 관심의 지속은 학생들이 무엇을 배울 것인가? 어떤 내용들이 전개되고 있는가와 관련을 맺게 된다. 학생들이 관심을 지속할 수 있는 동인은 어디에 있을까? 그것은 바로 교과서일 것이다. 교과서는 교사와 학생들이 해야 할 내용의 제시와 다양한 도구 역할을 하는 등 긍정적인 가치를 지니고 있다.

> 우리가 할 일을 가르쳐 주는 체육교과서, 교과서를 사용하면 무엇을 할지 알 수 있어서 좋고, 선생님이 무엇을 준비하시는지…… 무슨 활동을 어떻게 하는지 다 가르쳐 주는 체육교과서는 점쟁이다<5학년 위혜빈 학생의 일기글 중에서>.

체육수업시간에 교과서를 활용하지 않는 수업은 교과서의 내용적 가치와 학습 자료 측면에 대한 이해의 부족이기도 하지만, 교사의 책무성을 등한시한 결과이다. 이러한 체육수업의 자화상은 체육수업의 가치를 낮게 만드는 원인이 되고 있다. 또한 지금까지 여러 해 동안 학생들에게 다가가는 교과서를 만들기 위한 노력을 기울여 왔지만 현장의 교사들과 학생들에게 적합성이 드러나는 교과서가 만들어지지 않은 것도 교과서가 사용되지 않는 원인이다. 이에 학생들에게 무엇인가 제공해 줄 수 있는 흥미 있는 소재가 제공된 체육교과서의 개발이 시급하다. 학생들에게 다가가는 교과서가 되기 위해서는 다양한 형태의 검정교과서 체제로 바뀌어야 한다. 각 지역의 특성과 학생들의 흥미가 고려된 교과서가 개발된다면 학생들은 이전의 교과서보다 흥미를 갖게 되어 활용의 빈도를 높이게 될 것이다. 2011년부터 초등학교 5 · 6학년 체육교과서가 검정교과서 체제로 바뀐다. 참 다행스러운 일이다. 각 학교에서는 엄정한 교과서 심사를 통해 학교에서 활용이 가능하고 학생들의 참여를 지속할 수 있는 좋은 체육교과서를 채택해야 한다.

나. 수업대형에 변화를 제공해라

체육수업에서 수업 대형은 상당히 중요함에도 불구하고 지금까지 어느 누구도 관심을 기울이지 않았다. 이는 체육활동에 대한 중요성은 인정하면서도 가장 기본이 되는 부분에 관심을 등한시한 결과로 보인다. 다시 말하면, 중요하기는 하지만 이 부분이 현실적인 논의의 선상으로 떠오르고 있지 못한 것이다. 그렇다면 수업의 대형은 어떻게 이루어져야 할까? 지금까지 사용되어 온 4열 종대이어야 하는가, 아니면 4열 횡대이어야 하는가? 물론 둘 다 적절하지 못하다. 그 이유는 4열 종대든 4열 횡대든 학생들을 순서적인 나열을 만들 가능성이 높다는 것이다. 이는 소수의 학생들에게는 유익할지 모르지만, 다수의 학생들에게는 적합하지 않다는 반응이다. 예컨대, 운동기능이 좋은 학생은 앞쪽에 서고, 운동기능이 부족한 학생은 중심으로부터 멀리 서도록 만드는 원인을 제공하게 된다. 이는 체육의 가치에서 제시하고 있는 학생들의 정신적인 측면에서 부정적인 영향을 미치게 된다. 그렇다면 수업대형은 어떻게 이루어져야 하는가? 그것은 다름 아닌 원형의 수업형태가 교육적으로 의미를 제공한다는 것이다(고문수, 2008).

> 5학년부터는 체육수업을 할 때, 원으로 서서 활동을 한다. 그전에는 항상 두 줄로 서서 키순서대로만 섰다. 그래서 남자와 여자 따로따로 서게 되고, 준비운동이나 활동을 할 때 선생님 설명이 잘 들리지 않았고, 항상 같은 친구들과 서니까 다른 친구들하고도 서 보고 싶다는 생각이 들었다. 그런데 매 시간마다 원으로 준비운동과 정리운동을 하니까 서로 다른 친구들과도 옆에 서게 되면서 더 친하게 된 친구도 있다<5학년 이유빈 학생의 소감문 중에서>.

수업대형이 원형으로 이루어져야 하는 이유는 무엇일까? 이는 학생들의 순서적인 계열성보다는 순환성을 토대로, 혹시 잘하는 학생과 못하는 학생이 바로 옆에 있을 때에도 자신이 옆 사람보다 순서적으로 부족하지 않다는 인식을 느끼도록 함으로써 학생들의 정서에 부정적인 느낌이 들지 않도록 하는 데 도움을 주기 때문이다. 긍정적인 정서는 수업에 활력을 제공하게 된다.

다. 학생들이 익숙한 수업내용으로 시작해라

수업에서 학생들에게 익숙한 경험의 내용을 사용할 때, 학생들의 참여를 지속적으로 이끌어 낼 수 있다. 그럼에도 불구하고 지금의 관심사는 교사의 방법적인 측면에 관심을 기울이면서 학생의 관심사와 관계없는 내용을 사용해 왔다. 이는 학생들의 참여를 낮게 만드는 원동력이 된다. 이러한 측면에서 체육수업의 첫 시작은 학생들의 관심사와 경험이 드러나는 활동으로 진행해야 할 것이다. 대부분의 수업을 보면 교사중심의 내용을 전개하다 보니 학생들이 흥미를 잃게 되는 경우가 많다. 시범을 보이는 경우에서도 이를 자주 엿볼 수 있다. 시범은 고난이도의 시범보다는 학생들이 쉽게 보고 이해할 수 있는 수준이면 적합하다. 시범을 보이는 사람도 반드시 교사일 필요는 없다. 활동내용에 따라서는 오히려 학생들이 적절한 역할모델이 될 수도 있다. 앞으로 이 부분이 세심하게 고려된다면 지금까지 여교사들이 시범을 보이거나 체육수업을 진행하는 데 소극적인 경향성을 드러내고 있는 부분을 메워 가는 데 도움이 될 것이다.

라. 감각의 통합으로 학생의 생각을 강화해라

"자극이 다양할수록 생각이 뚜렷해진다"는 말이 있다. 이는 생각의 강화를 위해서는 감각의 통합이 이루어져야 한다는 말이다. 학생들의 활동에 대한 참여는 오감을 활용하되, 두 가지 이상의 감각의 통합을 바탕으로 학생들의 참여를 극대화시켜야 한다. 교사들은 학생들이 자극이 다양할수록 생각이 뚜렷해진다는 가치를 깊이 있게 되새기고 수업 속에서 이 부분을 등한시하지 말아야 한다. 학생들의 파지는 하나의 감각보다는 두 가지 이상의 감각이 동원될 때, 인지적으로 깊이 있게 남는다. 학생들에게 피드백을 제공하는 경우에도 감각이 통합된 피드백을 제공하는 것이 학습의 목표를 달성하는 데 큰 도움이 된다. 배구의 오버토스를 배우는 시간이라면 학생들에게 동작을 보여 주면서 언어적인 단서로 '머리 위에서'라는 말을 동시에 사용한다면 학생들이 감각을 통합해 나가는 데 도움을 받게 될 것이다. 이는 체육활동에서 신체활동에 대한 적절한 피드백을 제공하는 데 유익한 측면이기도 하다.

마. 창의적인 학습환경과 장비를 구안해라

교사들은 학습환경에 적합하도록 학습활동을 고안하거나 부족한 교수·학습 자료, 시설 및 장비에 어울리도록 활동을 변화시켜야 한다. 그러나 대부분의 교사는 그들이 직면한 현실에 적응하기만 하고 창의적인 학습환경을 만들려는 생각이나 의지를 표출하지 않는다. 선행 연구들에 따르면 전문적인 교사들은 효율적인 학습환경을 학생들에게 제공할 목적으로 교실환경을 변화시키고 수정해 나가는 것으로 나타났다(고문수, 2006). 이에 효율적인 체육수업을 위해서는 교수활동에 필요한 자료를 신속하게 준비해야 한다. 교수 내용에 따른 자료의 활용능력과 준비가 무엇보다도 중요하기 때문이다.

또한 학생들에게 호기심을 불러일으키는 다양한 교수·학습 자료에도 관심을 기울여야 한다. 체육수업에서 킨볼, 패드민턴, 디스크야구, 도지비피구, 디스크골프, 플로어하키, 사커골프 등을 통해 학생들이 다양한 도전과 경쟁활동을 할 수 있도록 지원해 주어야 한다. 지금까지 학생들에게 너무 흔해서 학생들이 관심을 불러일으킬 수 없는 교수·학습 자료만을 사용해 온 것도 부인할 수 없다. 학생들의 신체활동을 통한 신체적·인지적·정의적 가치는 저절로 만들어지는 것이 아니다. 교사가 의도적이고 계획적으로 준비하여 학생들에게 제공할 때만이 실현으로 다가갈 것이다. 학생들에게 새로운 준비물이 도입된 체육수업이 만들어질 때, 학생들에게 체육교육의 가치를 깊이 있게 불러일으키는 원동력이 될 수 있다.

바. 학습자 수준에 맞는 과제를 제공해라

과제가 학습자의 수준보다 난이도가 높을 때 학생들의 참여는 적극적이지 못하다. 반면에 학생들의 수준에 적합한 활동이 제공될 때, 학습자들은 과제에 적극적으로 참여하게 된다. 이에 학생들이 호기심을 가지고 참여하도록 과제 수준을 적절히 조절해야 할 것이다. 만약 과제의 난이도가 높다면 학생 개인이 문제를 해결하기보다는 모둠원들이 공동으로 해결할 수 있는 기회를 주는 것이 좋다. 이러한 과제는 모둠 내에서는 협동을, 모둠 간에는 경쟁을 유도하면서 수업활동에 적극적인 참여를 유도하기 때문이다.

만약 주어진 과제가 학생들이 수준에 어울리지 않는다면 학생들이 특성을 고려하여 학생들이 활동에 쉽게 접근해 갈 수 있도록 문제를 정렬해 주어야 한다. 학생들이 자신의 수준에 적합하다고 생각했을 때, 학생들의 참여는 적극성을 보이게 된다. 그리고 이러한 적극성은 다른 신체활동을 하게 되는 유인책이 된다. 학생들이 할 수 있다는 가능성과 현실적인 측면에서 가능함을 제공하는 것은 좋은 수업의 원천이다. 교사들은 학생들이 갈등하는 삶보다는 성취의 삶으로 옮겨 갈 수 있도록 학습자 수준을 고려하는 배려가 있어야 한다.

03

수업 모형의 이해

1. 체육과 수업 모형

체육교사들은 체육을 지도하는 방법을 '체육교육방법(Physical education method)'으로 정의한다. 체육교육방법은 교사의 수용된 절차에 따라 진행되는 직접적이고 형식적인 접근 방식을 말하는 것으로, 수업을 운영할 때 학생들에게 최소한의 역할을 부여한다. 본질적으로 교사는 방향을 제시하고 학생들은 그것을 따라 하는 방식으로 진행되었다. 학년수준과 학습환경에 관계없이 대부분의 활동은 한 가지 접근방식에 의해 지도되었다.

1960년대 초기 체육은 지도방법의 개념을 몇 가지 혁신적인 '지도전략(teaching strategies)'과 '지도스타일(teaching style)'로 이어 갔다. 두 번째는 Musska Musston(1966)의 '수업스펙트럼 스타일'로 이어졌다. 이 두 가지 발전은 교사들이 수업을 어떻게 계획하고 지도할 것인가에 대한 가능성을 열어 주는 데 공헌하였다. 세 번째 움직임은 1980년대 시작된 '효율적인 지도(effective teaching)'로 학생의 학습 수준을 한층 증가시킨 의사결정과 실행의 총체로 인식되었다. 교사들은 지도전략 및 지도스타일 범위 내에서 다양하게 효율적인 지도기술을 발전시켜 나갔다. 반세기 이상, 이 체육지도법이 활용됨에 따라 유치원과 초·중등 체육교육에서 수많은 혁신적인 지도 방법들이 생겨나게 되었다. 지도방법, 지도전략, 지도스타일 및 지도기술은 체육교육의 제한적이고 단기적인 결과를 증진하는 데 많은 도움을 제공하였다.

과거 30년 동안 체육 지도방법의 탐구와 관련된 네 번째 움직임은 모든 학생들에게 신체활동을 어떻게 지도해야 하는가를 개념화하는 문제였다. Bruce Joyce와 Marsha Well은 1972년 『수업 모형(Model of Teaching)』을 출판하였다. 이 책에서는 수업(Instruction)을 "구조화되고 논리적으로 일관성이 있으며, 확고하면서 명쾌하게 기술된 패턴"으로 보고 있다. 이 패턴은 수업 모형이라고 불리며 이론, 수업 계획, 수업 운영, 교수·학습과정과 평가를 모두 포함한다. 수업 모형의 범위는 우리가 현재 알고 있는 방법, 전략, 유형 및 기술의 개념보다 좀 더 광범위하고 총체적인 것으로 인식된다. 이 모형은 전체 단원과 프로그램에서 의도된 장기적인 학습 결과들은 이끌어 내는 데 목적이 있다(유정애 외 8인, 2003).

가. 수업 모형의 특징

전통적인 체육수업은 학생에게 가르칠 내용과 활동에 근거하여 이루어져 왔다. 수업 조직은 목표나 교수 모형보다는 수업 내용(농구, 하키, 테니스, 에어로빅댄스)에 의해 결정되었다. 교사가 수업에 관하여 학생들에게 언급하는 내용을 보면, "나는 양궁을 이런 방식으로 가르칠 것이다", "나는 게임을 이런 방식으로 가르칠 것이다", "나는 라인 댄스를 이렇게 가르칠 것이다" 등 교사들은 학년이 다른 학생에게 동일한 내용을 동일한 방식으로 가르치려 한다. 배구의 경우, 초등학교 6학년을 가르치든, 고등학교 3학년을 가르치든 배구의 내용, 과제 구조, 학습활동의 계열성은 거의 유사하다고 볼 수 있다.

처음에 언더핸드 패스를 가르치면 다음에는 토스를, 그 다음에는 스파이크를, 그러고 나서 서브와 몇 가지 규칙을 가르쳐 준 다음에

게임에 들어간다. 각 요소를 가르치는 데 사용되는 학습활동도 삼각 패스, 벽 패스 등 거의 비슷하다. 이러한 유사함은 "배구를 가르치는 방법에는 정해진 방식이 있고, 그러한 방식이야말로 모든 수준의 학생에게 똑같이 효과적이다"라는 가정에서 기인한다. 다시 말해, 내용은 체육 교과의 내용 단원을 가르치는 방법을 결정하는 데 가장 영향력 있는 요인이다. 이것은 활동중심 수업지도(activity based instruction)라고 볼 수 있고, 교사들이 체육수업을 설계하는 데 사용하는 가장 일반적인 방법이기도 하다.

수업 모형에 기초한 접근 방식은 하나 이상의 요인이 변화할 때 다른 모형을 선택하도록 한다. 수업 내용이 동일할 때에도 모형은 변화할 수 있다. 예를 들어 2명의 중학교 체육교사들이 축구 단원을 시작하고 각자의 수업에 서로 다른 학습 결과를 가지고 있다면, 그들은 두 가지 다른 수업 모형으로 다르게 지도할 수 있다. 만일 김 교사가 학생 개개인에게 고난도의 기술 습득을 성취하게 하는 것을 수업의 목표로 설정했다면, 그는 수업 단원을 개별화 수업 모형으로 설계할 것이다. 박 교사가 학생들에게 게임의 전략적 지식을 제공하고자 한다면, 그 교사는 이해중심 게임수업 모형으로 수업을 설계할 것이다. 이 두 교사의 수업은 중학교 체육수업의 축구 단원이라는 공통된 맥락을 갖고 있지만, 지도 방법에 대한 결정은 가르치는 내용에 기초한 것이 아니라 학습 결과나 다른 요인에 기초를 두고 있다. 이러한 요인은 두 교사가 각각의 수업 단원에서 서로 다른 수업 모형을 선택하도록 한다.

나. 수업 모형의 종류와 특징

1) 직접 교수 모형

직접 교수 모형(direct instruction model)은 행동주의 심리학을 기본으로 하여 교사들의 교육 경험을 통해 귀납적으로 만들어진 모형이고, 교사중심의 의사결정과 교사 주도적 학생의 참여형태를 특징으로 한다. 교사는 활동 내용에 대하여 분명한 학습 목표를 가지고 학생들에게 기술과 기능 및 개념을 교사의 시범을 포함한 모형(model)과 함께 제시하며, 학생들이 과제를 연습하고 있을 때에는 긍정적, 교정적 피드백과 같은 가능한 많은 강화 피드백을 사용하면서 학생들의 학습 활동을 주도하고 조절하게 된다. 학생들은 많은 의사결정을 할 수 없으며, 교사의 지도에 충실히 따르도록 가정한 것이다.

이 모형의 목적은 학생들이 교사의 지도하에 가능한 한 많이 연습하게 하며, 교사로 하여금 학생들이 연습하는 것을 관찰(monitoring)하며, 학생들에게 긍정적이고 교정적인 피드백을 제공하는 비율을 높이는 데 있다.

〈표 3-1〉 직접 교수 모형을 적용한 도전활동(멀리뛰기) 수업의 예시

학습단계	학습과정	교수·학습활동	시간	자료 및 유의점
전시과제 복습	과제복습	▷ 이전에 배운 수업내용을 복습하기 •이전의 수업과 현재의 수업과제를 연결할 수 있도록 이전에 배운 내용을 말해 본다.	5′	
과제제시	동기유발 학습 목표 제시	▷ 발구름 조건에 따른 멀리뛰기 비교하기 •멀리 뛸 때, 뜀틀을 밟을 때와 구름판을 밟을 때의 다른 점을 예상해서 말해 본다. ▷ 학습 목표 제시 •여러 방법으로 도움닫기 하여 멀리뛰기를 할 수 있다.	5′	

초기 과제 연습	준비운동 제시된 과제 연습	▷ 원 주변에 둘러서서 준비운동 하기 •원 주변을 가볍게 걷거나 뛰고 나서 발목과 무릎 돌리기 ▷ 구름판에서 구르는 발바닥을 여러 가지로 하여 멀리 뛰기 •발끝, 뒤꿈치, 발바닥 전체를 딛고 뛰는 연습하기 •오른발 또는 왼발로 구르면서 비교해 보기 ▷ 뜀틀, 나무 상자, 스프링보드를 밟고 멀리 뛰기 •물체를 힘차게 딛는 공중자세와 내리는 자세를 익히기 ▷ 고무줄, 허들을 놓고 뛰어넘기 •고무줄, 허들에 닿지 않게 높게 멀리 뛰기 -고무줄과 허들을 놓는 것은 높게 멀리 뛸 수 있는 가시적인 목표 의식을 가지게 하는 데 목적이 있음을 알게 한다.	10′	•학생 스스로 자기의 움직임과 친구들의 움직임을 인지하고 비교하면서 수정해 가도록 한다. •스프링보드는 탄력이 강하므로 도움닫기를 천천히 하도록 한다. •높이 뛰는 것이 멀리 뛰는 데 도움이 된다는 것을 인식하도록 한다.
피드백 및 교정	과제에 대한 피드백 제공	▷ 동작에 대한 피드백과 교정해 주기 •발바닥 전체를 힘차게 디디며 멀리 뛰기 •멀리 뛰어진 발을 선택하여 뛰기 •멀리 뛰기 위한 높이뛰기를 연습하기	5′	•처음에 멀리뛰기 동작들에 대해 교사가 일방적으로 수정해 주지 않는다.
독자적인 연습	멀리뛰기와 높이뛰기 연습	▷ 피드백과 교정받은 자세로 모둠별로 연습하기 •멀리뛰기 •높이뛰기	10′	
본시내용 복습	정리운동 학습활동 정리 및 평가	▷ 정리운동 하기 •제자리에서 힘을 빼고 가볍게 뛴다. •발목과 무릎, 허리, 팔을 가볍게 돌리고, 흔들거나 두들겨 준다. ▷ 학습활동 정리하기 •구르기, 공중 자세, 내리는 자세 중에서 뜻대로 되지 않은 것을 발표해 본다. •오른발과 왼발 중에서 더 멀리 뛸 수 있는 발은 어느 쪽인지 알아본다. ▷ 평가하기 •구르기, 공중 자세, 내리는 자세가 적절한 학생을 칭찬한다.	5′	

2) 동료 교수 모형

동료 교수 모형(peer teaching model)은 한 명의 학생 또는 소집단의 학생들이 교사 역할과 학습자의 역할을 번갈아 가면서 맡아 협력하여 정해진 학습을 해 나가는 것을 말한다. 이것은 교사중심의 강의식, 주입식 일변도의 학습 지도 방법을 탈피하여, 학생들끼리 협력하는 원리를 학습활동에 도입하는 학습 지도 방법이다. 예컨대, "나는 너를 가르치고, 너는 나를 가르친다"는 목적을 가지고 서로 상호 보완과 협력을 해 가며 교사로부터 주어진 학습 과제를 완수해 나간다. 다만 동료 교수 모형은 학생이 다른 학생을 가르치는 전략을 활용한다는 것은 분명하지만, 교사가 계획한 모형중심의 접근방법을 준수해야만 동료 교수 모형이 될 수 있다.

동료 교수 모형은 학생이 한 가지 이상의 학습활동에서 짝을 지어 '나란히(side by side)', '학습하는 파트너 학습(partner learning)'과는 다르다. 동료 교수가 되기 위해서는 학생은 반드시 교사가 일반적으로 맡는 몇 가지 주요 교수기능에 대한 뚜렷한 책임감을 지녀야 한다. 동료 교수 모형에는 정기적으로 교사와 학습자의 역할이 바뀐다 하더라도, 이들 역할에 대한 명확한 설명이 있어야 한다. 협동학습은 학생이 다른 학생을 가르친다는 특징이 있지만, 동료 교수 모형은 협동학습 모형과 매우 다른 총괄 지도 계획을 가지고 있고, 학생들은 전체 내용 단원을 학습하는 동안 소규모 '팀'으로 활동하게 된다(유정애 외 8인, 2003).

〈표 3-2〉 동료 교수 모형을 적용한 건강활동(음악줄넘기) 수업의 예시

학습단계	학습과정	교수·학습활동	시간	자료 및 유의점
들어가기	동기유발 및 학습 목표 제시	▷ 동기유발 •음악줄넘기 공연을 본 경험을 이야기하기 ▷ 음악줄넘기가 건강에 미치는 효과 및 중요성 알기 •심폐지구력을 기르는 데 도움을 제공한다. ▷ 학습 목표 제시하기 •음악줄넘기의 기본 스텝 익히기	5′	•음악줄넘기의 필요성과 활동의 가치를 깨닫게 한다.

탐색하기	음악줄넘기의 기본자세 익히기	▷ 원 주변을 가볍게 걷거나 뛰면서 근육 풀어 주기 ▷ 음악줄넘기의 기본 스텝과 방법에 대해 알아보기 •번갈아 뛰기와 2박자 뛰기의 방법 알기 •앞 흔들어 내기와 뒤 들어 모아 뛰기의 방법 알기	5′	•교사의 직접시범이나 영상자료로 간접시범을 제공한다.
	짝 정하기 및 역할 배정하기	▷ 짝 정하기 및 역할 배정하기 •신체적인 조건과 운동기능이 비슷한 친구끼리 짝을 짓는다. •짝끼리 상의하여 먼저 동료 교사의 역할을 할 친구를 정한다.	5′	•신장이나 운동기능을 고려하여 짝을 정한다.
과제제시	과제제시 및 동료 교수 학습	▷ 번갈아 뛰기와 2박자 뛰기 •교사의 설명을 듣고 따라 하며, 필요한 경우 질문한다. ▷ 동료 교사는 학습자에게 제시한 번갈아 뛰기와 2박자 뛰기의 동작을 단계별로 차례대로 가르치고 학습자는 동료 교사의 설명에 맞춰 동작을 해 보며 익힌다. ▷ 앞 흔들어 내기와 뒤 들어 모아 뛰기 •교사의 설명을 듣고 따라 하며, 필요한 경우 질문한다. ▷ 동료 교사에 의한 동료 교수·학습을 진행한다.	10′	•게임을 통하여 원 주변을 돌면서 몸을 풀 수 있도록 한다. •교사는 돌아다니며 적절한 피드백을 제공한다.
상호 작용	역할 바꾸기	▷ 역할 바꾸기 •동료 교사와 학습자의 역할을 교대한다.	10′	•역할을 바꾸는 데 시간을 낭비하지 않도록 한다.
나오기	정리 및 평가	▷ 정리운동 하기 •음악에 맞춰 네 가지 동작을 자유롭게 표현한다. ▷ 평가하기 •학습한 내용에 대한 경험을 이야기한다.	5′	•배운 동작을 음악에 맞춰 자유롭게 움직이고, 학생들의 경험을 자유롭게 발표하도록 한다.

3) 탐구 수업 모형

탐구 수업 모형(inquiry teaching model)은 문제 해결 학습, 탐구 학습, 학생중심 학습, 발견 학습, 비지시적 학습 등의 유사 용어에서도 알 수 있듯이, 학생들에게 기존의 지식과 기술을 설명식으로 전수시키기 보다는 학생들로 하여금 주어진 상황에서 문제를 인식하고, 과학적이고 논리적인 방법으로 주어진 문제를 해결할 수 있는 지적 능력이나 기능을 길러 주는 데 초점이 있다(교육인적자원부, 2004). 탐구 수업 방법의 주체는 학생들이며, 학생들의 직접적인 경험을 중시하고 있다. 탐구 수업 모형의 가장 중요한 특징은 인지적 영역에서 학생의 학습이 이루어진다는 것이다. 학생은 일단 질문을 받게 되면 혼자서 또는 다른 동료들과 함께 생각을 하게 된다. 인지적 학습은 교사가 추구하는 학습 성취의 유일한 형태이기도 하다. 그러나 인지적 학습에의 참여는 심동적 영역에서 진술된 질문에 대한 선행 조건 내지 자극이 된다. 학생은 먼저 생각을 하고 난 후에 움직임 형태로 대답을 하게 된다.

〈표 3-3〉 탐구 수업 모형을 적용한 표현활동(티니클링) 수업의 예시

학습단계	학습과정	교수 · 학습활동	시간	자료 및 유의점
문제파악 및 준비	동기유발 학습 목표 제시 탐구활동 안내	▷ 동기유발 •티니클링 새의 특징에 대해 조사한 내용을 알아보기 •필리핀 민속춤 티니클링(대나무춤)을 보고 느낌 이야기하기 ▷ 학습 목표 제시 •다양한 방법으로 티니클링을 음악에 맞추어 즐겁게 출 수 있다. ▷ 모둠별로 기본 움직임 익히기 ▷ 모둠별로 티니클링 만들기 ▷ 모둠별로 발표하기	7′	•동영상 자료 •문제상황을 제시할 때는 다음 단계의 문제 설정 단계를 염두에 두고 제시하며, 제시된 여러 상황에서 탐구문제를 선택할 수 있도록 구체화시킨다.
탐구계획 수립	모둠별 탐구계획 수립	▷ 모둠 만들기 ▷ 발표 내용 정하기 •스토리를 정하여 어떤 장면들을 표현할 것인가를 설정하여 연결 움직임 표현을 구성하기 ▷ 준비물 파악하기 •필요한 준비물과 구하는 방법에 대해 토의하기 ▷ 역할 분담하기 •각각의 역할을 토의를 통해 분담하기 ▷ 발표 방법 토의하기 •발표는 어떤 식으로 할 것인지 정하기	5′	•발표할 내용을 순회하며 도와준다. •교사가 안내해 준다.

탐구활동 전개	모둠별 연습 및 작품 만들기	▷ 음악에 맞춰 가볍게 몸 풀기 ▷ 부분 동작 익히기 •발동작 익히기 •손동작 익히기 •줄넘기 줄이나 대나무를 이용하여 연 습하기 ▷ 모둠별로 대나무를 이용하여 티니클 링을 쳐 보고, 친구들과 함께 한두 가지의 동작을 더 만들어 보기	10′	•줄넘기 줄, 대나무
탐구결과 발표	작품발표	▷ 모둠별로 돌아가며 티니클링을 발표 하기 •친구들의 동작을 보고 좋은 점과 노 력해야 할 점을 찾아보기	10′	•제비 뽑아서 모둠별로 돌아가며 발표한다.
심화활동	작품수정 보완하기	▷ 작품을 수정 보완해 가면서 다시 연 습하기 •각 모둠의 작품에 대하여 보완해야 할 점 알려 주기 •모둠별로 연습 장소로 이동하여 교사 가 안내한 점들에 유의하면서 다시 연습하기	5′	•공간 활용 및 다양한 동 작의 구성에 대하여 조 언해 준다.
나오기	정리하기	▷ 음악에 맞춰 원 주변을 가볍게 뛰면 서 정리운동 하기 ▷ 학습 내용 정리하기 •각 모둠의 발표를 듣고 잘된 점과 아 쉬운 점 발표하기	3′	•자신의 생각을 자신감 있게 표현할 수 있도록 허용적인 분위기를 조 성한다.

4) 개별화 수업 모형

개별화 수업 모형의 핵심은 학생들이 학습 속도를 스스로 조절하는
데 있다. 이처럼 학생 개개인의 능력, 흥미, 적성에 따라 교육하는 개별
화 수업 모형은 교육이 추구하는 가장 이상적인 방법 중의 하나이다.
개별화 수업 방법은 학생들이 미리 계획된 학습 과제를 자신의 진보에
따라 학습해 나가는 것을 허용하는 수업 체계를 의미한다. 개별화 수
업 모형에서는 각각의 지식이나 기능의 분석을 통해 학습 과제를 선정
한다. 선정된 학습 과제를 계열화하여 단원을 구성하고, 이를 유인물이
나 비디오테이프와 같은 매체를 통해 학생들에게 제시한다. 이러한 매
체는 과제에 대한 정보, 과제 구성, 에러 분석, 수행 기준 등이 포함되

어야 한다. 학생들은 설정된 수행기준에 맞게 과제를 수행할 수 있으면, 교사의 허락이나 간섭 없이 다음 단계로 넘어갈 수 있다. 이처럼 개별화 수업 모형은 교사가 과제에 대한 정보 제시 시간을 절약함으로써 학생들과 교수·학습 상호 작용을 증진시킬 수 있다는 장점이 있다.

개별화 수업 모형에서는 수업 내용을 고도로 통합하게 된다. 따라서 일일 수업 계획은 없다. 학생들은 개별적으로 학습 과제의 계열에 따라 수업에 참여하기만 하면 된다. 학생들은 지난 수업시간에 완수한 다음 과제부터 수업을 시작하기만 하면 된다. 학생들은 학습활동 안내지를 자세히 읽고, 이에 따라 학습활동을 진행해야 한다. 교사는 학습활동 안내지에 나와 있지 않은 기준이나 세부 사항만을 안내해 주기 때문이다. 따라서 개별화 수업 방법의 핵심은 수업 과정을 통해 학생들이 독립적인 학습자가 되도록 하는 동시에 교사는 불필요한 시간을 절약하여 학생들이 원하는 것에 대해 최대한 상호 작용을 돕는 데 있다(교육인적자원부, 2004). 개별화 수업 모형은 학생에게 자기주도적인 학습자가 되고, 교사에게는 상호 작용이 필요한 학생과 많은 상호 작용을 가능하게 하는 것이다. 이 모형은 심동적 영역과 인지적 영역의 학습을 촉진하는 데 효과적인 모형이다.

〈표 3-4〉 개별화 수업 모형을 적용한 도전활동(평균대 위에서 균형 잡기) 수업의 예시

과정(분)	학습요소	교수·학습활동	시간	자료 및 유의점
학습문제 파악	준비활동	▷ 건강 확인 •학생의 건강상태를 확인하고 조치하기	5′	
	동기유발	▷ 맨손체조의 중요성 알기 •신체 여러 부위에 탄력을 주는 맨손체조의 가치를 함께 읽기		
선수학습 진단	학습 목표	▷ 학습 목표 제시 •신체의 여러 부위로 자신감 있게 균형 잡기를 할 수 있다.	25′	•몸이 아픈 학생은 참관하도록 한다. •개별화 지도 모형은 학습자 중심의 활동이므로 교사가 동기유발을 확실하게 해 줄 필요가 있다.
	목표설정	▷ 자신의 현재 수준 평가하고 목표 설정하기 •개별학습지를 보고 자신의 수준과 단계를 예상하기(총 3단계 단계별로 3동작씩 제시) •단계에 제시된 동작 중 도전할 목표 정하기		
단계별 과제수행	수준에 적합한 과제수행	1단계-평균대에서 균형 잡기 3개 동작 2단계-평균대 균형 잡기 게임 2개 동작 　+심화 동작 1개 3단계-매트에 머리 대고 균형 잡기 2개 　동작+평균대 위에서 머리 대고 　균형 잡기 1개 동작		•여기에서 제시된 단계구분은 단순한 상·중·하가 아닌 기본, 보충, 심화 순이라는 사실을 학생들에게 확실히 주지시킨다. •신체에 무리가 가지 않게 1단계부터 차례대로 수행하게 한다. •교사는 학생이 정확한 자기 평가를 할 수 있고 최선을 다해 수행할 수 있도록 적절한 피드백을 제공한다.
		▷ 준비운동 •원 주변을 가볍게 돌거나 스트레칭으로 관절과 근육을 충분히 풀어 주기 ▷ 진단된 학습 수준과 능력에 맞는 과제 수행하기 •각자 설정한 도전종목을 수행하기 •단계를 마친 후 강화스티커 부여하기		
	자기 평가	▷ 총 9개의 동작을 수행해 보고 다음 기준에 따라 점수 매기기		
		☆(5)- 자세 정확, 5초 이상 유지 / ○(3)- 　자세 보통 이상, 3초 이상 유지 / 　△(1)-1초 이상 유지 / X(0)-자세, 　시간 불가능		
보상	강화 스티커 증정	▷ 각 단계별로 10점 이상의 점수를 획득하면 PASS 스티커를 부여하기	5′	•다음 시간까지 연습해 와서 10점 이상을 획득할 경우에도 스티커를 부여함을 언급한다.
평가	정리운동 및 평가	▷ 정리운동 하기 •몸의 무리가 가지 않는 요가 동작인 아기 자세, 엎드리기 자세 등의 동작을 하며 몸과 마음을 정리한다. ▷ 자기평가 하기 •이번 수업을 통해 느낀 점을 글이나 시로 정리하기 •보충해서 도전할 동작을 선정하기	5′	•자기평가 직전 도입 시 제시한 균형 잡기를 잘하기 위한 방법을 교사가 간단하게 언급하며 마무리한다.

5) 협동학습 모형

협동학습 모형(cooperative teaching model)은 전통적인 소집단 학습의 단점을 해결하고, 학습자 간에 협력적인 상호 작용을 촉진하기 위해 긍정적 상호 의존, 개인적 책무성, 협동 기술, 집단 보상을 강조한다. 협동학습 모형은 경쟁적인 학습이나 개인적 학습에서 일부 학습자만이 성공 기회를 얻을 확률을 줄이고 모든 모둠원들이 자신의 능력에 맞는 과제와 역할을 수행함에 따라 균등한 성공 경험을 갖도록 하는 데 중점을 두고 있다. 이러한 성공 경험은 바람직한 자아상과 학습 과제에 대한 긍정적인 감정을 지니도록 하여 자아존중감, 사회성, 대인 관계 개선, 타인 배려, 학습 태도 개선 및 학습 동기 유발에 기여하는 의의를 지닌다.

또한 협동학습 모형은 모든 학습자에게 동등한 학습 참여 기회를 보장하고, 교사중심이 아니라 학생중심의 수업을 함으로써 수업 방법의 민주화라는 측면에서도 의의가 있다. 이러한 협동학습 모형에 적합한 구체적 수업 전략으로는 모둠별 성취 배분(STAD), 팀 게임 토너먼트(TGT) 그리고 직소 방식이 있다(유정애 외 8인, 2003).

첫째, 모둠별 성취 배분(Student Teams – Achievement Divisions: STAD)의 협동학습 구조 전략이 있다. 먼저, 학생을 여러 모둠으로 나눈다. 각 모둠은 동일한 학습 과제와 필요한 자원을 부여받는다. 교사는 1차 연습 시간(15분에서 20분 정도)을 제시하고, 팀별로 연습하도록 한다. 이 시기가 끝나면, 그동안에 학습한 내용에 대해 시험을 치른다. 시험은 실기시험, 퀴즈 또는 기타 형태의 수행 평가로 이루어진다. 모든 팀원들의 점수가 합쳐져서 팀 점수가 된다. 팀 점수를 공개하고, 교사는 협동 과정에 대해 학생들과 토론하고, 팀의 상호 작용을 높일 수 있도록 조언한다. 그 다음, 팀은 동일한 과제를 다시 반복해서 연습한다. 이때 협동심을 강조하고, 모든 팀원들의 점수를 높이는 데 중점을 둔다. 2차 연습 시간이 주어지는데, 이때 모든 팀원들의 점수가 1차 시험보다 높아야 한다는 것을 알려 준다. 두 번의 시험에서 향상도에 따라 팀 점수가 부여된다. 개인별 점수는 발표되지 않고 팀 점수만 발표되므로, 팀 내의 협동을 유발한다는 특징이 있다.

둘째, 팀 게임 토너먼트(Team Games Tournament: TGT)의 협동학습 구조 전략이 있다. 학생들을 팀별로 나누고, 팀별로 1차 학습 과제를 연습한다. 1차 연습이 끝나면 팀별로 시험을 치른다. 각 팀에서 1등, 2등, 3등, 4등 점수를 받은 사람은 다른 팀에서 같은 등수인 학생의 점수와 비교한다. 즉 1등은 1등끼리, 2등은 2등끼리 점수를 비교하는 것이다. 비교 등수별로 가장 높은 점수를 얻은 학생에게 일정한 상점을 부여한 후 2차 연습을 한다. 연습 후에 다시 시험을 치르고, 1차 때와 마찬가지로 같은 등수끼리 점수를 다시 비교한다. 게임이 끝난 후에 가장 높은 점수를 받은 팀이 승리 팀이 된다. 그 과정에서 팀원 사이의 협동이 조장된다. 이 방법의 가장 좋은 점은 운동기능이 낮은 학생들도 자기 팀을 위해 무엇인가를 공헌할 수 있다는 자신감을 갖도록 하는 데 있다.

셋째, 협동학습의 대표적인 교수 전략 중의 하나인 직소(Jigsaw) 방식이 있다. 직소 방식을 두 가지로 나누어 설명하면 [방법 1]과 [방법 2]가 같다. [방법 1]에서는 먼저 학생들을 팀으로 나누고, 각 팀별로 여러 과제(기술, 지식 영역 또는 게임)를 익힌다. 테니스 단원의 경우 A팀은 포핸드 드라이브의 요소와 단서를 학습하고, B팀은 백핸드 드라이브, C팀은 게임 규칙과 점수 계산법 등을 학습한다. 모든 팀원들은 자신의 팀에 할당된 과제를 익힌 후, 교사가 되어 다른 팀에 그 내용을 가르쳐 준다. 즉, 포핸드 드라이브를 익힐 때 A팀이 교사가 되어 B팀과 C팀에 가르쳐 준다. 평가는 다른 팀을 지도하는 지도 능력에 기초하여 이루어진다.

[방법 2]에서는 각 팀원들이 주제 또는 기술에 전문가가 되기 위해 세부 요소를 익히게 된다. A팀에서 학생 1은 포핸드 드라이브, 학생 2는 백핸드 드라이브, 학생 3은 게임 규칙과 점수 계산법 등을 익힌다. B팀과 C팀도 이와 같은 방식으로 학습이 이루어진다. 팀원이 할당된 학습 내용을 익히면, 각 팀에서 동일한 주제나 기술을 학습한 학생들끼리 모여 전문가 집단을 구성한다. 전문가 집단은 자신들이 배운 내용을 공유하게 된다. 전문가 집단 모임 후 전문가들은 원래 자신의 집단으로 돌아가 배운 것을 다른 팀원들에게 가르쳐 준다. 이러한 방법은 동료 교수를 통하여 다른 학생을 가르칠 수 있다.

〈표 3-5〉 협동학습 모형을 적용한 여가활동(디스크골프) 수업의 예시

학습단계	학습과정	교수-학습활동	시간	자료 및 유의점
들어가기	준비활동 학습 목표	▷ 동기유발 •디스크골프 동영상 자료 시청하기 ─디스크골프를 잘하기 위한 방법을 생각해 보기 ▷ 학습 목표 제시 •모둠원들과 협동하면서 디스크골프게임에 즐겁게 참여할 수 있다.	5'	건강상태가 좋지 않은 학생은 동료평가자 또는 관찰학습을 하도록 한다.
활동하기	과제제시 모둠별 성취배분의 과제구조 (STAD)	▷ 게임내용 소개 •모둠원들과 협동하면서 숫자 맞히기 •모둠원들과 협동하면서 디스크골프게임 하기 ▷ 건강상태 확인 및 준비운동 •원 주변을 가볍게 걷거나 뛰면서 몸 풀기 ▷ 모둠원들과 협동하여 플라잉디스크로 과녁의 숫자 맞히기 •모둠은 3분 동안 플라잉디스크로 숫자판 맞히기를 연습하기 •3분 동안 각 모둠원들은 플라잉디스크로 숫자판 맞히기를 하고 모둠 점수는 모든 모둠원들의 숫자의 합으로 하기 •각 모둠은 3분 동안 높은 숫자를 맞히기 위해	17'	•교사는 모둠학습 과정과 사회적 상호작용을 관찰한다. •모둠 성취 평가에서 금메달은 10% 이상 단축한 모둠, 은메달은 5~9% 단축한 모둠 동메달은1~4% 단축한 모둠으로 한다. •교사는 디스크골프에서 점수를 쓸 때, 자신의 점수를 다른

학습 단계	학습과정	교수 - 학습활동	시간	자료 및 유의점

활동
하기
	팀 게임
	토너먼트의
	과제구조
	(TGT)
		동료를 가르쳐 주거나 연습하기
		•3분 후 각 모둠원들은 숫자 맞히기를 하고 모둠
		점수는 모든 모둠원들의 숫자의 합으로 하기
		▷ 모둠원들과 협동하면서 디스크골프 하기
		•3분 동안 플라잉디스크를 목표물에 던져 넣기
		를 연습하기
		•3분이 거의 지나면, 각 모둠원들은 파3 한 홀
		의 디스크골프를 실시하고 자신의 점수를 스
		코어카드에 기록하기
		•1등은 1등끼리, 2등은 2등끼리, 3등은 3등끼리
		점수를 비교하기
		•3분 동안 다시 연습하기
		•3분 후 모든 학생은 파3 한 홀의 디스크골프
		를 실시하고 자신의 점수를 스코어카드에 기
		록하기
		•각 모둠에서 1등인 학생은 다른 모둠의 1등과
		점수를 비교한다. 2등, 3등도 같은 방법으로
		점수를 비교하기
		  - 5위: 모둠 점수는 1점
		  - 4위: 모둠 점수는 2점
		  - 3위: 모둠 점수는 3점
		  - 2위: 모둠 점수는 4점
		  - 1위: 모둠 점수는 5점
		가장 높은 점수를 받은 모둠이 승자가 되기
			14′	학생이 기록할 수 있
				도록 안내한다.
				•평가는 모둠 점수,
				개별 향상도, 모둠
				향상 점수 등 다양
				한 방법을 활용하도
				록 한다.

나오기	정리 및 반성하기	▷ 정리운동 •근육을 풀어 주기 위해 원 주변을 가볍게 걷 거나 뛰기 ▷ 활동 반성 및 평가 •수업 중 재미있었던 점 힘들었던 점 등을 발 표하기 •모둠원들에게 도움을 어떻게 주었는지 발표하기	4′	•활동에서 느낀 점을 반성하고 자신의 활 동을 수정하려는 의 지를 지닌다.

6) 이해중심 게임수업 모형

이해중심 게임수업은 학생들이 게임에 대한 흥미, 경기 상황에 대한 풍부한 이해, 게임능력의 향상 등을 성취하도록 한다(류태호 외 6인, 2007). 이해중심 게임수업은 분절적인 기능 지도 후에 게임을 가르치던 전통적인 방식(기능중심 게임수업)의 대안으로 제시되었다. 사실 전통적인 게임수업 방법에서 여러 가지 문제점이 지적되었다

(Bunker & Thorpe, 1982).

첫째, 운동기능의 수행에 초점을 맞추다 보니 성공을 맛보지 못하는 학생들이 많다. 둘째, 운동기능은 뛰어나지만 운동기능을 다재다능하게 활용하지 못하거나 상황 판단력이 그다지 발달하지 못한 학생들이 게임에 대한 올바른 이해를 갖지 못한 채 학교를 졸업하게 된다. 셋째, 수업시간에 가르친 운동기능이 실제 경기를 할 때 제대로 활용되지 못한다. 넷째, 기능 습득 기간에는 동기 유발이 잘 되지 않는다. 다섯째, 기능 중심 수업은 운동기능의 숙달을 '평균 능력'을 가진 학생들을 대상으로 하고 있다.

이해중심 게임수업은 위와 같은 문제를 해결하기 위하여 부분적인 기능의 학습보다는 게임을 실제로 행하는 가운데 필요한 전략 및 전술을 강조하는 수업 방법이다(안양옥, 2002). 예컨대, 교사는 학생들이 농구형 게임의 슛을 배우는 과정에서 단순히 슛의 기능을 반복하는 것이 아니라, 실제 농구 게임 상황에서 필요한 슛의 전략인 '속임수' 동작을 학습할 수 있도록 해야 한다. 이 과정에서 사용되는 경기 규칙 및 도구, 경기장의 모양, 크기, 인원수 등은 적절히 변용하여 활용할 수 있다.

〈표 3-6〉 이해중심 게임수업 방법

학습 단계	주요 내용	지도 방법
게임 구성	•건강 상태 확인·조치 •준비운동 •학습문제(게임 선택)	•학생들의 건강 상태 파악함 •관절 부위를 중심으로 주운동과 관련하여 충분히 풀어 주게 함 •학습 목표와 관련지어 학습문제 제시하고 게임 선택하기
게임 이해	•게임 규칙 이해	•중요한 규칙과 부수적 규칙 이해하기 •다양한 자료(시청각, 멀티 자료 활용)로 게임 설명하기 •학생들의 학습 동기 최대한 높이기

전략 인지 및 의사결정	•게임 전략 토의 및 수립 •연습 계획 수립하기	•기능 전략에 대한 이해와 단순한 형태의 게임 실행하기 •게임을 이기기 위한 전략 토의시킴 •모둠원 상호 작용을 통하여 최선의 방법 선택하게 함 •자기가 맡은 역할 알고 어떤 움직임을 연습해야 하는지 협의하게 함
기능 연습	•개인별·수준별 기 능 연습(선택과정)	•자기 역할에 맞는 개인 기능을 익히게 함 •짝을 이루어 여러 가지 방법으로 게임 기능을 익히게 함 •모둠별로 부분 연습하게 함 •단순 기능일 경우에는 전체 수업 단계에서 생략할 수 있음
수행	•게임하기 •게임 재구성 및 재 실행 •게임 중 수행평가	•팀을 나누어 게임 진행함 •게임 중에도 바른 움직임과 전략 수시 토의하게 함 •게임 실행 후 반성을 통해 변형의 요소를 적용한 게임 재 구성 및 재실행하기 •게임 중 맡은 역할의 수행 정도 평가함 •팀의 전략 관찰함
게임활동 반성	•정리운동 •학습 정리 •정리운동 하기 •차시예고 •기구 정리	•주운동에 사용된 근육과 관절 풀기로 정리운동을 함 •학습활동에서 알게 된 점 발표하게 함 •반성 → 다음 계획 수립에 참고 •게임 재구성으로 순환적 활동이 되도록 함 •차시예고 및 예습할 과제 제시함

〈표 3-7〉 이해중심 게임수업 모형을 활용한 경쟁활동(필드형) 수업의 예시

학습단계	학습과정	교수-학습활동	시간	자료 및 유의점
들어가기 게임구성 게임이해 게임수행	준비활동 게임실행 전략탐색 게임의 재구성 게임의 재실행	▷ 동기유발 •이승엽 선수의 홈런 장면 동영상 자료 시청 - 배트를 사용해 공을 원하는 곳으로 보내 기 위한 방법을 생각해 보기 ▷ 학습 목표 제시 티볼 게임의 규칙을 이해하고 즐겁게 참 여할 수 있다. ▷ 게임내용 소개 •티볼 야구의 규칙과 방법을 소개하기 ▷ 건강상태 확인 및 준비운동 •가벼운 스트레칭 및 관절 풀기 ▷ 티볼 야구게임 실행하기 •각 팀이 순서대로 모두 공격을 하면 공격 과 수비를 교대하기 •타자가 친 공이 3번 파울이 되면 아웃 •주어진 시간 동안 많은 득점을 얻게 된 팀 이 승리 ▷ 티볼 야구게임의 전략 탐색하기 •주자가 있는(없는) 상황에서 공을 어느 곳 으로 보내야 할까? •남학생과 여학생의 공격 순서를 어떻게 정 해야 할까? •수비수가 뜬 공(굴러오는 공)을 잘 받기 위 한 방법은? ▷ 티볼 야구게임의 규칙·방법 등을 변형하기 •남학생의 베이스를 여학생보다 멀리 하기 •여학생이 친 공은 남학생이 땅에 떨어지기 전에 받더라도 아웃되지 않고 베이스에 공 을 보낼 경우 아웃이 됨 ▷ 규칙과 방법 등이 변형된 티볼 야구게임 실행하기 •남학생과 여학생이 교대로 타격을 하기 •학습자의 게임수행능력이 충분히 발휘되도 록 하기	5' 10' 5' 15'	•건강상태가 좋지 않 은 학생은 동료평가 자 또는 관찰학습을 하도록 한다. •수행평가지를 미리 읽도록 하여 학습활 동의 전반 흐름을 이 해하도록 한다. •전략 탐색 시 작전 판 을 이용하면 학습자 들의 구체적인 의사 결정에 도움이 된다. •규칙 등의 변형 시 에는 학습자의 의견 이 많이 반영되도록 한다.
게임활동 반성	정리운동 수업반성 및 평가	▷ 정리운동 하기 •주운동 시 많이 사용한 근육을 풀어 주기 ▷ 게임활동 반성 및 평가하기 •수업 중 재미있었던 점, 힘들었던 점 등을 발표하기 •오늘의 게임 왕 뽑기, 수행평가지 작성하기 ▷ 차시예고 •간이야구 게임 하기	5'	•게임활동을 통해 느낀 점을 솔직하게 반성하 고 자신의 활동을 수 정하려는 의지를 확인 하도록 한다.

7) 하나로 수업 모형

하나로 수업은 인문적 체육교육의 이상을 실현시키기 위한 한 가지 구체적인 실천 모형이다. 체육활동을 겉으로는 기법적 차원으로 안으로는 심법적 차원을 하나로, 즉 통합적으로 체험함으로써 학생을 전인으로 성장하도록 하는 데 목적을 두고 있다. 교사는 기능적 측면뿐만 아니라, 체육활동 속에 담겨 있는 의미, 정신, 전통과 안목을 통합적으로 체험할 수 있도록 인문적 과제와 서사적 경험을 제공한다. 온전한 체육활동으로 입문함으로써 학생들이 참 좋은 사람(전인)으로 성장할 수 있게 된다.

하나로 수업은 운동의 겉과 속을 구성하는 기법적 차원과 심법적 차원을 하나로 동시에 체험하기 위해서는 운동의 기술과 전술을 습득하고 게임을 잘하기 위한 활동과 그 운동의 전통과 정신 그리고 안목을 이해하기 위한 활동을 모두 체험해야 한다. 그것을 성격상 '직접적으로 체험하도록 하는 것'과 '간접적으로 체험하게 하는 것'으로 나눌 수 있다.

직접체험활동은 '운동을 잘 하는 것'과 관련이 있다. 학생들이 기능, 전술, 게임을 기법적인 차원으로 직접 경험함으로써 운동을 기능적으로 잘 수행하도록 한다. 여기에는 주로 직접 경기에 참여하거나 운동기능의 연습, 촬영을 통한 동작분석, 전략과 전술 및 심판법, 기능 설명 및 향상도 점검을 위한 학습지 등이 있다. 이는 전통적인 체육수업과 그것의 발전적 형태로 진행되는 수업에서와 같은 기법적 차원의 효과를 얻을 수 있다.

간접체험활동은 '운동을 잘 아는 것'과 관련이 있다. 운동의 안목, 정신, 전통을 심법적으로 간접 경험함으로써 학생들이 체육활동을 문학, 예술, 역사, 철학, 종교적 관점으로 이해하고 온전한 체육활동 속으로 입문하도록 한다. 여기에는 위에서 말한 인문적 지식을 활용하거나 운동 속에 담긴 인문적 측면을 경험하도록 한다. 스포츠 시합 관람하기는 물론 운동에 관련된 음악이나 영화 감상, 스포츠 관련 시나 소설 읽기, 동호회 방문하기 등이 있다.

하나로 수업활동은 학생들을 직접교수활동과 간접교수활동으로 가르친다. 교사의 수업행동 중에서 기법적 차원으로 밖으로 드러나는 것을 직접교수활동이라 하고, 심법적 차원으로 학생의 마음 안으로 전해지도록 하는 교수활동을 간접교수활동이라고 말한다. 직접교수활동으로는 자기학습형, 지시전달형, 동료협동형, 탐구발견형, 시합대회형, 자유경기형 등이 있으며, 주로 교사가 설명하기, 조언하기, 시연하기 등을 통해 이루어진다. 간접교수는 사랑, 몸짓, 용모, 표정, 어조, 대화, 유머, 매너 등 교사의 무의식적으로 행해지는 자연스러운 행위를 의미한다.

그동안 잠재적 교육과정에 관한 연구에서 교사의 무의식적 행위들이 학생들이 학습하는 과정에 커다란 영향을 미친다는 것을 알 수 있다. 학생들의 인성을 바르게 하고 스포츠를 다양한 시각으로 볼 수 있게 하는 데에 큰 의미가 있기 때문에 하나로 수업에서는 간접교수가 매우 중요하다.

〈표 3-8〉 하나로 수업 모형을 활용한 경쟁활동(축구형 게임) 수업의 예시

학습단계	학습 내용	교수 – 학습활동	시간	자료 및 유의점
들어가기	건강 확인 준비운동 동기유발 학습 목표 제시	▷ 몸이 불편해서 체육하기 어려운 학생 확인하기 ▷ 가볍게 원 주위를 돌고 나서 스트레칭하기 ▷ 가장 인상적인 축구선수에 대한 경험 이야기하기 ▷ 축구 규칙을 적용하여 간이 축구 게임을 하고, 학급 응원 구호를 정하고 동작을 만들 수 있다.	5′	•축구는 다리를 많이 사용하므로 줄넘기로 준비운동을 철저히 한다.
활동하기	학습활동 안내 학습활동 Ⅰ 터 바꾸기 학습활동 Ⅱ	▷ '하기터'에서의 활동 확인하기 ▷ '창작터'에서는 활동 확인하기 ▷ 학습활동 Ⅰ •1, 2모둠은 '하기터'에서 간이 축구 게임을 하고, 3, 4모둠은 '창작터'에서 친구들과 학급 응원 구호와 동작을 만들고 연습하기 ▷ 터 바꾸기: 호루라기 신호에 따라 터 바꾸기 ▷ 학습활동 Ⅱ •3, 4모둠은 '하기터'에서 간이 축구 게임을 하고, 1, 2모둠은 '창작터'에서 친구들과 학급 응원 구호와 동작을 만들고 연습하기	15′ 15′	•축구공 1개 •학습지, 이젤, 켄트지 •터를 바꿀 때는 질서를 지켜 이동하도록 한다.
나오기	정리운동 학습활동 정리 차시예고	▷ 정리운동 하기 ▷ 친구들과 간이 축구 게임을 하면서 재미있었거나 힘들었던 점 이야기하기 ▷ 축구게임 하면서 모둠원들 사이에 가장 중요한 점 이야기하기 ▷ 모둠별로 만든 학급 응원 구호를 친구들 앞에서 1모둠부터 발표하기 ▷ 좋아하는 축구 선수나 축구 관련 기사를 모둠별로 모아서 축구 신문 만들기	5′	•응원 구호는 자신감 있게 발표하도록 한다. •사용한 공은 반드시 학생들 손으로 정리하도록 한다.

04

수업 전략 탐색

1. 체육과 수업 전략

가. 체육수업 전

1) 수업 계획서 게시

체육수업 계획은 수업이 어떻게 전개될 것인지를 보여 주는 밑그림으로, 수업 계획 작성은 체계적이고 짜임새 있게 이루어져야 한다. 교육과정과 실제 수업을 연결해 주는 수업 계획을 구체적으로 짜서 안내했을 경우, 학생들 또한 특정 운동에 대한 욕심을 버리고 수업에 적극적으로 참여하게 된다. 이러한 수업 계획은 연간 계획에서부터 월간 계획, 주간 계획을 거쳐 일일 계획에 이르기까지 순차적으로 이루어지는 것이 바람직하다. 우선, 연간 계획은 한눈에 볼 수 있도록 간단하게 작성하여 게시하는 것이 바람직하다. 물론 이 단계에서도 학습 내용과 학습 자료, 평가 등이 결정될 수 있지만, 비교적 간단하게 작성하여 1년의 체육교육 방향을 제시하도록 한다. 연간 계획을 토대로 월간 계획과 주간 계획이 정해지기 때문에 학습 내용을 배치하고 선택 활동을 채택하는 데 있어서 신중을 기하도록 한다. 이때 학교의 실정 및 학생들의 능력 등을 고려하여 교육과정을 재구성하는 것이 바람직하다.

월간 계획은 연간 계획을 토대로 좀 더 자세하게 작성하는 것이 바람직하다. 이 단계에서는 학습 내용, 학습 자료, 준비운동, 학습 목표,

성공 기준, 수업 모형, 평가 등이 어느 정도 결정되어 반영되어야 한다. 주간 계획은 월간 계획을 토대로 작성하되, 학교 행사나 운동장 사정 및 날씨 등을 고려하여 구체적으로 작성하는 것이 바람직하다. 이 단계에서는 학습 내용, 학습 자료, 준비운동, 학습 목표, 성공 기준, 수업 모형, 평가 등이 결정되어야 한다.

2) 체육 평가 차트 게시

체육수업을 하는 과정에서 학생들의 잘못된 행동을 바로잡고 올바른 행동을 강화하기 위하여 <그림 4-1>, <그림 4-2>와 같은 '체육 평가 차트'를 게시하여 활용하면 효과적이다. 이러한 차트를 게시하는 목적은 규칙을 잘 지키는 모둠이나 개인에게 주는 상점 차원의 '○'와 이를 잘 지키지 않는 모둠이나 개인에게는 주는 벌점 차원의 '×'를 일목요연하게 보여 줌으로써 학생들이 나를 돌아보는 반성의 거울로 사용된다.

체육 평가 차트는 개인과 모둠용 두 가지를 만들어 자신뿐만 아니라 모둠을 위해서도 노력하도록 한다. 한편 상점과 벌점을 줄 때는 학생들의 의견을 물어보고 주는 것이 바람직하다. 그 정도에 따라 한꺼번에 3~4개도 받을 수 있는 것이다. 특히 벌점을 줄 경우에 학생 스스로 억울하다고 생각하면 오히려 행동을 악화시킬 수 있기 때문에 억울한 일이 발생하지 않도록 학생의 의견을 물어보도록 한다. 이에 대한 방법으로 자신의 잘못을 인정할 경우 양팔을 머리 위로 올려 큰 동그라미로 '○'를 그린 후 오른 손으로 자신이 생각하는 '×' 개수를, 억울할 경우 팔을 교차시켜 '×'를 3초간 만드는 방법이 있다.

번호	모둠	1	2	3	4	5	6	7	8	9	0	1	2	3	4	5	6	7	8	9	0	1	2	3	4	5	6	7	8	9	0	번호	모둠
		○ →																									← ×						
1	레인보우																															1	레인보우
2	스포츠맨십																															2	스포츠맨십
·	·																															·	·
8	체육사랑																															8	체육사랑

〈그림 4-1〉 체육 평가 차트(모둠)

번호	이름	1	2	3	4	5	6	7	8	9	0	1	2	3	4	5	6	7	8	9	0	1	2	3	4	5	6	7	8	9	0	번호	이름
		○ →																									← ×						
1	강＊＊																															1	강＊＊
2	고＊＊																															2	고＊＊
·	·																															·	·
17	황＊＊																															17	황＊＊

〈그림 4-2〉 체육 평가 차트(개인)

3) 모둠 결속

체육수업 전에 모둠을 구성하고 이를 결속시키는 과정은 중요하다. 모둠의 크기는 작으면 작을수록 더 좋지만, 다음과 같은 이유에서 네 명이 적당하다. 첫째, 모둠 크기가 커질수록 직접 대면하여 상호 작용할 수 있는 기회가 줄어들고 친밀감이 감소한다. 둘째, 모둠 크기가 커질수록 모둠원의 의견을 조율하고 종합하는 데 그만큼 많은 시간이 필요하다. 셋째, 모둠 크기가 커질수록 자신의 몫을 소홀히 하기 쉽다. 만약 모둠원이 네 명이라면 자신의 몫을 소홀히 했을 경우 목표 달성의 25%가 흔들리기 때문에 학생들은 자신의 역할을 책임감 있게 수행하게 된다.

학생들을 모둠에 편성하는 방법은 혼성 이질 모둠으로 편성하는 것이 바람직하다. 이렇게 편성할 경우 한 모둠 안에 다양한 인지적, 정의적, 기능적 능력을 가진 학생들로 구성되기 때문에 학생들은 다양한 시각과 문제 해결 방법에 노출되고, 이는 학생들의 학습을 촉진하는 데 필수적이고, 사회성 또한 기를 수 있다. 혼성 이질 모둠으로 편성할 때는 교사가 어느 정도 편성에 개입하는 것이 바람직하다. 왜냐하면 모둠을 무작위로 편성하거나, 모둠 간 편차가 많이 나게 되고, 수업에서 벗어난 이상 행동이 증가하기 때문이다.

모둠의 구성원이 결정되면 운명 공동체임을 강조하고, 모둠의 결속력을 길러 주어야 한다. 우선 모둠 결속의 필요성을 설명하고, 모둠 친구들에 대해서 세세한 것(좋아하는 것, 싫어하는 것, 장래 희망, 가족 관계, 이름의 의미, 생일 등)까지 알게 하기, 모둠의 이름·깃발·손동작·좌우명·노래·구호 만들기 등의 다양한 활동을 통해 서로 친해질 수 있는 기회를 마련해 주어야 한다. 이 중 학생들은 '모둠 이름 정하기'와 '모둠기 만들기' 활동을 매우 즐겁게 받아들인다.

4) 역할 부여

역할은 모둠 구성원들이 누가 어떤 책임과 의무를 가지고 있는지, 서로에게 무엇을 기대해도 좋은지를 분명하게 규정하도록 한다. 역할 부여는 아무것도 하지 않으면서 친구들의 노력에 편승하거나 한 학생이 모둠의 일을 모두 다 하는 행동들을 감소시키고, 구성원들의 상호 의존성을 촉진시켜 준다. 역할은 <표 4-1>의 '방기소리'와 같이 방귀를 연상시키는 재미있는 말로 부여하면 기억하기 쉽다. 이는 하나의 예시이기 때문에 학교와 학생의 실정에 맞게 부여하도록 한다. 이때 교사의 역할이 중요한데, 학생들이 부여된 역할을 제대로 수행하도록 각 역할에 대한 숙지는 물론이고, 모둠이 잘 운영될 수 있도록 잘하는 모둠이나 개인에게 계속해서 보상을 해 주어야 한다. 이러한 역할 부여를 통해 체육수업을 조직적으로 운영할 수 있다.

〈표 4-1〉 방기소리 역할 편성표

역 할	내 용
방향맨	체육 시간에 모둠의 리더로서 모둠의 방향을 제시해야 하는 책임, 문제 해결 방향 제시, 학습 목표 암기, 문제 해결 방법 제공, 건강 확인
기록맨	체육 시간에 모둠의 대변인으로서 모둠 결정 사항을 기록하고 발표해야 하는 책임, 각종 기록, 보고서 작성, 체육 평가 차트에 상·벌점 기록
소리맨	체육 시간에 모둠의 관리인으로서 모둠원들이 정숙하도록 하는 책임, 제한된 시간 체크, 코팅한 체육수업 평가지 챙기기, 모둠 자료 분배
리듬맨	체육 시간에 모둠의 분위기 메이커로서 모둠 구성원들이 잘 참여하도록 하는 일에 책임, 흥겨운 리듬처럼 타인의 아이디어와 결론에 칭찬·환호를 보내는 역할, 모둠 자료 수합

5) 행동 규칙 정하기

체육수업이 제대로 이루어지기 위해서는 협동하는 학급 분위기가 먼저 선행되어야 한다. 이를 위해 학생들에게 직접적으로 요구되는 행동 규칙을 구체적으로 정하고, 이러한 행동 규칙의 중요성에 대하여 학생들에게 충분히 설명하고 꼭 지켜 줄 것을 당부하는 과정을 거쳐야 한다. 행동 규칙을 정할 때에는 학생들에게 체육 시간에 바람직한 행동이 무엇인지 물어본 후 이를 토대로 교사가 보완하여 게시하는 것이 효과적이다. 행동 규칙을 기술할 때에는 긍정적으로 해야 하고 학생들이 쉽게 이해할 수 있도록 구체적으로 제시해야 한다. 이러한 원칙하에 만든 행동규칙의 예는 <표 4-2>와 같다.

〈표 4-2〉 올바른 행동 규칙

번호	내용
1	체육 시간에 항상 긍정적으로 생각하고, 남을 배려하며, 의리를 지키는 사람이 멋진 사람이다.
2	체육 시간에 선생님 말씀을 잘 듣고, 항상 감사하게 생각하는 사람이 멋진 사람이다.
3	체육 시간에는 마치 도서관에 있는 듯이 행동하고, 친구들과 이야기하거나 공부에 대하여 말할 때에도 소곤소곤 이야기하는 사람이 멋진 사람이다.
4	체육 시간에 친구를 놀리고 싶고, 내 맘대로 하고 싶어도 참는 사람이 멋진 사람이다.
5	체육 시간에 나는 다 했어도 친구를 도와주는 사람이 멋진 사람이다.
6	체육 시간에 모둠의 학습이 완성되면 다른 모둠의 친구들도 도와주기 위해 노력하는 사람이 멋진 사람이다. 이런 경우에는 자리를 이탈할 수 있다.
7	체육 시간에 참여하기 힘든 사람은 미리 모둠 친구에게 이야기하고, 선생님의 조치를 받는 사람이 멋진 사람이다.
8	체육수업이 시작하는 시간에 늦지 않게 시간을 계획하여 준비하는 사람이 멋진 사람이다.
9	체육 시간 전에 운동장에 나가서는 모둠별로 준비운동을 하는 사람이 멋진 사람이다.
10	체육 시간에 선생님이 말씀하시거나 친구들이 의견을 이야기할 때 무슨 말을 하는지 귀담아듣는 사람이 멋진 사람이다.
11	준비운동이 부족하면, 다치기 쉽다. 자신의 몸은 자기가 책임지고 준비운동을 확실히 해서 부상을 예방하는 사람이 멋진 사람이다.
12	체육 시간에 친구들과 사이좋게·재미있게·즐겁게 수업에 임하는 사람이 멋진 사람이다.
13	체육 시간에 자신의 수업을 솔직하게 반성하는 사람이 멋진 사람이다.
14	체육 시간에 친구가 잘했을 때, 칭찬해 주는 사람이 멋진 사람이다.
15	체육 시간에 친구가 도움을 필요로 했을 때, 적극적으로 친절하게 도와주는 사람이 멋진 사람이다.

6) 대형 결정

체육 대형은 거의 모든 학생과 교사의 행동에 영향을 주고, 학생의 학습을 촉진하거나 방해할 수 있기 때문에 다음의 중요한 지침을 토대로 결정해야 한다. 첫째, 심리적 안정을 위해 공간을 명확하게 규정해야 한다. 둘째, 모둠원끼리 가깝게 서로 모여 있도록 해야 한다. 셋째, 모둠은 서로의 학습을 방해하지 않을 정도로 떨어져 있을 필요가 있다. 넷째, 교사가 개별 모둠에 쉽게 접근할 수 있어야 한다.

<그림 4-3>과 같은 '모여 대형'은 운동장에 교사가 나와서 처음으로 학생들을 부를 때나 다른 대형으로 변형시키기 위해 준비할 때

쓰는 대형이다. 이때 주의할 점은 줄을 정확히 맞춰서 서도록 할 필요는 없고, 자기 모둠 구역에 순서대로 서도록 한다. <그림 4-4>와 같은 '다모여 대형'은 설명이나 시범을 보일 때 쓰는 대형이다. 이때 주의할 점은 <그림 4-4>에 표시된 반원과 같이 교사를 중심으로 반원대형으로 앉도록 한다. 이 대형은 '모여 대형'에서 짝수 모둠이 앞으로 나오고, 전체적으로 교사를 중심으로 반원을 만들면서 앉으면 만들어지는 대형이다.

<그림 4-5>와 같은 '작전타임 대형'은 학생들이 스스로 문제를 해결하거나 게임에서 작전을 구상하거나 변형할 때 토의하기 위해서 쓰는 대형이다. 이 대형은 '다모여 대형'에서 방향맨이 뒤로 돌아 왼쪽 앞으로 가고 리듬맨이 오른쪽 앞으로 가 앉으면 만들어지는 대형이다. 이때 주의할 점은 학생들이 자유롭게 이야기를 주고받을 수 있게 동그랗게 모여 앉도록 해야 하며, 각 모둠끼리는 어느 정도 간격을 유지해 서로 방해가 되지 않도록 해야 한다.

〈그림 4-3〉 모여 대형

〈그림 4-4〉 다모여 대형

〈그림 4-5〉 작전타임 대형

7) 신호 규정

학급의 신호 규정은 학생들에게 안정감을 주고 다른 반과 다른 소속감을 심어 주는 잠재적인 학습의 기능을 한다. 또한 신호 규정은 운동장이라는 다소 소란스러운 공간에서 보다 효율적으로 교사의 생각을 학생에게 전달해 학생 관리에 소비하는 시간을 줄일 수 있고 체육활동 시간을 많이 제공할 수 있다. 신호를 할 때는 휴대하기도 편하고 멀리서도 잘 들리는 호루라기를 사용하도록 하고 북이나 소고, 박수 등으로 대신해도 된다.

<표 4-3> 신호 규정

○: 긴 소리, ●: 짧은 소리

순	신호	구호	내용
1	○●	모-여	교사 앞쪽에 모둠별로 정해진 위치에 선다.
2	○●●	다-모여	교사 설명을 듣기 좋게 교사 앞으로 모인다.
3	●●●●	작전타임	모둠끼리 협동학습을 할 수 있는 시간을 부여하는 신호로 모둠별로 원을 그리며 앉는다.
4	●○	벌려-	준비운동을 할 수 있게 모둠별로 벌린다.
5	○○	이-동-	코너 학습 시 다음 활동으로 이동한다.
6	●●	준비	학습이나 게임 시작을 준비한다.
7	●	땅	학습이나 게임을 시작한다.

나. 체육수업시간 중

1) 쉬는 시간 모둠별 준비운동

체육 시간은 쉬는 시간부터 시작된다고 해도 과언이 아니다. 하지만 학교 현장에서는 이 시간이 무의미하게 흘러가거나 교사가 나오기 전까지 학생들은 안전의 사각지대에서 우왕좌왕하게 마련이다. 비록 짧은 시간이지만 이러한 시간을 잘 활용한다면, 수업의 효과를 극대화할 수 있다. 먼저, 운동장에 나오면 모둠별로 실내화 주머니를 정해진 자리에 놓고, 모둠별로 준비운동을 하도록 한다. 준비운동은 정해진 공간에서 다양하게 움직이거나 정해진 놀이로 몸을 풀도록 한다. 이렇게 하면, 안전사고의 위험도 줄일 뿐 아니라, 준비운동도 되고, 학생들이 모이는 시간이 단축되어 수업 시작 시간을 앞당길 수 있다. 단, 활동 내용에 따라서는 준비운동에 활용 가능한 게임활동을 제공하여 학생들의 수업활동에 대한 참여의지를 높이는 방안도 강구할 수 있다.

2) 모둠별 건강 확인

교사는 학생들의 건강 상태를 확인하고, 체육수업 참가 여부를 결정해야 한다. 이때 '방향맨'에게 책임을 부여하여, 모둠원 중에서 체육수업을 할 수 없는 친구가 있으면, 수업 전이나 수업 시작하고 나서 이야기하도록 한다. 이는 빠른 시간 내에 몸이 아픈 학생을 쉽게 파악할 수 있을 뿐만 아니라, 부끄러워서 말 못 하는 것을 친구가 대신 말해 주고, 증인이 되어 주기 때문에 교육적인 효과가 크다고 하겠다. 이때 수업하기 싫어서 꾀병을 부리는 행동이 발견되면 모둠이나 개인에게 벌점이 주어지도록 한다. 이렇게 하면 일부러 수업에 참여하지 않으려고 꾀를 부리는 학생을 미연에 방지할 수 있다.

3) 동기유발

학생들에게 적절한 동기를 부여해 주면 학생들이 효과적으로 목표에 도달하는 데 도움을 줄 수 있다. 동기유발 방법으로는 관련된 이야기나 실화 소개하기, 교사 및 친구들의 시범 등이 있다. 또한 시청각 자료의 활용이 어려운 체육수업이지만, 영화의 한 장면을 캡처해 보여 준다면 보다 많은 이야기가 흘러나올 수 있을 것이다. 과제를 제시할 때도 쉽게 포기하지 않도록 학생들의 발달에 적합하면서 성취할 수 있는 수준으로 조절해 내적 동기를 충분히 유발하도록 해야 한다.

4) 학습 목표 인지

학습은 학생을 따로 떼어 놓고 생각해서는 안 된다. 언제나 학생의 입장을 고려해야 한다. 학습 목표는 학생들이 학습을 통하여 도달해야 하는 기준이라고 정의할 수 있다. 학습 목표는 수업을 받은 학생의 모습을 구체적으로 설명해 주어야 한다. 학습 목표가 제대로 세워진 수업은 다음과 같이 유리한 점이 있다. 첫째, 수업을 하는 교사와 수업을 받는 학생 모두를 분명하게 이끌어 줄 수 있다. 목표가 분명한 만큼 적절한 학습 내용과 교수·학습 방법을 설정하기가 수월해져 일관성 있는 수업을 할 수가 있다. 둘째, 효율적인 평가를 할 수 있다. 도달해야 할 목표가 분명한 만큼 도달 여부를 판단하는 평가는 더 용이해진다.

체육수업에서 학습 목표를 진술하는 기준은 다음과 같다. 첫째, 누구나 쉽게 학습에 임할 수 있도록 명료하게 진술되어야 한다. 둘째, 가능하면 관찰할 수 있도록 가시적이며 행동적으로 진술되어야 한다. 셋째, 심동적인 측면뿐만 아니라 인지적인 측면과 정의적인 측면도 강조되어야 한다. 넷째, 누구나 인정할 수 있고 실현 가능한 것이어야 한다. 다섯째, 진술된 학습 목표는 결코 완성된 것이 아니기 때문에, 그 타당성이 항상 비판되고, 필요에 따라 언제나 변경될 수 있는 것이어야 한다.

5) 성공 기준 제시

성공 기준을 제시할 때 교사는 개인 및 모둠, 나아가서 학급의 성공 기준을 구체적으로 제시하는 것이 바람직하다. 이러한 방법으로는 개인의 향상도(이전 주에 비하여 이번 주에 더 잘한 정도)를 설정하거나, 전체의 협동심을 향상시키기 위해서, "만약 우리 반 전체가 앞구르기를 한다면, 모든 학생들에게 '○' 2개를 상점으로 줄 것이다"라고 말함으로써, 학급 전체 학생들이 도달해야 할 규준을 정하여 제시하는 방법 등이 있다. 이러한 성공 기준을 제시하고 수업을 하게 되면, 학생들은 자신과 모둠의 목표가 있기 때문에 그것을 성취하기 위해서 노력하게 된다. 성공 기준을 제시할 때 교사는 학생들이 협동하면서 서로의 학습을 극대화할 수 있도록 긍정적인 상호 의존성을 일깨워 주기 위하여 다음과 같은 세 가지 책임을 강조하는 것이 바람직하다.

"여러분은 세 가지 책임을 가지고 있다. 첫째, 여러분은 나에게 할당된 과제를 학습할 책임이 있다. 둘째, 여러분은 우리 모둠의 다른 구성원들에게 할당된 과제를 그들이 성공적으로 학습하게 만들 책임이 있다. 셋째, 여러분은 우리 반 전체 학생들이 자신에게 할당된 과제를 성공적으로 학습하게 만들 책임이 있다." 이와 같이 자기 자신의 성공도 의미가 있지만, 모둠의 성공에 더 큰 의미를 부여할 때 학생들은 친구들을 돌아보고 친구들의 성공을 돕게 된다. 30명이 넘는 다인수 학급에서 수업의 효과를 극대화하기 위해서는 이러한 방법이 효과적이다.

6) 모둠 발표 준비운동

준비운동은 여러 가지 신체운동을 통하여 본운동을 원활히 수행하기 위한 운동이다. 학습의 준비 단계에서 다시 몸의 구석구석을 풀어 줄 필요가 있다. 아무리 좋은 수업을 한다고 해도 다치면 아무 소용이 없다. 여기에서 준비운동의 필요성이 대두된다. 준비운동은 학생들이 성실히 수행하여 최고의 컨디션으로 본수업에 임하도록 하여야 한다. 따라서 준비운동을 할 때 학생들의 참여도를 높이기 위한 방법으로 모둠별로 준비한 준비운동을 발표하도록 한다. 모둠이 나와서 준비운동을 발표하면, 다른 모둠은 동작을 따라 하며 몸을 풀어 주도록 한다. 모둠별로 준비운동을 창작할 때는 몸을 충분히 풀 수 있으면서 창의적인 동작을 만드는 데 중점을 두도록 한다. 한편, 창작의 어려움을 느끼는 모둠에는 이전에 만든 '준비운동 동영상'을 보여 주도록 한다.

7) 학습 목표 도달 방법 탐색

이 과정은 학생들이 학습 목표와 성취기준에 맞게 자신들이 어떻게 해야 하는지를 결정하는 과정이다. 학생들은 친구들과 모여서 학습 목표에 도달하기 위해서 무엇을 해야 하는지 탐색하며, 필요한 역할을 분담하게 된다. 이러한 학습은 학생들이 적극적으로 참여할 때 더 큰 효과를 낳을 수 있다. 교사는 학생들이 자신의 의사를 정확히 표현하도록 도와주어야 한다. 이때 중요한 것이 그 모둠의 사기 내지는 결속이다. 교사는 평소에 모둠의 결속을 높이기 위해서 노력해야 한다. 체육 시간은 생각 없이 움직이고 뛰어노는 것이 아니다. 이 과정을 통해서 학생들은 다시 한 번 학습 목표와 성취 기준에 대하여 친구들과 의견을 나누며 생각하게 되고, 자신들의 움직임 방법을 탐색하게 된다.

8) 학습 목표 해결 전략 실행

이 과정은 학생들이 학습 목표 도달 방법에 대한 탐색을 마치고 신체를 사용하여 해결 전략을 실행하는 과정으로서, 학생들의 참여를 유도하기 위해서 다양한 체육수업 모형을 적용하여야 한다. 체육수업 중에 이루어지는 교수·학습 과정 중에서 상대적으로 많은 시간을 차지하는 과정이기 때문에 교사는 수업 계획에서부터 이 과정에 유념하여 계획하여야 하며, 모형을 어떤 식으로 적용해야 할지 결정하고 주어진 여건에 맞게 적용해 가야 한다. 어떤 모형을 적용해야 하는지에 대한 정답은 없다. 학교와 학급의 상황, 학생들의 상태를 고려해 교수·학습 과정의 틀 안에서 창의적으로 적용해 나가면 되는 것이다.

9) 학습 목표 도달 여부 확인

학생들이 학습 목표 해결을 위하여 토의하고 직접 실행에 옮길 때, 교사는 학생들과 잡담이나 농담을 하고, 무의미한 말을 전달하는 것이 아니라 계획에 의거해 전체 학생들이 학습 목표에 도달하고 있는지를 확인하며 도와주어야 한다. 그러기 위해서 교사는 학생들의 행동을 관찰하고 기록해야 한다. 교사는 평가표를 가지고 순회하며 개인과 모둠에 대한 자료를 수집해 학생들이 올바른 행동을 하는지 여부를 관찰하고 기록하도록 한다. 이 평가표는 학습 목표 도달 여부와 함께 협동을 잘하고 있는지를 표시할 수 있다. 학생들은 교사가 평가표를 들고 다니는 모습만 봐도 열심히 하게 된다. 또한 교사는 각각의 구성원들과 모둠의 수행을 평가하고, 그 결과를 기준과 비교하여 되돌려 주어야 한다. 즉각적인 격려를 제공하는 상점을 줌으로써 보상 및 축하 상호 의존성을 조직화할 수 있다. 처음에는 상점을 받기 위해서 행동하지만, 나중에는 스스로 습관화가 되어 행동하기 때문에, 교사가 상점을 관리해 주어야 한다. 상점은 모둠이나 개인에게 줄 수도 있고, 모둠과 개인 둘 다 줄 수도 있다. 반대로 과제를 성실히 수행하지 않은 모둠이나 개인에게 교정의 의미로 벌점을 주는데, 가급적이면 벌점보다는 상점을 주어서 행동을 강화하도록 하는 것이 바람직하다.

10) 정리운동

정리운동이란 격렬한 운동에 따른 강도를 점진적으로 감소시키고 혈액 순환과 여러 가지 인체의 기능을 운동 전 수준으로 회복시키는 운동이다. 30초~1분간의 조깅, 3~5분간의 보행은 인체 상태의 재조정에 필요한 효과를 가져다준다. 생리학적으로 정리운동의 중요한 이유는 수동 회복보다는 능동 회복 시에 혈액과 근육의 젖산 수준을 좀 더 감소시킨다는 것이다. 또한 능동 회복 시에 근육은 펌프활동을 계속하여 몸의 어떤 부분에 정맥의 피가 몰려 있는 현상을 막는다. 이러한 정리운동의 의미를 살리면서 모둠별로 친목을 도모할 수 있는 방법의 하나로 '모둠별 정리보행'이 있다. 정리보행은 말 그대로 운동장을 걸으면서 몸을 운동 전 상태로 회복시키는 과정이다. 운동장을 도는 데는 2분 정도가 소요된다.

11) 수업 반성 및 예고

수업의 마무리 과정으로서, 모둠원끼리 모여 서로의 행동을 반성하는 시간을 가지도록 함으로써 학습을 정리할 수 있다. 학생들은 <그림 4-6>과 같이 코팅한 '체육수업 평가지'를 보면서 개인 및 모둠이 협동적으로 얼마나 잘 기능하였는지, 잘한 점은 무엇이고, 개선해야 할 점은 무엇인지 이야기하는 시간을 가짐으로써 보다 나은 체육수업이 되도록 학생과 교사 모두 노력하게 된다.

구분	내용	◎	○	△
학습 준비	선생님이 안 보시더라도 스스로 열심히 하였다.			
	방향맨은 친구들의 건강 상태를 확인하였다.			
	모이라는 신호에 열심히 뛰어와 줄을 섰다.			
	친구들이 발표하는 체조를 잘 따라 하며 나의 몸을 풀어 주었다.			
학습 목표 인지	선생님이 설명하시는 내용을 잘 들었다.			
	나와 우리 모둠이 무슨 일을 해야 하는지 생각했다.			
체육 수업	친구들과의 토의 시간에 잘 참여하였다.			
	친구들과 사이좋게 협동학습에 참여하였다.			
	수업시간에 친구와 사이좋게 어울렸다.			
	수업시간에 친구를 도와주려고 노력하였다.			
	수업시간에 행동 규칙에 어긋나지 않도록 노력했다.			
	선생님 또는 심판의 판정이 다소 불만족스러워도 잘 따랐다.			
	수업에 즐거운 마음으로 참여하였다.			
학습 정리	정리운동 시 나의 몸 구석구석을 풀어 주었다.			

〈그림 4-6〉 체육수업 평가지

다. 체육수업 후

1) 상점 확인

체육수업이 끝나더라도 교사는 학생들이 긍정적으로 체육수업에 임할 수 있도록 계속해서 관리해 주어야 한다. 이러한 방법으로 <그림 4-7>과 같이 '당일 결산용 상점 게시판'을 통해 상점을 확인하는 방법이 있다. 상점은 체육 시간 전후에 잘하는 모둠이나 개인에게 주어지며, 기록은 모둠의 '기록맨'이 담당하도록 한다. '상점 게시판'은 자석을 붙일 수 있는 칠판을 사용하여, 오른쪽은 상점 개수만큼 모양 자석을 이용하여 이동할 수 있도록 하고, 왼쪽은 '숫자 자석'을 사용해 등수를 나타내도록 한다.

④	레인보우						⬆								
②	스포츠맨십								◇						
③	멀리멀리							◆							
①	스피드 드래곤									◐					
⑥	슈퍼스타					✚									
⑧	썬 파워			★											
⑦	체육의 달인				✿										
⑤	체육사랑						◑								

〈그림 4-7〉 당일 결산용 상점 게시판 부착의 예

2) 당일 결산

'당일 결산'이란 학생들이 받게 되는 상점에 대해 당일에 바로 적용해 그 결과를 학생들에게 돌려주는 것으로, 학생들의 올바른 행동을 이끌어 내기 위해 필요한 과정이다. '당일 결산'을 통해 상점이 많은 모둠부터 적은 모둠 순으로 등수가 매겨진다. 이 등수에 따라 발표하는 순서, 좋은 자리에 앉는 순서, 물건 고르는 순서, 점심 먹는 순서, 집에 가는 순서 등이 결정된다. 또한 그날의 상점이 그날 바로 해결되기 때문에 학생들은 홀가분한 마음으로 교실을 나서게 된다. 또한 상점이 10개를 넘은 모둠은 <그림 4-7>과 같이 모둠기에 '축' 테이프를 붙여 주고 모둠 차트에 상점 3개를 반영할 뿐만 아니라, 다음 날 다양한 특혜를 주도록 한다. 이렇게 하면 학생들은 더욱더 열심히 하기 위해서 노력하게 된다.

이러한 과정에서 서로 다투거나 친구에 대해서 부정적인 생각을 하는 학생이 나타날 수 있다. 이러한 경우에는 교사가 그렇게 생각하는 것은 자연스러운 것이지만, 친구의 실수에 대해서 너그럽게 용서해 주는 마음을 키워야 진정으로 멋진 사람이 되는 것이라고 얘기해 주어야 한다. 그리고 이러한 행동을 하는 모둠이나 개인에게 바로 상점을 줌으로써 바람직한 행동을 강화시킬 수 있다. 이것이 바로 성공적인 체육수업을 위한 교사의 역할이다.

3) 개인 진급식

'개인 진급식'은 '당일 결산' 과정과 별도로 개인에게 보상 및 축하를 해 줄 수 있는 방법이다. 학생들이 체육수업에 잘 참여할 수 있게 도와주는 또 다른 방법이다. 수업은 끝났지만 축적된 개인의 노력과 성공에 대해서 정기적으로 축하함으로써 학생들이 체육 시간에 능동적으로 움직이게 할 수 있다. 개인용 체육 평가 차트에 누적한 상점과 벌점을 한 달 정도가 되면 '×'는 '○'를 2개씩 지우며 정리한다. 정리 후에 '○' 개수가 일정 기준을 넘으면 개인을 위한 진급식을 치르도록 한다. 진급 기준은 <표 4-4>와 같고 체육 평가 차트의 자신의 이름 옆에 해당 띠의 스티커를 붙여 주도록 한다. 띠가 높은 학생들에게는 여러 가지 특혜를 주거나 자유시간, 음식, 선물과 같은 비학구적인 보상을 하면 학생들은 이와 같은 보상 및 축하의 과정을 통해서 열심히 참여하게 된다.

<표 4-4> 진급 기준

진급	하얀 띠	노란 띠	초록 띠	파란 띠	빨간 띠	품 띠	검은 띠 (1단)	검은 띠(2단)	검은 띠(3단)
○ 개수	10	25	45	70	100	140	200	250	300

4) 모둠기 계양

개인에 대한 보상 및 축하와 더불어 모둠에 대한 보상 및 축하도 중요하다. 모둠용 체육 평가 차트에 상점을 계속해서 누적 기록하고 상점순으로 모둠기를 계양하도록 한다. 칠판이나 게시판에 모둠순위 순으로 모둠기를 게시하면 모둠기를 조금이라도 위에 붙이려고 체육시간에 열심히 참여하게 된다. 때때로 모둠의 학습에 아무런 책임도 지지 않고 다른 구성원들이 학습하는 것과 무관하게 행동하려는 학생이 있다. 이런 경우 모둠기 계양 이외에 매력적인 보상을 사용해야 한다. 예컨대 잘한 모둠에 자신들이 하고 싶은 운동을 선택하게 한다거나, 다과회를 지원해 주거나, 점심시간에 자유시간을 준다거나, 음악을 선곡할 수 있는 권리를 제공하는 것도 하나의 방법이다.

05

교구와 체육수업과의 만남

　'학생들을 체육활동에 즐겁게 참여시키기 위해 어떻게 해야 하는가?'의 물음은 체육활동의 모습을 변화시키는 원동력이 되고, 변화를 지향하는 수업은 학생들의 참여를 이끄는 실마리를 제공한다. 지금까지 여러 해 동안 이 부분에 대한 관심이 실제 활동으로 이끌어졌다고 보기에는 어려움이 많아 보인다. 그렇다면 이 부분에 대하여 어떠한 모습을 보여야 하는가? 이제부터 진지하게 고민해야 한다. 학생들은 내재적으로 동기가 유발되었을 때, 체육수업에 빠져들게 된다.

　그러나 내재적인 동기유발은 학생들이 스스로 만들어 나가는 데 한계가 있다. 주변 여건이 만들어졌을 때, 학생들의 잠재적인 동기가 외현적으로 드러나고, 이것이 자신의 기호에 맞게 형성될 때, 내재적인 동기로 전이되는 것이다. 동기는 학생의 정서와도 밀접한 관련을 맺고 있다. 학생들의 정서는 신체활동을 통해 표출하게 된다. 이러한 측면에서 신체활동은 학생들의 정서를 표현하게 하는 리허설의 장인 것이다. 이에 학생들의 정서와 동기를 별개로 생각하기보다는 같은 맥락에서 접근하는 것이 적절할 것이다. 학생들의 정서가 긍정적으로 작용하면, 학습활동도 적극적인 참여를 가져온다.

　2007년 개정 체육교육과정은 건강활동, 도전활동, 경쟁활동, 표현활동, 여가활동으로 구성하였고, 각각의 활동은 학생들에게 신체적·인지적·정의적인 통합을 통해 신체활동의 가치를 드러내는 데 관심을 기울이고 있다. 현장에서 체육수업의 가치를 높이기 위해서는 학생들이 수업활동에 흥미를 갖고 참여하도록 이끌어야 한다. 학생들에게 체육의 가치를 높이고, 체육활동에 몰입할 수 있도록 학습활동 전반에 관심의 초점이 모아져야 하는 이유가 여기에 있다. 이에 초등학교 체육수업을 활성화하기 위한 방안으로 체력증진 프로그램과 교구를 활용한 표현활동을 주제로 선정하여 현장의 교사들에게 체육수업을 개선하는 데 도움이 되는 구체적인 지침들을 제시하고자 한다.

1. 재미있는 체력증진 프로그램

체육수업에서 다양한 도구의 사용은 학생들의 참여를 높이는 동시에 체력의 증진에도 기여하게 된다. 기존의 체육수업에서 학생들의 체력을 증진하기 위한 방안들은 학생들의 참여를 크게 높이지 못하였고, 그 성과도 그리 높게 나타나지 않았다. 최근에는 다양한 도구가 사용된 신체활동으로 학생들의 체력을 높이는 방안들이 큰 관심을 끌고 있다. 학생들의 체력증진 방안으로 스쿠터와 장애물 릴레이 게임을 살펴보면 다음과 같다.

스쿠터는 체력증진 프로그램으로 여러 명이 협동하여 움직이거나 보조자가 끌어 주는 스쿠터 보드 위에서 신체 조정능력 및 힘의 조절능력과 함께 학생들이 속도에 대한 공포감에 서서히 대응해 나갈 수 있도록 할 수 있다. 활동 방법으로는 첫째, 스쿠터 보드를 여러 개 연결하여 기차 형태를 만든 후 학생들을 그 위에 앉히고 양손은 보드 옆의 손잡이를 잡도록 한다. 둘째, 교사는 탄력 밴드를 맨 앞의 스쿠터 보드 양 손잡이에 장치한 후 학생들을 끌어 준다. 셋째, 학생들이 적응해 갈수록 속도를 높이도록 한다. 그리고 교사는 탄력 밴드의 관성을 이해했다면 학생들을 더욱 재미있게 이끌 수 있다. 넷째, 위의 사항들에 숙달된 학생들은 스쿠터 보드 한 개를 이용하여 실시하면 더욱더 박진감 넘치는 수업을 만들어 낼 수 있다. 다섯째, 마지막으로 벽면에 세워진 스펀지 매트 위로 속도를 적당히 감속하여 충돌시켜 주는 것도 학생들에게 재미를 부여할 수 있다. 또한 학생들은 스쿠터를 타고 발을 이용하는 축구게임을 통해서도 체력을 증진시킬 수 있다. 모둠별로 학생들이 스쿠터를 타고 페찌볼을 발로 차면서 상대방의 골대에 차서 넣는 축구게임에 참여하면서 심폐지구력은 물론 민첩성 및 조정력을 키우는 가운데 체력을 증진시키는 데 도움을 받을 수 있다.

장애물 릴레이[1]는 주어진 여러 종류의 장애물들을 활용하면서 체력을 증진시키게 된다. 각 모둠의 첫 주자는 호루라기 소리와 함께 두 손을 매트에 대고 무릎을 굽혀 앞구르기를 실시한다. 이어 하이스텝퍼 활동, 스피드 바운스 그리고 허들 넘기 등 주어진 장애물 활동을 순서대로 수행하도록 한다. 첫 번째 반환점보드에서 터닝을 한 후 장애물 없이 빠르게 달려 리턴 반환점보드를 돌아 모둠 매트 앞에 대기하고 있는 다음 주자의 어깨를 터치한다. 모든 모둠의 구성원들이 동일한 방식으로 실시하고, 마지막 주자는 리턴 반환점보드를 돌아 도착선을 통과하면 끝이 난다.

2. 교구를 활용한 즐거운 표현활동

교구를 활용한 표현활동에서는 티니클링과 바디삭스를 활용하여 움직임 표현에 적극성을 제공하도록 한다. 티니클링은 2007년 개정 체육과 교육과정에 따른 체육5 교과서의 내용 중 표현활동의 내용

---

1) 장애물 릴레이 게임에 대한 추가적인 정보는 고문수 · 손천택(2009)의 『재미있는 도전활동 수업』을 참고하기 바란다.

으로 소개되었다. 티니클링은 다양한 도구로 교육적 효과가 있을 수 있다. 예컨대 점프밴드의 사용, 줄넘기의 사용, 대나무 등을 사용할 수 있다. 다만 처음부터 학생들이 대나무를 사용할 경우 실패에 대한 두려움을 느낄 수 있기 때문에 점프밴드를 사용하는 것이 효과적이다.

티니클링은 두 개의 긴 대나무 막대의 양쪽 끝을 두 사람이 잡고 3/4박자 리듬으로 바닥을 두드리면서 소리를 내면, 다른 사람들이 그 주위를 돌거나 대나무 사이를 닿지 않게 피하면서 춤을 추는 필리핀의 민속춤이다. 티니클링에서는 티니클링에 대해 알아보고 기본 움직임을 익히는 활동과 모둠별로 티니클링을 구성하여 발표하는 활동으로 구성될 수 있다. 학생들은 티니클링을 통해 민속 음악의 특징을 이해함과 동시에 모둠원들과 협동심을 기르는 장점을 내포하고 있다.

바디삭스는 학생들이 표현활동에 대한 거부감을 줄이는 데 효과적이다. 음악과 함께 바디삭스를 사용할 경우 학생들로 하여금 다양한 창조적인 동작들을 쉽게 이끌어낼 수 있으며 장애를 지니고 있는 학생들에게도 매우 유익한 활동이

〈그림 5-1〉 바디삭스

다. 바디삭스에 대한 호기심은 학생들을 바디삭스 안으로 끌어 들일 수 있다. 또한 평형성, 사회성, 창조성에도 많은 기여를 한다.

바디삭스의 활동 중 Crazy Dancer를 소개하면 첫째, 5~6명으로 구성된 학생들의 모둠을 원 안에 세운다. 둘째, 바닥에는 매트가 깔려 있어야 하며, 한 학생의 손에 카세트 및 CD플레이어가 있어야 한다. 이때 바디삭스 안에 들어간 학생은 음악소리에 따라 이동하면서 동작을 하도록 하며 주변의 학생들은 주인공에게 긍정적인 피드백과 동기부여 박수를 통해서 방향을 안내한다. 또한 조명을 원단에 비추어 그림자 댄스 놀이를 할 수 있다. 활동 시 주의할 점으로는 학생들이 바디삭스 안에서 활동하기 전에 모든 장애물을 제거해야 한다. 학생들에게 바디삭스 안에 들어가면 어떤 행동이 보이는지 준비하는 과정과 안쪽에서 바깥을 볼 수 있다는 것을 확인시켜 주어야 학생들이 안심하고 프로그램에 참여할 수 있다.

3. 표현활동에서의 다양한 교구 활용 예시[2]

교사들은 표현활동을 지도하는 부분에 많은 어려움이 있다고 호소한다. 그럼에도 불구하고 이를 해결하는 부분에 관심이 모아지지 않는 현실에서 이 부분의 어려움을 줄이기 위한 일환으로 표현활동에서의 교구의 활용을 제안하고자 한다. 다만 본 글에서 제시하는 교구는 하나의 예시에 불과한 것이며, 학교의 실정과 여러 여건을 고려하여 대체와 변형이 언제든지 가능하다.

---

2) 천지애(2010)가 2010 초등체육의 새 터에서 발표한 교구를 활용한 표현활동의 내용 중에서 일부를 수정하여 초등학교 3학년 체육과 4학년 체육의 표현활동에 적합한 교구를 제시하였다.

가. 3학년

교육 과정 내용	• 움직임 언어(이동 움직임, 비이동 움직임, 조작 움직임 등)와 표현 요소(신체, 공간, 시간, 에너지, 관계 등)를 통해 움직임의 개념을 이해한다. • 놀이나 활동을 통해 움직임 언어와 표현 요소를 활용한 표현 방법을 체험하고 습득한다. • 개인이나 모둠별로 움직임 표현 발표와 감상을 통해 신체 언어로 의사를 전달하고 다른 사람의 움직임이 의미하는 바를 이해한다. • 공간, 시간 등이 다양한 상황에서 움직임을 표현하면서 상황 속에서 자신의 위치와 신체의 변화 등을 통해 신체에 대한 인식과 신체 조절을 이해하고 경험한다.

	01 움직임 세상 속으로	02 표현의 즐거움을 느끼며
교과서 내용	• 여러 가지 방법의 움직임 알아보기 • 제자리에서 여러 가지 방법으로 움직이기 • 곤충이 되어 여러 가지 이동 움직임 표현하기 • 기구를 가지고 여러 가지 방법으로 움직이기 • 움직임을 표현하고 감상하기 • 무용 작품 감상하기	• 나뭇잎의 움직이는 모습 표현하기 • 움직이는 인형이 되어 몸의 여러 부분 움직이기 • 찰흙이 되어 여러 가지 모양 표현하기 • 풍선이 되어 여러 가지 움직임을 표현하기 • 동물이 되어 여러 가지 움직임을 표현하기 • 친구와 함께 그림자놀이 하기 • 물방울이 여행한 과정을 발표하고 감상하기 • 물방울이 여행한 과정을 표현하기 • 주제를 정해 표현 작품을 만들기 • 무용 작품 발표하기

교구 예시			
	핑거볼	레인보우 스카프	에어볼 세트
활용	표면에 구멍이 나 있는 말랑말랑한 재질로 방울을 끼워 소리 나게 만들 수도 있고 흔들고, 굴리고, 치고, 던질 수 있는 기구로 활용 가능함	아주 가벼운 원단으로 체공(滯空)시간이 길어 다루기 쉽고 색깔과 크기가 다양하여 활용도가 높음	가벼운 나일론 재질로 손으로 쳐 올리면 천천히 올라가고 내려옴. 풍선 대용으로 활용할 수 있으며, 협동하여 움직임을 즐길 수 있음

나. 4학년

교육 과정 내용	• 음악 또는 도구 등을 활용하여 리듬의 유형(박자, 장단 등)과 요소(빠르기, 세기 등)를 이해하고, 다양한 리듬을 신체 표현활동으로 체험한다. • 다양한 음악(동요, 민요 등), 도구(후프, 공, 줄 등)를 이용하여 리듬을 활용한 다양한 신체활동(리듬 체조, 음악 줄넘기 등)을 적용한다. • 개인 또는 모둠별로 다양한 리듬을 활용한 신체 표현활동을 발표하고 감상한다. • 리듬 변화에 따른 신체 움직임 적응과 표현을 경험하고 감상하는 활동을 통해 신체 적응력을 이해하고 실천한다.			
	02 예술가가 되어		**03 기구와 하나가 되어**	
교과서 내용	• 즉흥적으로 몸을 움직이면서 표현에 알맞은 리듬 알아보기 • 색깔을 보고 떠오르는 생각이나 느낌을 리듬에 맞추어 즉흥 표현하기 • 소리를 듣고 떠오르는 생각이나 느낌을 리듬에 맞추어 즉흥 표현하기 • 이야기를 듣고 떠오르는 생각이나 느낌을 리듬에 맞추어 즉흥 표현하기 • 시나 동요를 듣고 떠오르는 생각이나 느낌을 리듬에 맞추어 즉흥 표현하기 • 무용 작품 감상하기		• 기구의 특성을 이해하고 다양한 움직임 알아보기 • 다양한 움직임 표현하기 • 음악에 맞추어 여러 가지 모양으로 표현하기 • 줄을 이용한 놀이와 기본 움직임 익히기 • 여러 가지 방법으로 줄넘기와 음악에 맞추어 표현하기 • 여러 가지 움직임 연결하기 • 음악에 맞추어 표현하기 • 기구를 선택하여 움직임을 표현하고, 느낀 점을 발표하기	
교구 예시				
활용	사운드블록 파란색(8개), 노란색(8개) 블록으로 7가지의 다른 소리를 냄. 소리를 듣고 즉흥적으로 표현활동을 하는 데 유용함	완두콩놀이 신축성이 뛰어난 원단으로 자리 바꾸기 수월하여 모둠끼리 협동하여 다양한 움직임을 표현할 수 있음	무지개리본세트 학생들이 좋아하는 색깔로 내구성이 강하게 만들어져 리듬 표현을 할 때, 기본적인 교구로 사용하기 수월함	뮤직패드 도, 레, 미, 파, 솔, 라, 시의 음을 낼 수 있는 패드로 두드리거나 밟아서 낼 수 있음. 협동하여 소리를 만들고 그 소리에 맞추어 표현활동을 하는 데 유용함

06

교구를 활용한 체력활동

체력활동은 적극적인 신체활동 참여를 통해 건강 체력(근력 및 근지구력, 심폐지구력, 유연성 등) 및 운동 체력(순발력, 민첩성, 평형성 등)과 관련된 체력 요소를 이해하고 실천함으로써 체력을 종합적으로 관리하는 활동이다. 초등학교에서는 건강과 체력의 개념 이해, 건강 체력과 운동 체력 요소의 이해, 각 체력 요소들을 증진할 수 있는 올바른 운동 방법의 이해와 실천을 목적으로 체력 증진 원리와 관리 방법, 체력 측정과 운동 처방, 체력 관리 프로그램 설계 등을 포함하여 진행해야 한다.

중등학교에서는 건강 증진에 필요한 체력의 가치를 인식하고, 체력 프로그램을 통하여 자신의 체력수준을 진단하고 실생활에서 체력 운동을 지속적으로 실천할 수 있도록 지도할 것을 강조한다. 체력활동은 학생들에게 체력의 요소에 대한 이해를 바탕으로 실천적인 활동까지를 포함하고 있으며 학생의 건강과 체육증진에 기여하는 교육적 측면을 지니게 된다.

그러나 위와 같은 교육적 가치에도 불구하고 학교 현장에서 체력활동 지도에 많은 어려움들이 도사리고 있다. 이는 체력활동을 지도하는 과정에서 학생들에게 적극적인 참여를 가져올 수 있는 활동이 제시되지 못한 점이 가장 큰 문제이다. 학생들은 단순히 움직이면서 체력활동을 하는 것보다는 교구를 가지고 움직이는 활동을 통해 체력을 증진시키는 것을 선호하는 것으로 나타났다(고문수, 2010). 이러한 측면을 고려할 때 체력활동의 지도에서 학생들에게 적합한 교구의 활용은 체력활동을 지속시키는 중요한 매개체 역할을 하게 될 것이다.

본 장에서는 교구를 활용한 체력활동으로 여섯 가지의 교구와 활용방법을 소개하여 학생들이 체육수업에서 체력을 향상시키는 데 도움을 제공하고자 한다.

〈그림 6-1〉 교구를 활용한 체력활동

활 1 동 점핑쉬트

튼튼한 원단으로 만들어졌으며 천에는 줄이 달려 있어 잡기가 쉽고 매트가 있어서 안전하다. 사이즈는 170cm이다.

1. 활동 목표

가. 학생들은 점핑쉬트의 로프를 잡고 한 학생을 높이 던지고, 받고, 운반하면서 책임감 및 연대감을 향상시킬 수 있다.

나. 학생들은 점핑쉬트 게임을 통해서 협력과 조절능력 및 사회성을 향상시켜 주며, 근력의 발달을 가져올 수 있다.

2. 활동 자료

점핑쉬트, 안전매트

3. 활동 방법 및 규칙

가. 안전매트 위에 점핑쉬트를 깔고 5~6명의 학생들이 로프를 잡도록 하고, 한 명을 선정하여 점핑쉬트 위에 앉힌다.

나. 교사의 구령(하나, 둘, 셋)에 맞추어 하나, 둘에 시트 위에 있는 학생을 위아래로 흔들고 셋이란 구호에 학생을 위로 던지도록 한다.

다. 이때 학생들이 안으로 모이지 않고 모두 바깥쪽을 향하도록 하여 시트가 펼쳐져 있도록 하는 것이 중요하다.

라. 위의 사항을 1~2회 연습한 후 학생을 연속해서 위로 던지도록 한다.

4. 플러스 게임활동

안전매트를 바닥에 설치한 후, 두 모둠으로 나누어 4명의 학생이 로프를 잡고 반환점을 돌아오도록 한다.

5. 활동 실마리

이 게임은 안전이 우선시되어야 한다. 점핑쉬트에 앉혀진 학생이 떨어질 때는 머리부터 떨어지지 않도록 주의해야 하며, 매트가 너무 얇지 않아야 한다. 또 운반 게임 시에는 반환점까지 바닥에 매트를 깔고 실시해야 안전사고를 예방할 수 있다.

활 2 동 페달롤러

페달롤러는 두 개의 균형 잡기 페달과 한 쌍의 분리 가능한 핸드레일로 2차원 자전거처럼 움직인다. 균형을 잘 잡는 학생은 핸드레일을 제거하여 사용하면 더 빠른 속도로 조정력을 향상시킬 수 있다. 페달롤러는 성인이나 학생, 모든 연령대에 적합하다. 사이즈는 100cm×38cm(3인용), 1인용, 2인용, 3인용으로 다양하게 구성되어 있다.

1. 활동 목표

페달롤러를 통하여 학생들에게 동작과 다이내믹한 균형감각, 하지의 근력 그리고 협동심을 유도할 수 있다.

2. 활동 자료

1인용, 2인용, 3인용 페달롤러, 폴대

3. 활동 방법 및 규칙

가. 페달롤러는 3가지로 구성되어 있으며 학생들이 숙달될수록 3인용, 2인용, 1인용 순으로 실시한다.

나. 이것 역시 교사의 시범이 필요하지만 대부분의 학생이 처음에 혼자 탄다는 것은 어려우므로 3인용 페달롤러를 이용하여 교사와 함께 탑승하여 무릎 동작이 숙달되도록 한다(교사의 구령과 함께 맞추어 실시하면 학생에게 리듬감을 부여할 수 있다). 2인 1조가 한 모둠이 되어 상대팀과 게임을 실시하는 것도 학생들에게 흥미를 제공할 수 있다.

다. 3인용 페달롤러가 익숙해지면 2인용 위에 학생이 혼자 타도록 한다(처음에는 많은 어려움이 나타난다. 이때 교사는 학생에게 격려를 주어 자신이 도움을 받고 있다는 느낌이 들도록 한다).

라. 위의 두 가지 사항이 숙달되면 마지막으로 1인용 페달롤러를 실시하되 처음에는 어려움이 있으므로 폴대를 제공하여 실시하도록 한다.

4. 플러스 게임활동

학생들이 페달롤러에 어느 정도 익숙해지면 모둠별로 일정한 거리에 있는 반환점을 돌아오도록 한다. 또는 선으로 다양한 모양을 그려 놓고 페달롤러를 움직여서 선을 따라 이동하도록 한다.

5. 활동 실마리

페달롤러는 방법적인 면보다는 오랜 시간 동안 관심을 갖고 참여할 수 있도록 해야 한다. 게임을 진행할 경우, 지나친 경쟁보다는 모둠원들과 협력하여 이동하는 부분에 관심을 기울이도록 한다.

활 3 동 스쿠터 보드

플라스틱으로 만들어졌고, 사이즈는 40×40cm이다. 6가지 컬러로 구성되었다. 양쪽 스쿠터에 손잡이가 달려 있어 안전하고, 여러 개를 연결하여 사용할 수 있다.

1. 활동 목표
학생들은 스쿠터 보드 위에서 신체 조정 능력 및 힘의 조절 능력을 기를 수 있으며, 모둠원들과 함께 참여하는 가운데 협동심을 배양할 수 있다.

2. 활동 자료
스쿠터 보드(Scooter Board), 스쿠터 패들, 탄력 밴드

3. 활동 방법 및 규칙
가. 스쿠터 보드를 여러 개 연결하여 기차 형태를 만든 후 양손은 보드 옆의 손잡이를 잡도록 한다.

나. 교사는 탄력 밴드를 맨 앞의 스쿠터 보드 양 손잡이에 장치한 후 학생들을 끌어 준다.

다. 학생들이 적응해 갈수록 속도를 높이도록 한다.

라. 위의 사항들에 숙달된 학생들은 스쿠터 보드 한 개를 이용하여 실시하면 더욱더 박진감 넘치는 수업을 만들어 낼 수 있다.

마. 벽면에 세워진 스펀지 매트 위로 속도를 적당히 감속하여 충돌 시켜 주는 것도 학생들에게 동기를 제공할 수 있다.

4. 플러스 게임활동

가. 스쿠터 보드에 엎드리거나 무릎을 놓고 목표물을 돌아오는 게임을 한다.

나. 여러 개의 스쿠터를 연결하여 모둠별로 콘을 돌아오는 게임을 한다.

다. 바스켓을 스쿠터 보드에 꽂아 폼볼이나 여러 가지 볼로 패스하면서 상대편 바스켓에 넣는 게임을 한다.

라. 학생들은 스쿠터를 타고 플라잉디스크를 디스캐쳐(바구니)에 던져 넣는 게임을 한다.

마. 인간 스쿠터 컬링 게임을 통해 모둠별로 협동심을 키우도록 한다.

5. 활동 실마리

가. 학생들이 탑승 중일 때 손잡이를 잡게 하고 발을 땅에 놓지 않도록 하여야 하며 교사는 탄력 밴드를 너무 높은 위치에서 당기지 말아야 한다.

나. 너무 높은 위치에서(허리 높이 이상) 탄력 밴드를 당기면 스쿠터 보드가 뒤집히거나 맨 앞쪽의 보드가 튕겨 나올 수 있기 때문에 주의하도록 한다.

플라스틱 재질이며, 사이즈는 30cm와 45cm로 되어 있다. 허들에 밸크로가 부착되어 사용이 용이하다. 허들 넘기에 안전하며 간편한 제품이다. 민첩성과 순발력 그리고 피칭 훈련에 도움을 주며 펼쳤을 때 부피가 작아 보관과 휴대가 간편하다.

1. 활동 목표
학생들은 폴딩허들 장애물 게임에 참여하면서 자신감과 조정력 및 기초 체력을 향상시킬 수 있다.

2. 활동 자료
폴딩허들 세트(학생의 신장에 따라 다르게 선택)

3. 활동 방법 및 규칙
가. 먼저, 학생들에게 허들을 만져 보고 발이나 손으로 쳐 보도록 하여 과제 실시 전에 허들이 매우 안전하다는 것을 인식시켜 준다.

나. 양쪽으로 허들 간격을 맞추어 배치한 후 학생들을 두 모둠으로 나누어 라인에 맞추어 1열로 세운다.

다. 교사의 출발 신호에 따라 양 팀 한 명씩 허들 넘기를 실시한다.

라. 과제의 성취 수준에 따라서 학생들을 여러 모둠으로 나누어 실시한다.

4. 플러스 게임활동

가. 허들을 놓고 모둠발로 좌우 뛰어넘기 게임을 하면서 민첩성과
　　순발력을 키운다.

나. 낮은 허들을 일정한 간격으로 놓고 달리는 피칭연습을 한다.

5. 활동 실마리

이 게임은 약간의 안전이 요구되는데, 실시하기 전에 교사나 학생
의 시범을 통하여 허들에 걸려도 넘어지지 않고 안전하다는 것을 보여 준다.

활 5 동) 콤비 장애물

플라스틱 재질이며, 후프(지름 50, 60, 70, 80cm 각 3개씩) 12개, 반
원후프(12개), 짐나스틱 바(24개), 베이스플레이트(24개)는 고무재질이
다. 홀더(24개), 후프는 납작하게 생긴 원형이다.

1. 활동 목표

학생들은 이 게임을 통하여 다양한 움직임을 만들어 낼 수 있으며
다양한 변화를 만들 수 있는 기회와 위치 변경으로 인하여 학생 스스

로 자기 결정력을 향상시킬 수 있다.

2. 활동 자료
콤비 장애물 세트

3. 활동 방법 및 규칙
가. 각 기둥 및 후프, 바를 자유자재로 만들고 설치하는 모습을 학생들에게 보여 준다.
나. 허들처럼 일정한 간격으로 배치한 후 가운데 바의 위치를 모두 다르게 하여 설치한다.
다. 교사는 시범을 보여 줄 때, 밑으로 기어서 통과하기도 하고, 뛰어넘기도 하고 또 천천히 넘어가는 모습을 보여 준다. 이때 교사는 각 코스마다 학생들에게 설명을 해 주어서는 안 된다. 그 이유는 그런 틀이 학생들의 자유로운 사고를 방해할 수 있기 때문이다. 학생들은 자신의 수준에 따라 뛰거나 기어가거나 방향을 전환할 수 있다.

4. 플러스 게임활동
가. 후프를 세우지만 말고, 간격을 달리하여 바닥에 놓고 자신이 뛰어넘을 수 있는 곳을 도전하도록 한다. 이는 저학년 학생들

과 두려움을 간직하고 있는 학생들에게 도움이 된다.

나. 학생들 스스로 여러 형태의 모양을 만들어 참여할 수 있는 기
회를 제공한다.

5. 활동 실마리

이 프로그램은 규칙이 없다. 교사가 학생들에게 '넘어가라, 기어가
라'라고 하는 것은 학생들의 다양한 상상력을 저해하므로 교사는 학
생에게 '어떻게 해야 할까?'라는 이야기를 통해 학생들이 다양한 동
작으로 움직일 수 있도록 안내해 주어야 한다.

활 6 동 페찌볼(Pezzi ball)

페찌볼은 외부 충격으로 제품이 찢어지거나 구멍이 날 경우 타 제
품과 달리 천천히 공기가 빠지고 안전기능이 강화되어 있기 때문에
학교 현장에서 인기가 높다. 페찌볼은 짐나스틱 볼과 달리 잘 미끄러
지지 않는 부드러운 특수재질로 만들어져 신체와 볼의 밀착도를 높
여 준다. 페찌볼은 볼, 마개, 매뉴얼로 구성되어 있다.

1. 활동 목표

학생들은 앉거나 몸을 굽히는 전신 운동과 자세를 교정할 수 있고,
학교 체육수업에서는 스트레칭을 위한 도구로 활용하여 근육의 긴장
을 풀고, 파트너와 함께하는 볼 운동을 통해 모둠원들과의 협동심도
함양할 수 있다.

2. 활동 자료

페찌볼 세트

3. 활동 방법 및 규칙

가. 모둠별로 페찌볼을 굴려서 목표물을 돌아오는 게임을 한다.

나. 모둠별로 페찌볼이 공중에서 오래 떠 있을 수 있도록 토스하는 게임을 한다.

다. 혼자서 또는 둘이서 하나의 페찌볼을 가지고 상체운동과 하체 운동을 한다.

라. 다양한 크기의 페찌볼로 대근육 운동과 균형감각 운동을 한다.

마. 실내의 좁은 장소에서도 활용이 가능하기 때문에 교실이나 체 육관 수업에서 학생들의 참여를 높일 수 있다.

4. 플러스 게임활동

가. 스쿠터를 타고 페찌볼을 발로 차서 목표물을 맞히는 스쿠터 사 커 게임을 한다.

나. 모둠원들과 공을 굴리거나 들고 목표물을 돌아오는 게임을 전 개한다.

5. 활동 실마리

페찌볼을 사용할 때에는 크게 안전상의 문제는 없지만 스쿠터 사커를 할 때에 공에 집중하여 상대방의 신체를 공격하지 않도록 한다. 스트레칭 시에는 상대방의 볼을 손이나 발로 건드리는 일이 없도록 한다.

07

교구를 활용한 도전활동

도전활동은 개인의 신체적 수월성과 타인의 신체적 기량에 도전하는 활동을 의미하는 것으로 개인의 도전 목표를 설정하고 체계적으로 그것을 성취하기 위해 노력하는 과정을 중시한다. 자신의 잠재력을 이해하고 현재 직면한 장애 요인과 한계를 극복함으로써 미래의 삶을 주도적으로 개척해 나갈 수 있는 능력을 기르는 데 초점을 두고 있다.

학교 현장에서는 기록 도전, 동작 도전, 표적 도전, 투기 도전만을 제시하여 교구를 활용한 도전활동에 대한 깊이 있는 이해를 제공하지 못한 아쉬움이 있었다. 학생들은 다른 활동보다도 교구가 활용된 체육수업에 높은 가치를 피력하고 있는 것으로 나타났다. 이러한 측면을 고려해 볼 때, 앞으로 체육수업의 도전활동에서는 교구의 활용에 관심을 기울여야 할 것이다. 무엇보다 학교 현장에서 도전활동 지도에 대한 어려움은 학습자에게 적절한 교구가 제공되지 못한 부분이 크다. 학생들이 즐겁게 참여할 수 있는 교구가 선정된다면 도전활동 수업은 학습자에게 유용한 정보를 제공할 것이다.

본 장에서는 교구를 활용한 도전활동 여덟 가지의 교구와 활용방법을 소개하여 학생들이 체육수업의 도전활동에서 적극적인 참여를 가져오는 데 실마리를 제공하고자 한다.

<그림 7-1> 교구를 활용한 도전활동

(활 1 동) 크로스터널

원형과 터널이 분리된다. 나일론 재질이고 네 방향으로 되어 있고 가운데 구멍이 있어 공간이 좁고 어두운 곳에 들어가는 것을 두려워하는 학생들에게 유용한 터널이다. 터널끼리 분리가 가능하며, 신체 협응 향상, 민첩성 또는 사회성 함양에 도움을 준다.

1. 활동 목표

학생들에게 새로운 공간에 대한 인식과 문제해결 능력을 함양할 수 있고 보행이 어려운 학생들에게 기어가기를 통하여 신체의 협응력 및 상지와 하지의 근력 향상, 민첩성을 향상시킬 수 있다.

2. 활동 자료

크로스터널

3. 활동 방법 및 규칙

가. 터널을 교실 바닥 위
에 완전히 펼친 후 학
생들을 네 개의 터널
입구에 세운다.

나. 학생들이 새로운 공간
과 좁다는 생각에 거
부할 수 있으므로 교사가 먼저 시범을 보인다.

다. 시범이 끝난 후 학생을 터널에 들어가도록 하고, 각 교사는 자
기에게 주어진 학생의 이름을 부르며 교사 쪽으로 유도한다.

라. 학생을 부르고 있는 교사 쪽으로 거의 도착할 무렵 터널 입구
를 내려놓고, 교사들은 자리를 바꾸고 터널 입구를 들어서 담
당 교사가 아님을 학생에게 확인시켜 주고 담당교사를 찾아가
라고 말한다. 이때 자리를 옮긴 담당교사는 다시 학생의 이름
을 불러서 방향을 유도한다.

마. 위와 같은 유도는 학생들이 모든 터널입구를 모두 기어 다닐
수 있도록 한다.

4. 플러스 게임활동

크로스터널에 새로운 터널을 한두 개씩 연결하여 학생들에게 도전
감을 제공하도록 한다. 이때 학생들이 두려움을 간직하고 있다면 투
명 터널을 연결하여 어두움에 대한 공포를 줄이고 편하고 흥미롭게
터널을 통과하도록 한다.

5. 활동 실마리

발달장애나 정신지체 학생의 경우 공간이 좁고 어두운 것으로 인

하여 터널에 들어가는 것을 두려워할 수 있다. 이때 교사의 시범이나 주변을 밝게 해 주어 터널에 빛이 스며들 수 있도록 하고 네 개의 터널 입구를 모두 들어 보여 줌으로써 안전하다는 것을 확인시켜 주면 대부분의 학생들이 쉽게 터널 안으로 접근하게 될 것이다.

활 2 동 에어볼

에어볼(피라미드형, 원형, 큐브, 사각형)에 지퍼가 달려 있어 전기 펌프로 바람을 넣어 사용한다. 나일론 재질이며, 사이즈는 60cm, 90cm, 120cm 등이 있다.

1. 활동 목표
학생들이 다양하게 구성된 에어볼 게임에 참여하면서 협동심과 게임에 대한 적극성과 자신감을 함양할 수 있다.

2. 활동 자료
에어볼 1~2개

3. 활동 방법 및 절차
가. 학생들은 손가락 끝을 사용하여 친구들과 협동하면서 에어볼을 원 주변을 따라 굴린다.
나. 발을 하늘로: 모든 참가

자는 상대방과 엉덩이를 마주한 채 반대 방향으로 서서 오직 발만을 이용하여 원 주변을 굴린다.

다. 등 문지르기: 학생들은 배를 깔고 그리고 머리를 안쪽으로 향해서 엎드린다. 그리고 보조자는 에어볼을 학생들의 등 부분 위로 공을 굴린다.

라. 엎드려 공간패스: 학생들은 배를 깔고 머리는 안쪽 그리고 양손은 그들의 얼굴 앞에 쭉 뻗도록 한다. 학생들은 에어볼 뒤 방향으로 상체를 들어 올려 뒤 방향으로 밀거나 반대편 쪽 원의 외부로 튕겨 내도록 한다. 이 활동은 허리의 확장과 강화에 매우 효과적인 운동이다.

마. 모둠 발리볼: 학생들은 협동적으로 에어볼을 발사한다. 각 개인이 한 번씩만 치도록 하고 두 번 치지 않도록 한다.

4. 플러스 게임활동

가. 피라미드 에어볼을 사용하여 모서리를 쳐서 빙글빙글 돌려서 쳐 올리는 게임을 한다.

나. 모둠별로 공중으로 높이 쳐서 어느 모둠의 에어볼이 공중에 오래 머무는지를 겨루는 게임을 한다.

5. 활동 실마리

학생들이 활동하기 전에 활동장에 있는 모든 장애물을 제거하도록 하고, 학생들이 에어볼을 발로 차지 않도록 주의를 기울인다.

활 3 동 **바렐매트**

바렐매트는 시지각 발달 및 창조적인 놀이에 도움을 준다. 원통 위에서 균형 유지하기, 원통 안에서 구르기, 원통 안으로 기어서 통과하기 및 원통 위로 뛰어넘기 등 다양한 놀이를 할 수 있다. 바렐매트와 함께 자이언트서클매트 또는 터널매트를 사용하면 학생들의 참여와 즐거움을 극대화할 수 있다.

1. 활동 목표
학생들은 이 과제를 통하여 손−발−눈의 협응력을 기를 수 있으며, 다양한 활동(원통 위에서 균형 잡기, 원통 안에서 구르기, 원통 안으로 기어서 통과하기, 원통 뛰어넘기)으로 학생들의 참여를 높일 수 있다.

2. 활동 자료
바렐매트, 자이언트서클매트, 터널매트, 너무 단단하지 않은 바닥

3. 활동 방법 및 규칙
가. 학생들은 바렐매트 위에서 균형 잡기를 한다.
나. 학생들은 원통 안에서 구르기를 할 수 있다.
다. 학생의 장애가 심해 활동이 어려운 경우에는 교사가 매트를 굴려서 학생이 계속해서 움직이도록 한다.
라. 모둠별로 원통 안으로 기어 들어가

통과하는 게임을 한다.

마. 모둠별로 연속하여 3~4개의 원통 뛰어넘기(건너기) 게임을 한다.

바. 바렐매트를 굴려서 일정한 거리에 있는 볼링 핀이나 페트병을 넘어뜨리는 게임을 한다.

4. 플러스 게임활동

가. 바렐매트를 여러 개 연결하여 크로스 터널을 만들어 통과하는 게임을 한다.

나. 학생들은 바렐매트로 골프게임을 할 수 있다. 일정한 거리에 5~6개의 홀을 설치하여 바렐매트를 굴려서 목표물을 맞히는 골프게임으로 규칙은 골프와 유사하다. 사커골프와 함께 병행하여 사용하면 학생들의 참여를 극대화하는 데 도움이 된다. 학생들은 위 활동을 통해 거리감과 정확성을 기를 수 있다.

5. 활동 실마리

굴러가는 바렐매트가 돌이나 물체에 걸리지 않도록 목표물 이외의 장애물은 제거하도록 한다.

활 4 동 컬링(Curling)

컬링 타깃(2개), 스톤(적색 4개, 파랑 4개)으로 구성되었으며, 사이즈는 타깃(122×122cm), 스톤(17.8cm, 1.4kg)이다.

1. 활동 목표

학생들은 팀워크와 조절능력을 향상시킬 수 있으며 여러 가지 게임 방법을 통해 학생들의 인지 능력과 사회성을 함양할 수 있다.

2. 활동 자료

Curling 1set(인원에 따라 기구들이 추가될 수 있다), 점수판, 보조스틱(휠체어 장애인이나 팔의 기능이 약한 학생)

3. 활동 방법 및 규칙

가. 고른 바닥 위에서 컬링 출 발라인을 그린 후 학생들 을 두 모둠으로 나눈다.

나. 라인 위에 모든 학생을 정 렬시킨 후 컬링 1개씩을 부여한 후 한 번씩 교대로 컬링 점수판을 향하여 굴리도록 한다.

다. 앞에 많은 컬링 볼이 있어 굴리기가 어려운 경우 위치를 자유 롭게 변경할 수 있도록 한다. 이 방법 또한 상대편이 득점을 못 하도록 하는 게임전략이다.

라. 게임의 승패는 점수판 위에 있는 컬링의 위치에 따라 점수를 합산하고 세트는 자유롭게 정할 수 있으며 게임시간을 제한할 수 있다.

마. 휠체어 장애 학생이 있을 경우, 보조 스틱의 도움을 받아 게임 을 진행할 수 있다(컬링의 손잡이에 보조스틱을 끼울 수 있다).

4. 플러스 게임활동

컬링 준비물이 없을 경우에는 콩주머니나 플로어볼의 퍽을 사용하는 것도 좋은 방법이다.

5. 활동 실마리

가. 학생들이 손으로 컬링을 움켜쥐게 되면 컬링이 똑바로 진행되기 어려운 경우가 발생하므로 손가락을 모은 후 손바닥을 컬링 손잡이에 가볍게 댄 후 밀도록 한다. 한쪽 무릎은 땅에 대고 하는 것이 보다 정확한 자세를 유지하는 데 도움이 될 수 있다. 특히 다른 모둠원이 실시를 할 때에는 조용히 하고 상대편의 활동을 보는 것도 학생들의 인성발달에 도움이 된다.

나. 컬링 게임에서 보조스틱을 이용하면 휠체어 장애 학생들에게도 매우 재미있고, 비장애 학생들과도 동등한 위치에서 게임을 즐길 수 있다.

(활 5 동) 캉캉자루

나일론 재질의 캉캉자루는 양쪽에 손잡이가 있다. 사이즈는 63cm×28cm/76cm×33cm이다.

1. 활동 목표

다양한 캉캉자루 게임을 통해 학생의 신체 협응력과 하지 근력 및 신체적 리듬감을 향상시킬 수 있다.

2. 활동 자료

캉캉자루, 매트 혹은 잔디밭

3. 활동 방법 및 규칙

가. 교사는 출발을 준비하고 있는 학생들 앞에 캉캉자루를 하나씩 놓아 준다.

나. 교사가 캉캉자루 안으로 들어가는 법과 손 위치 등을 알려 주고 시범을 보여 준 후, 학생들에게 캉캉 주머니 안으로 들어가도록 한다.

다. 두 모둠으로 나누어서 실시할 수도 있으며 모든 학생들이 한 번에 함께 뛰기를 할 수도 있다. 교사의 신호에 따라 모든 학생들이 뛰기를 실시한다.

4. 플러스 게임활동

가. 하나의 큰 자루에 들어가 2인이 함께하는 게임이 가능하다.

나. 일정한 거리의 목표물을 돌아오는 기록 도전활동에 응용할 수 있다.

다. 캉캉자루 속에 들어가 움직임이 제공된 표현활동을 하면 손과 몸의 움직임을 다양화할 수 있다.

5. 활동 실마리

신체적 리듬감이나 근력이 약한 학생은 이동 중에 앞으로 넘어질 수 있으므로 매트나 잔디밭 같은 푹신한 곳에서 실시하여 안전사고를 예방하도록 한다.

활 6 동 팀워커

팀워커는 개인 운동 발달과 함께 단체놀이에 중점을 두어 고안되었다. 학생들의 협동심과 사회성 발달에 도움을 준다. 학교 및 보육시설의 실·내외 활동에 적합한 교구이다.

1. 활동 목표
모둠원들이 팀워커를 신고 일정한 거리에 있는 목표물을 돌아오는 게임에 참여하면서 모둠원들과의 협동심 및 사회성을 함양할 수 있다.

2. 활동 자료
팀워커 세트

3. 활동 방법 및 규칙
가. 한 모둠을 두 명, 세 명, 네 명으로 나누어 팀워커를 신고 걷는 연습을 한다.

나. 도전하는 모둠의 구성원들은 바닥이나 벽에 닿지 않고 정해진 경로를 통과해야 한다.

다. 만약 한 모둠이라도 규칙을 어기면, 그 모둠은 다시 시작해야

한다.

라. 어느 모둠원이라도 별명을 부르거나 비난해서는 안 된다.

마. 모둠원들은 친구들의 움직임이 하나가 되도록 자신들만의 구
호를 사용하여 단합된 모습을 보일 수 있도록 한다.

4. 플러스 게임활동

가. 도전하는 모둠원들은 제한시간 내에 과제를 완료해야 한다.

나. 시간제한과 거리 목표를 모두 사용한다.

다. 장애물 코스나 지그재그 길을 고안하거나 또는 변형으로 구체
적인 방향 전환 방법을 제시하도록 한다. 360° 방향 전환은 힘
든 과제가 될 것이다.

라. 도전하는 모둠원들이 낮추어진 평행봉이나 배구 네트 등 장애
물 사이를 통과하는 게임을 하면 재미 요소를 더할 수 있다.

5. 활동 실마리

가. 팀워커 걷기를 할 때에는 모둠원들이 동시에 발을 움직여야 한
다. 누군가가 박자를 맞추게 하는 것이 도움이 된다. 모둠원들
은 바로 앞에 있는 모둠원의 허리나 어깨를 잡으면 이동하는
데 도움이 된다.

나. 모둠별 경쟁활동을 하더라도 빨리 돌아오는 것에 집중하기보
다는 모둠원들이 서로 협동하면서 돌아오는 부분에 관심을 두
도록 한다.

컬러스쿠프

라크로스 게임과 같이 공을 컬러스쿠프에 넣고 던지거나 받는 놀이이다. 손의 조절능력과 고도의 집중력 향상에 도움을 준다.

1. 활동 목표
모둠원들과 컬러스쿠프로 공 주고받기를 하면서 물체에 집중하도록 하고, 친구들을 배려하는 마음을 간직할 수 있다.

2. 활동 자료
컬러스쿠프 24개, 공 12개, 숫자판

3. 활동 방법 및 규칙
가. 컬러스쿠프 잡는 방법과 던지는 방법을 설명한다.

나. 두 명의 학생이 정해진 거리를 달리하면서 컬러스쿠프로 공 던지고 받기를 한다.
다. 두 명의 학생이 서로 반대 방향으로 컬러스쿠프를 사용하여 공을 멀리 던지고 상대방의 공을 빨리 주워 오는 게임을 한다.
라. 모둠원들이 즐겁게 컬러스쿠프 윷놀이를 한다.
　① 윷놀이에 쓰이는 도, 개, 걸, 윷, 모가 쓰인 목표물을 설치한다.
　② 말판은 종이를 사용해도 좋으나 운동장에 직접 그려도 좋다.

③ 목표물로부터 5m 지점에 컬러스쿠프를 던지는 선을 긋는다.

④ 가위바위보를 해서 먼저 던질 모둠을 정한다.

⑤ 이긴 모둠의 학생 한 명이 먼저 컬러스쿠프로 공을 던져 목표물을 맞힌다.

⑥ 맞힌 말대로 말판을 이동한다.

⑦ 말판을 움직이는 방법은 전통 윷놀이와 동일하다.

4. 플러스 게임활동

모둠원들과 컬러스쿠프를 사용하여 3~5m 떨어진 곳에 있는 숫자판 맞히는 게임을 한다. 이때 모둠 내 협동을, 모둠 간 경쟁을 조장하기 위해서는 협동학습의 구조인 학생팀성취배분(STAD)과 팀게임토너먼트(TGT)를 활용하도록 한다.

5. 활동 실마리

컬러스쿠프로 공을 던질 때에는 팔 전체를 사용하는 것보다는 뒤로 젖힌 팔이 앞으로 오는 순간 손목의 힘을 이용하는 것이 공을 더 멀리, 정확하게 던질 수 있는 방법이다.

활 8 동) 트램폴린

트램폴린은 에어펌프로 바람을 넣어서 사용한다. 지면이나 물 위에서 사용이 가능하며, 에어트램폴린은 학생들이 점핑, 바운싱을 연습하는 데 많은 도움을 제공한다.

1. 활동 목표

학생들은 트램폴린 위에서 균형을 잡으면서 연속 뛰기나 걷기를 할 수 있고, 신체가 많이 불편한 학생들은 앉아서 몸 전체를 움직이면서 균형 잡기를 할 수 있다.

2. 활동 자료

학생들의 수준에 맞는 트램폴린을 사용(에어트램폴린, 에어트람, 손잡이 트램폴린 등)

3. 활동 방법 및 규칙

가. 트램폴린 위에서 조깅을 한다.

나. 트램폴린 위에서 한 발 뛰기를 한다.

다. 트램폴린 위에서 모둠발 뛰기를 계속한다.

라. 두 명의 학생이 손을 잡고 트램폴린 위에서 뛰면서 균형 잡기를 한다.

마. 두 모둠의 학생들이 트램폴린 위에서 가위바위보 게임을 하면서 어느 모둠의 학생들이 더 오래 남아 있게 되는지를 확인한다.

바. 트램폴린 위에서 균형 잡기가 힘든 학생들은 손잡이가 달린 트램폴린을 사용하도록 한다.

사. 트램폴린 위에서 다양한 동작을 만들어 표현하도록 한다. 예컨대, 자리에 앉아 있는 학생들은 트램폴린 위에서 뛰는 학생이 신체로 어떤 동물을 흉내 내는지를 맞히도록 한다.

4. 플러스 게임활동

가. 트램폴린 위에서 가장 높이 점프한 학생이나 오래 뛴 학생 및
  동물의 흉내를 정확하게 낸 학생을 선발하여 시상하도록 한다.

나. 운동기능이 좋은 학생은 트램폴린 위에서 앞돌기나 뒤돌기를
  연습할 수 있다. 이때 주변에 매트를 깔아서 안전사고를 예방
  하도록 한다.

5. 활동 실마리

트램폴린은 학생들이 균형 감각을 높이는 데 유용한 도구이기 때
문에 트램폴린 위에서 뛰거나 앞돌기를 할 때에는 두려움을 없애고
자신감을 갖는 것이 무엇보다 중요하다.

08

교구를 활용한 게임활동

학생들은 체육수업에서 게임활동을 가장 선호하는 것으로 나타났다. 이러한 상황은 현장 교사들로 하여금 체육수업을 게임수업으로만 인식하는 결과를 초래하였다. 그 결과 교사들은 체육수업시간을 게임수업으로 오해하는 일도 벌어진다. 교사들이 체육시간에 축구나 피구 게임만을 수업활동으로 제공하는 경우가 이에 해당된다. 체육수업이 게임활동으로 일관된 모습을 보이고 있는 시점에서 교사들은 체육수업 영역을 지도할 때에는 다른 활동을 제공하기보다도 게임 위주의 활동만을 제공하는 것으로 나타났다.

그러나 여기에서 생기는 가장 큰 문제점은 게임활동이 한두 가지의 활동, 즉 축구와 피구로 일관된 흐름을 보이고 있다는 것이다. 이러한 측면에서 교구를 활용한 게임활동은 학교 현장에서 게임활동 지도에 대한 어려움을 해소할 수 있는 좋은 방법이 될 수 있다. 교구를 활용한 게임활동은 학생들로 하여금 게임의 다양함을 제공함과 동시에 축구와 피구 일변도의 획일성에서 탈피하여 학생들이 다양한 신체활동에 참여할 수 있는 기회를 제공하게 된다.

본 장에서는 교구를 활용한 게임활동으로 열 가지의 교구와 활용 방법을 소개하여 학생들이 체육수업의 게임활동에 참여하면서 긍정적인 가치의 형성에 도움을 제공하고자 한다.

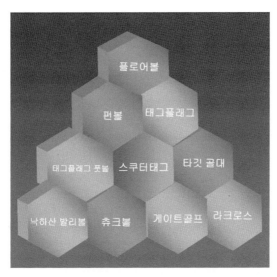

〈그림 8-1〉 교구를 활용한 게임활동

활 1 동) **펀볼**

펀볼은 모든 연령대에 사용 가능한 볼로서, 다양한 방법으로 사용
이 가능하다. 물세탁이 가능하고 견고한 이중바느질로 되어 있으며
신속한 공의 팽창과 수축이 가능하여 사용하는 데 편리하다. 뉴스포
츠 게임으로 활용되고 있으며 바람을 넣는 송풍기가 필요하다.

1. 활동 목표

펀볼을 다루는 기본 기능과 게임 전략을 알고 게임활동을 할 수 있
고, 모둠원들과 협동하여 펀볼게임에 끈기를 갖고 참여할 수 있다.

2. 활동 자료
펀볼 1개, 송풍기, 줄긋기 기구

3. 활동 방법 및 규칙
가. 펀볼 술래잡기를 할 때 사용한
   다. 즉, 정해진 공간에서 한 명
   이 공을 굴리거나 들고 다니면
   서 다른 학생을 공으로 터치하
   게 되면 그 학생이 술래가 되는
   게임이다.

나. 술래잡기를 할 때 필요한 절차
   는 지름 7m의 원을 그리고(인
   원은 20~25명), 한 명의 술래를 정한다. 그리고 원 안에서 술래
   를 피하여 자유롭게 움직인다.

4. 플러스 게임활동
가. 펀볼을 서로 주고받기할 수 있다. 이는 정해진 공간에서 신체
   의 일부분을 이용하여 상대편에게 펀볼을 넘겨주고, 받는 게임
   이다. 이 게임을 위해서는 모둠을 나누고(인원은 4~6명), 가운
   데에 블랙홀을 그린다. 그리고 공을 주고받는 과정 중에 블랙
   홀에 공을 넣거나 정해진 구역 밖으로 보내는 팀은 지게 된다.

나. 두 모둠으로 나누고, 각 모둠이 두 줄로 길게 앉아서 손은 바닥
   을 짚고, 발로 펀볼을 전달하여 목표물을 돌아오는 게임을 한다.

5. 활동 실마리
가. 술래잡기에서 술래는 터치를 할 때 공뿐만 아니라 손을 이용할

수도 있다.

나. 술래잡기에서 구역과 인원을 조절하면 학생의 신체활동 수준을 높일 수 있다.

다. 펀볼 서로 주고받기에서 펀볼이 닿는 신체 부위를 제한하여 실시할 수 있다. 즉, 머리만 이용하기, 한쪽 손만 이용하기, 발만 이용하기 등을 할 수 있다.

라. 펀볼 서로 주고받기에서 배구의 룰을 적용하여 실시할 수 있다.

마. 펀볼 서로 주고받기에서 네트를 설치하여 족구처럼 경기할 수 있다.

활 2 동) 태그플래그

태그플래그는 나일론 원단에 밸크로가 부착되어 있다. 태그 20개, 밴드 4개로 구성되었다. 사이즈는 3.8×28cm, 팔뚝에 부착하여 사용하거나 밸크로에 고무줄을 연결하여 허리에 부착해 사용하기도 한다.

1. 활동 목표

학생들은 태그플래그 게임을 통하여 심폐지구력과 하지근력 및 집중력을 향상시킬 수 있다.

2. 활동 자료

태그플래그 세트(노랑, 적색)

3. 활동 방법 및 규칙

가. 교사는 학생들을 두 모둠으로 나눈 후 각 모둠별 태그플래그의 색깔을 구분하여 플래그를 팔뚝에 부착한다.

나. 일정한 지역을 표시해 주어 그 지역 바깥으로 나가지 않도록 하고 나갈 시에는 꼬리를 상대편에게 빼앗기는 것으로 한다.

다. 신호에 의해서 학생들은 상대편의 꼬리를 쫓아가서 떼어 내도록 하고 꼬리를 잘린 학생들은 구역 밖으로 나와 앉아 있도록 한다(2~3분간 실시).

라. 다시 신호에 의해 게임을 중지한 후, 각 학생들이 손에 쥐고 있는 꼬리 숫자를 헤아려 많이 잡은 모둠이 승리하는 것으로 한다.

4. 플러스 게임활동

태그플래그 게임을 세트화시켜 3판 2승제 또는 5판 3승제로 실시하여 다양한 벌칙 등을 부과하면 학생들의 적극적인 참여를 유도할 수 있다.

5. 활동 실마리

가. 태그플래그 게임을 할 때에는 학생들이 매우 빠르게 움직이므로 되도록이면 넓은 공간을 확보하도록 한다.

나. 우천 시 교실에서 게임 만들기 수업을 통해 태그플래그를 이용한 다양한 놀이방법을 찾도록 한다.

활 3 동 태그플래그 풋볼

태그플래그 풋볼은 밸크로가 붙은 모둠별 조끼에 깃발(Flag)을 달고 미식축구를 하는 것으로 조끼에 매달린 긴 깃발을 빼앗기지 않으면서 상대팀에 골을 넣는 게임이다.

1. 활동 목표

학생들은 태그플래그 풋볼 게임을 통하여 심폐지구력과 하지근력 및 집중력을 향상시킬 수 있다.

2. 활동 자료

태그플래그 또는 깃발, 밸크로 모둠별 조끼, 밸크로 럭비공

3. 활동 방법 및 규칙

가. 교사는 학생들을 두 모둠으로 나눈 후 각 모둠별 조끼의 색깔을 구분하여 A팀, B팀으로 구분하여 조끼를 입도록 한다.

나. 일정한 지역을 표시해 주어 그 지역 바깥으로 공이 나가지 않도록 하고 나갈 시에는 파울로 인정해 다른 팀으로 공격권이 바뀐다.

다. 교사는 학생들에게 깃발을 조끼에 부착하도록 하고 가위바위보 또는 동전을 이용하여 먼저 공

격권을 선정하도록 한다.

라. 신호에 따라 A팀 학생들은 B팀 골대를 향해 공격을 시작한다. 이때 A팀 학생이 B팀 학생에게 깃발이나 공을 빼앗겼을 경우, 공격권은 B팀으로 바뀌게 된다.

마. 신체접촉 없이 깃발을 떼어야 하며, 볼을 갖고 있지 않은 학생의 깃발을 떼거나 잡고 있을 경우에는 파울로 인정해 경고가 주어진다(경고 3번이면 2~3분 퇴장해야 된다).

바. 볼이 다리와 머리에 맞거나 공이 경기장 밖으로 나갔을 경우에는 파울로 인정하여 상대 모둠의 볼이 된다.

사. 이와 같은 방법을 세트화시켜 전·후반 시간제로 골을 많이 넣은 모둠이 승리하는 것으로 하여 다양한 벌칙 등을 부과하면 학생들의 적극적인 참여를 유도할 수 있다.

4. 플러스 게임활동

야구와 같이 공격팀과 수비팀으로 나누어 횟수(예: 4회 공격 후 수비로 전환)를 정해 게임을 한다.

5. 활동 실마리

태그플래그 풋볼 게임을 할 때는 학생들이 매우 빠르게 움직이므로 되도록이면 공간을 넓게 확보하고, 한 모둠을 5~6명 정도로 나누어 실시하도록 한다.

활 4 동 스쿠터 태그

스쿠터 태그는 스쿠터를 타면서 폴에 달려 있는 깃발을 먼저 잡는 게임이다. 모둠원들이 상대방의 플래그를 모두 잡으면 게임은 종료된다.

1. 활동 목표
학생들은 스쿠터 태그를 통하여 모둠원들과의 협동심, 민첩성, 다리운동 및 집중력을 향상시킬 수 있다.

2. 활동 자료
스쿠터, 깃발, 모둠조끼

3. 활동 방법 및 규칙
가. 교사는 학생들을 두 모둠으로 나눈 후 각 모둠별 조끼의 색깔을 구분하여 A팀, B팀으로 구분하여 조끼를 입도록 한다.
나. 교사는 학생들에게 깃발을 스쿠터에 부착하도록 하고 가위바위보 또는 동전을 이용하여 공격권을 선정하도록 한다.
다. 일정한 지역을 표시해 주어 그 지역으로부터 스쿠터가 나가지 않도록 하고, 스쿠터가 바깥으로 나간 사람은 상대방에게 깃발을 건네준다.
라. 이와 같은 방법을 세트화시켜 전·후반으로 먼저 깃발을 모두

빼앗은 모둠이 승리하는 것으로 하고, 다양한 벌칙 등을 부과
하면 학생들의 적극적인 참여를 유도할 수 있다.

4. 플러스 게임활동
가. 스쿠터 축구를 하면서 깃발을 빼앗는 활동을 통해 학생들에게
   적극적인 움직임을 제공한다.
나. 원반을 던져 통과시키는 스쿠터 디스크 플링 게임을 진행한다.
   이 게임은 스쿠터를 타고 플라잉디스크를 던져서 목표물에 넣
   는 게임이다. 스쿠터를 이용하여 여러 모둠으로 나누어 게임을
   하면 과제 참여시간을 충분히 제공할 수 있다.

5. 활동 실마리
상대방의 움직임을 파악하고 모둠원들과 협동하면 자신의 깃발을
빼앗기지 않으면서 상대방의 깃발을 용이하게 획득할 수 있다. 스쿠
터를 타고 상대 모둠원들의 움직임을 확인하기 위해서는 재빠르게
방향 전환을 해야 한다.

(활 5 동) **타깃골대**

타깃골대 또는 축구골대를 사용하여 공을 발로 차서 목표물을 맞히
거나 넣는 데 사용한다. 하키, 축구 등 다양한 용도로 사용할 수 있으
며 고정레버를 살짝 당겨 쉽게 접었다 펼칠 수 있어 이동이 간편하다.

1. 활동 목표

학생들은 일정한 거리에 있는 타깃골대 목표물에 축구공이나 다양한 공을 이용하여 차거나 던져서 맞히면서 집중력을 향상시킬 수 있다.

2. 활동 자료

타깃골대, 다양한 종류의 공, 플라잉디스크

3. 활동 방법 및 규칙

가. 모둠별로 일정한 거리에 있는 타깃골대에 공을 차서 숫자를 맞히도록 한다.

나. 모둠별로 일정한 거리에 있는 타깃골대에 플라잉디스크를 던져서 숫자를 맞히도록 한다.

다. 모둠별로 축구공을 사용하여 타깃골대를 맞힌 점수를 합산하도록 한다.

라. 모둠별로 플라잉디스크를 던져서 타깃골대를 맞힌 점수를 합산하도록 한다.

마. 숫자를 지정하고 도전을 하면 학생들의 집중력을 높이는 데 도움이 된다.

바. 개인활동보다는 모둠활동을 통해 모둠원들이 서로 배려하고 협동할 수 있는 기회를 제공한다.

사. 자신의 순서를 기다려야 하고, 모둠원들의 순서가 되었을 때, 빨리 던지도록 재촉하지 않는다.

4. 플러스 게임활동

타깃골대의 숫자 이외에 +, −, ×, =를 활용하면 모둠별 협동심과 집중력을 높일 수 있다. 이 과정에서 협동학습의 구조 중의 하나인 학생팀성취배분(STAD)과 팀게임토너먼트(TGT)를 활용하면 모둠 내 협동, 모둠 간 경쟁을 유발하여 게임에 적극적으로 참여 할 수 있다.

5. 활동 실마리

플라잉디스크를 사용할 경우, 자신이 자신 있게 던질 수 있는 방법 (포핸드 드로우, 백핸드 드로우, 업사이드다운)을 사용하여 던지도록 안내하고, 도전하는 학생들이 목표물에 집중할 수 있도록 서두르지 않고 차분하게 던질 수 있는 분위기를 조성한다.

(활 6 동) **츄크볼**

츄크볼은 네트에 볼을 던져 튀어 오른 볼이 상대 모둠원들에게 잡히지 않도록 경기하는 게임이다. 츄크볼이 단체경기와 다른 점은 상대방의 볼을 빼앗기거나 패스를 방해해서는 안 된다는 점이다. 그렇기 때문에 구기운동 경기에 익숙하지 않은 학생들에게도 쉽게 접근할 수 있는 장점이 있다.

1. 활동 목표

모둠원들과 협동하면서 볼을 츄크볼 골대에 던져서 상대방이 잡지 못하도록 하는 전략을 세우고 실천할 수 있다.

2. 활동 자료

츄크볼 골대, 다양한 종류의 공, 줄긋기 기구 또는 구역을 표시할
수 있는 테이프

3. 활동 방법 및 규칙

가. 모둠별로 가까운
거리에서 점차적
으로 멀리하면서
츄크볼 골대에 공
을 던지고 잡는다.

나. 모둠별로 두 명이 협동하면서 공 던지기를 한다. 이때 한 명은
던지고, 다른 한 명은 튕겨 나오는 공을 잡는 연습을 한다.

다. 모둠별로 돌아가면서 한 명은 공을 던지고 나머지 모둠원들은
튕겨 나오는 공을 잡는다.

라. 한 반을 두 모둠으로 나누어 츄크볼 경기의 규칙을 지키면서
게임을 한다.

마. 안전을 위한 배려로 공을 너무 세게 던지는 것보다는 빈 공간
으로 튕겨 나올 수 있도록 하고 모둠원들과 협동하면서 게임에
참여하도록 한다.

4. 플러스 게임활동

가. 츄크볼 골대에 바운드되어 나오는 목표물 지점을 표시해 놓고,
모둠원들과 함께 그곳으로 보내는 연습을 한다.

나. 츄크볼 골대에 바운드되어 나오는 지점에 여러 숫자를 깔아놓
고, 모둠별로 점수를 합계 내어 비교하는 게임을 한다.

5. 활동 실마리

가. 친구들과 공을 던지고 받는 연습을 하여 모둠원들이 건네준 공을 놓치지 않도록 한다.

나. 츄크볼 골대에 세게 던지는 것에 중점을 두기보다는 모둠원들이 위치한 곳으로 공을 어떻게 보낼 것인가를 생각하면서 던지는 활동에 주안점을 두도록 한다.

활 7 동 게이트 골프

모든 연령층이 할 수 있는 게임으로 게이트에 방울이 달려 있어서 골이 들어가면 소리가 난다. 매트에 포인트 존이 있어 셔틀보드 및 던지기 용품을 이용한 다양한 게임을 할 수 있는 제품이다. 미끄럼 방지가 되어 있다.

1. 활동 목표

골프공을 퍼터로 쳐서 목표물에 정확히 넣는 게임을 통해 집중력과 조정력을 기를 수 있다.

2. 활동 자료

매트, 퍼터 2개, 공 4개, 골대 2개, 방울게이트 2개

3. 활동 방법 및 규칙

가. 게이트 골프게임에서는 바른 자세가 무엇보다 중요하다. 이에 목표물을 향해 몸을 위치시키는 연습을 한다.

나. 퍼터 그림을 잡는 연습을 하고, 백
　스윙과 포워드 스윙을 연습한다.

다. 가까운 거리부터 점차적으로 거리
　를 멀리하면서 퍼팅 연습을 한다.

라. 모둠원이 치는 동안에는 집중할
　수 있도록 조용히 한다.

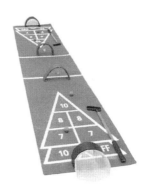

4. 플러스 게임활동

가. 바닥에 여러 개의 홀을 정해 놓고 퍼터로 공을 쳐서 보내는 게
　이트 골프게임을 한다.

나. 홀을 정해 놓고 거리(3m, 4m, 5m)를 달리하여 목표물에 가까이
　붙이는 어프로치게임을 한다.

다. 모둠 간 경쟁에서는 모둠원들의 점수를 모두 합해서 비교하는
　학생팀성취배분(STAD)과 모둠별 등수끼리 비교하여 점수를 주
　는 팀게임토너먼트(TGT) 게임을 하면 모둠 내 협동을 조장하고,
　모둠 간 경쟁을 통해 활동에 적극적인 참여를 가져올 수 있다.

5. 활동 실마리

가. 스윙을 할 때에는 팔의 사용보다는 몸통 움직임이 중요하다.
　특히 백스윙을 할 때에는 왼쪽어깨를 중심으로 회전시키고, 임
　팩트 시에는 어깨를 왼쪽으로 당기는 몸통 스윙을 하면 공이
　일직선으로 굴러가게 된다.

나. 스윙을 잘하기 위해서는 정확한 리듬과 템포가 중요하다. 즉,
　일관된 흐름을 유지하는 것이 퍼팅에 도움이 된다. 백스윙과
　포워드 스윙을 할 때에는 하나둘의 리듬을 간직해야 한다.

활 8 동 낙하산 발리볼

공 또는 풍선, 빈백 등 다양한 도구를 이용하여 발리볼 게임을 즐길 수 있으나 발리볼을 사용하면 재미를 한층 높일 수 있다.

1. 활동 목표
모둠원들과 낙하산을 잡고 협동하여 발리볼을 네트 너머로 정확하게 보내는 게임에 즐겁게 참여할 수 있다.

2. 활동 자료
낙하산 1.8m 2개, 볼 1개

3. 활동 방법 및 규칙
가. 모둠원들과 낙하산을 잡고 위아래로 흔드는 연습을 한다.
나. 모둠원들과 낙하산 위에 공을 올려놓고 협동하여 튀기기를 한다.
다. 모둠원들과 낙하산 위에 공을 올려놓고 위아래로 튀기면서 좌우, 앞뒤로 움직이는 연습을 한다.

라. 모둠원들과 낙하산으로 공을 튀겨 네트 넘기는 연습을 한다.
마. 네트를 사이에 두고 모둠을 나누어 낙하산 발리게임을 한다.

4. 플러스 게임활동
가. 모둠원들이 낙하산 위에 공을 올려놓고 오래 튀기기를 하고,

다른 모둠과 회수를 비교한다.

나. 모둠원들이 낙하산 위에 공을 올려놓고 일정한 거리에서 목표물 가까이에 던져 넣는 게임을 한다.

다. 낙하산 가장자리에 구멍이 있는 것을 사용하여 주머니 속에 공넣는 게임을 하면 학생들의 집중력을 높일 수 있다.

5. 활동 실마리

가. 낙하산을 놓치지 않도록 손으로 꽉 잡는다.

나. 모둠원들은 공이 움직이는 곳으로 빠르게 이동한다.

다. 혼자보다는 모둠원들이 협동하는 것이 무엇보다 중요하므로 개인의 실수를 질책하기보다는 모둠원들이 서로 협력하는 분위기의 조성에 관심을 기울이도록 한다.

활 9 동 라크로스

라크로스는 크로스라는 라켓을 사용하는 하키와 비슷한 구기(球技) 운동이다. 캐나다 인디언들이 즐겼던 구기를 19세기 중엽에 근대 스포츠에 맞게 개량(改良)한 것으로 미국·캐나다·영국·오스트레일리아 등지에서 성행하고 있다. 경기방식은 끝에 그물을 친 길이 91~180cm의 크로스로 야구공보다 약간 작은 공을 던지고 그물로 받아 운반하고 또 발로 차서 상대편 골에 넣으면 이긴다.

경기장은 길이 101m(여자는 81~101m), 너비 49~55m이며, 골은 엔드라인에서 14m 들어간 곳의 중앙에 설치하는데, 크리스라고 하는 지름 5.5m의 원이 둘레에 그어져 있다. 경기자는 헬멧을 쓰고, 두툼한 장갑을 끼고 경기를 한다. 한 팀은 10명(여자는 12명)으로 구성되며, 경기시간은 60분이고, 15분씩 4쿼터로 나누어 경기를 한다.

1. 활동 목표
모둠원들과 협동하여 크로스라는 라켓으로 공을 주고받으면서 골을 넣을 수 있다.

2. 활동 자료
스틱 12개 세트(빨강 6개, 파랑 6개) 2족, 볼 6개

3. 활동 방법 및 규칙
가. 모둠원들과 스틱으로 공을 주고받는 연습을 한다.

나. 거리를 달리하면서 모둠원들과 스틱으로 공을 주고받을 수 있다.
다. 두 모둠으로 나누어 미니골대에 볼을 넣는 라크로스 게임을 한다.
라. 스틱을 휘둘러 모둠원들에게 공을 전달할 때에는 주변에 친구가 있는지 없는지를 확인하고 안전하게 던지도록 한다.

4. 플러스 게임활동
가. 일정한 거리에 목표물을 설치하고 스틱으로 공을 던져 넣을 수 있다.
나. 일정한 거리에 목표물을 설치하고 스틱으로 공을 던져서 맞히

는 게임을 한다.

5. 활동 실마리

가. 스틱으로 공을 주고받을 때는 공을 끝까지 쳐다보고 받도록 한다.

나. 부딪침이 없는 게임으로 소극적인 경기자도 즐겁게 참여할 수
있다.

다. 모둠원들이 서로 협동하여 목표물에 넣어야 하기 때문에 개인
의 실수를 질책하기보다는 모둠원들이 서로 협력하는 분위기
를 만든다.

활 10 동 플로어볼

플로어볼(Floorball)은 아이스하키와 필드하키가 접목된 경기로서 단
단한 바닥, 즉 우레탄의 재질로 만들어진 바닥에서 연성의 플라스틱
스틱과 공을 이용한 실내경기이다. 플로어볼은 1950년대 미국의 어린
학생들이 가지고 놀던 놀이기구에서 처음으로 시작되었으며, 그 후
점차 놀이에서 게임의 형태로 발전되어 미국을 비롯한 캐나다로 보
급되면서 시합의 형태로 정착되었다. 그 후 1962년 미국의 미시간에
서 처음으로 경기를 하여 플로어하키란 이름으로 발전을 하였다.

플로어볼은 1960년대 후반 북유럽의 스웨덴에 플로어하키가 처음
으로 소개되어 스웨덴을 중심으로 급속도로 유럽 전 지역으로 전파되
었다. 학교나 유소년 클럽, 사회인 클럽 등을 통해 확산되어 현재 스웨
덴에서는 전통적인 아이스하키 강국임에도 불구하고, 축구 다음으로
아이스하키를 누르고 두 번째로 인기 있는 스포츠로 정착되었다.

1. 활동 목표
모둠원들과 협동하면서 프로어볼 게임에 적극적으로 참여할 수 있다.

2. 활동 자료
스틱 12개 세트(빨강 6개, 노랑 6개) 2족, 볼 6개(6색상)

3. 활동 방법 및 규칙
가. 한 반의 학생을 두 모
둠으로 구성한다.

나. 골대 사이즈는 1.15m
높이에 1.6m 폭이며
그 앞의 골키퍼 영역
은 2.5m 폭은 1m로 스

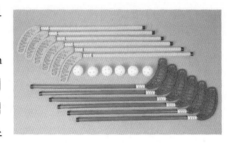

틱을 가진 학생도 플레이할 수 있지만 골키퍼만 있을 수 있다.
골 에어리어 지역의 4~5m는 골키퍼가 일반적으로 활동하는
영역이다.

다. 골키퍼는 3초 이상 볼을 소유하고 있을 수 없으며 볼을 던질 때
중앙 라인을 지나기 전에 반드시 한 번은 바닥에 닿아야 한다.

라. 볼이 정해진 구역 밖으로 나가면 상대 모둠의 볼이 나간 곳으로
부터 1m 떨어진 곳에서 계속 진행한다. 만일 볼이 링크의 끝 지
점에서 나갔다면 상대 모둠은 코너 지점에서 경기를 계속한다.

마. 발로 볼을 치게 되는 경우, 한 번 이상은 안 되며 발로 모둠원
에게 패스하거나 받아서도 안 된다.

바. 볼을 손이나 팔, 머리로 멈추거나 플레이할 수 없고 볼이 무릎
라인 이하의 공중에서 몸에 맞아 정지된 플레이는 허용되나 어
떠한 형태로 밀거나 육체적인 태클은 허용되지 않는다.

4. 플러스 게임활동

가. 플로어볼 스틱으로 볼을 쳐서 일정한 거리에 위치한 목표물에
   접근시키는 어프로치게임을 한다.
나. 플로어볼 스틱으로 볼을 쳐서 일정한 거리에 위치한 목표물을
   통과시키는 게임을 한다.

5. 활동 실마리

가. 스틱을 바르게 잡고 목표물의 위치를 확인하고 공을 정확하게
   쳐서 보내도록 한다.
나. 모둠원들과 협동하면서 게임에 참여하도록 한다.

09

교구를 활용한 표현활동

고동색: 자, 그 다음으로 체육수업에서 또 다른 어려운 점은 없나요?

황금색: 저는 표현활동 지도가 어려워요. 거의 이 부분 수업은 없다고 봐야죠. 막연한 내용이나 주제를 보면 가르치고 싶은 생각이 사라지죠.

전파란: 체육교육과정에서 표현활동 단원이 많은 교사들에게 홀대받고 있는 건 사실이죠. 표현활동을 지도할 때, 준비가 안 되어 있으면 학생들 앞에서 당황하기 쉽기 때문에 가르치는 방법에 대한 고민이 필수적이지만, 절대적으로 시간이 부족하죠.

천연색: 자신이 직접 무엇인가를 보여 줘야 한다는 심리적 부담도 한몫하죠. 아직까지 무용을 잘해야지만 표현활동 지도가 수월하다는 생각이 지배적이고요.

고동색: 그러면 이런 어려움을 어느 정도 해소할 수 있는 방안에는 어떤 것이 있을까요?

전파란: '교구'를 활용하여 표현활동을 지도하는 방법을 소개하면 좋을 것 같습니다.

황금색: 일단 그러면 명확한 '할 거리'가 주어지는 거네요.

천연색: 그렇죠, '교구'에 대한 기대가 학생의 표현에 대한 쑥스러움과 교사의 표현활동 지도에 대한 부담을 줄여 줄 수 있을 것 같습니다.

<2010년 6월 12일 초등체육 새 터 집행부 대화 일부 중에서>

위 대화의 결론은 표현활동 지도는 어렵다는 것이다. 표현활동 수업목표와 내용의 모호성, 기능부족으로 인한 교수방법에 대한 자신감

결여, 교재연구를 위한 절대적 시간 부족에서 기인한 어려움을 겪고 있으며, 이러한 어려움의 타개를 위해 '교구활용'이라는 한 가지를 제안하고자 한다. 위 내용이 초등학교에서 표현활동을 가르치는 모든 교사의 목소리를 대표하는 것은 아니며, '표현활동 지도는 어렵다'는 주장도 그 근거가 명확하지 않을 수 있다. 어쩌면 '표현활동 지도는 어렵다'라는 나의 개인적인 고백을 대화라는 형식을 빌려 풀어낸 것일 수도 있다. 나는 표현활동 지도가 어려운 사람이다. 이러한 맥락에서 표현활동에서 어려움을 겪고 있는 교사들에게 나의 고민의 흔적과 그 해결을 위한 과정을 보여 주는 것이 표현활동을 가르칠 수 있는 용기를 북돋아 주는 데 의미 있을 것이라고 생각한다.

본 장에서는 교구를 활용한 표현활동으로 네 가지의 교구와 활용방법을 소개하여 학생들이 체육수업 중 표현활동에 즐겁게 참여할 수 있는 실마리를 제공하고자 한다.

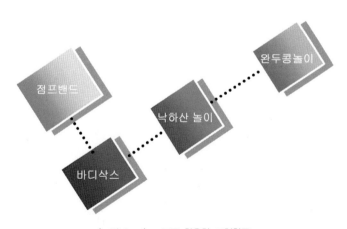

〈그림 9-1〉 교구를 활용한 표현활동

활 1 동 점프밴드

점프밴드를 이용하여 필리핀의 민속춤인 티니클링을 할 수 있다. 이 민속춤은 농부들이 만든 대나무 덫을 피하는 새의 모습을 3박자 리듬에 맞추어 표현한 춤이다. 두 개의 점프밴드를 두 사람이 양쪽의 발에 끼고 움직이면 다른 사람들은 점프밴드를 피하면서 안팎으로 뛰며 춤을 춘다. 처음에는 줄넘기나 고무줄로 연습을 하는 것이 도움이 된다.

1. 활동 목표

티니클링의 춤의 특징을 알고 음악에 맞추어 다른 사람을 배려하면서 모둠원들이 협동하여 3박자의 리듬과 발동작으로 티니클링 춤을 출 수 있다.

2. 활동 자료

티니클링 동영상, 티니클링 음악, 3박자의 동요, 점프밴드, 줄넘기 2개, 모둠조끼

3. 활동 방법 및 규칙

가. 티니클링의 동영상을 보면서 필리핀의 전통 의상과 춤에 대하여 이야기한다.

나. 두 사람이 두 개의 점프밴드를 양쪽에서 발목에 끼고 움직인다.

다. 춤을 추는 학생은 점프밴드를 피하면서 안팎을 드나들도록 한다.

라. 티니클링의 음악 또는 3박자의 동요 '산바람 강바람'에 맞추어 춤을 춘다.

마. 여섯 명이 한 모둠이 되어 두
   명은 점프밴드를 드나들며 움
   직이고, 네 명은 자리를 이동
   하면서 춤을 춘다.

4. 플러스 게임활동

가. 모둠별로 춤을 추기 전에 미리
   춤의 동작과 순서를 글과 그림으로 만들어 본다.

나. 모둠별로 하나의 음악을 선정하고 리듬을 만들어 연습한 후에
   음악에 맞추어 티니클링 춤을 춘다.

다. 다른 모둠원들의 티니클링 춤을 감상하고 춤 동작과 움직임에
   따른 느낌을 이야기한다.

5. 활동 실마리

가. 티니클링 춤의 리듬은 3박자이므로 우리나라 3박자의 노래에
   맞추어 춤출 수도 있다.

나. 티니클링 춤은 동작을 크게 하고 활발하게 추어야 재미를 느낄
   수 있다.

활 2 동 **바디삭스**

빨간색과 파란색이 Lycra 원단으로 만들어졌으며 바디삭스 입구에
밸크로가 부착되어 쉽게 입고 벗을 수 있으며 신축성이 높다. 바디삭
스는 신체 움직임에 대한 거부감을 줄이고 댄스 또는 다양한 창조적

인 동작들을 표현할 수 있으며 평형성, 사회성, 창조성, 신체경험 향상에도 많은 도움을 준다.

1. 활동 목표
바디삭스를 입고 혼자서 또는 모둠원들과 협동하여 다양한 신체적인 움직임을 표현할 수 있다.

2. 활동 자료
적색과 파랑의 바디삭스

3. 활동 방법 및 규칙
가. 신체적인 움직임 표현을 어려워하는 학생들에게 바디삭스를 입고 움직이도록 하면 두려움을 적게 느낀다.

나. 학생들의 익명성을 보장하면서 다양하고 창조적인 동작을 표현할 수 있다.

다. 개인이 다양한 주제를 움직임으로 표현할 수 있다.

라. 조명을 활용하여 벽에 그림자가 비치는 놀이를 할 수 있다.

마. 혼자서 또는 여러 명이 다양한 동작을 구상하여 연습하고 움직임으로 표현할 수 있다.

바. 주제를 정해 표현 작품을 만들어 발표한다.

4. 플러스 게임활동
가. 동물이 되어 여러 가지 움직임을 모둠원들과 함께 구상하여 표

현할 수 있다.

나. 모둠원들과 협동하여 글자나 숫자 만들기 게임을 할 수 있다.

다. 바디삭스를 입고 Crazy Dancer 게임을 한다. 첫째, 5~6명의 학생들을 원 안에 세운다. 둘째, 바닥에는 매트가 깔려 있어야 하며, 한 명의 학생 손에 카세트 및 CD플레이어가 있어야 한다. 이때 바디삭스 안에 들어간 학생은 음악소리에 따라 이동하면서 동작을 하도록 하며 주변의 학생들은 주인공 학생에게 긍정적인 피드백과 동기부여 박수를 통해서 많은 도움과 방향을 제시한다.

5. 활동 실마리

가. 학생들이 바디삭스 안에서 활동하기 전에 모든 장애물을 제거해야 한다.

나. 학생들에게 바디삭스 안에 들어가면 어떤 행동이 보이는지 준비하는 과정과 안쪽에서 바깥을 볼 수 있다는 것을 확인시켜 주어야 안심하고 프로그램에 참여할 수 있다.

활 3 동 낙하산놀이

낙하산은 한 가지 색상 또는 무지개색으로 만들어졌으며 낙하산에 손잡이가 있는 것과 없는 것 그리고 가운데 구멍이 있는 것과 없는 것이 있다. 사이즈는 지름이 1.75m, 3.5m, 5m, 6m, 7m이고 나일론 소재로 만들어졌다.

1. 활동 목표

학생들은 낙하산 놀이를 통하여 신경과 근육의 조정 기능을 향상시키고, 모둠원들과의 신뢰감과 개인의 사회적 유대관계를 발전시킬 수 있다.

2. 활동 자료

낙하산, 볼(3개)

3. 활동 방법 및 규칙

가. 출렁거리는 파도: 낙하산을 아래위로 흔든다.

나. 우산 만들기: 낙하산을 잡고 손을 머리 위로 올려 우산처럼 부풀린다.

다. 텐트 치기: 낙하산을 학생 머리 위로 올려 부풀린 다음 안으로 세 걸음 정도 걸어간다. 이를 통해 낙하산을 큰 텐트처럼 만들 수 있다.

라. 이글루: 낙하산을 부풀려서 텐트가 만들어질 때 안으로 자신의 몸을 숨긴다.

마. 멀리 날리기: 낙하산이 부풀어 올랐을 때 교사의 신호에 따라 낙하산 잡은 손을 놓는다.

바. 야생마 끌기: 모든 학생들이 낙하산을 등지고 잡는다. 신호와 동시에 말을 끌듯이 앞으로 끌고 나간다.

사. Roll 만들기: 허리 높이로 맞추어서 낙하산을 잡는다. 신호에 따라 학생들은 낙하산의 중심을 향해서 김밥 말듯이 말아 나간다. 학생들이 팔을 곧게 하고 낙하산을 팽팽하게 유지한다.

4. 플러스 게임활동

가. 팝콘 만들기: 세 개의 볼을 낙하산 위에 올리고 낙하산을 위아래로 흔든다. 그러면 볼들이 공중에서 팝콘처럼 튕길 것이다. 볼들을 낙하산 바깥으로 벗어나지 않도록 해야 한다. 낙하산에 구멍이 있을 경우 서로 협동하여 볼을 구멍에 넣도록 한다.

나. 땅 보고 하늘 보고: 낙하산을 발가락 있는 곳으로 허리를 구부려 내리고 머리 위로 올렸다를 반복하며 가능한 높이 올린다. 하나 구령에 내리고 둘에 올리고 셋이란 구령에 뒤로 완전히 젖히는 연습을 한다.

5. 활동 실마리

가. '할 수 있니?', '어떻게 하는지 보여 줄래' 등 학생들에게 말을 걸어 문제를 해결할 수 있는 동기를 유발시킨다.

나. 학생 인원수에 따라 크기가 다른 낙하산을 사용한다.

다. 학생들은 평평한 곳에 있어야 하며, 낙하산 잡을 때는 손등이 위로 향하게 한다.

라. 학생들이 활동하기 전에 모든 장애물을 제거해야 한다.

완두콩놀이

신축성이 뛰어난 원단으로 만들어져 놀이 모양을 만들기가 수월하다. 참가자들이 모둠을 만들어 협력하면서 여러 모양을 만들어 내는 놀이이다. 서로 빨리 자리를 바꿔 공간에서의 움직임을 빠르게 진행하면서 협동심을 기르고 사회성 및 구성원 간의 친밀감을 키워 준다. 이 놀이를 통해 모둠과 개인의 한계를 테스트하는 것이 아니라 참가자들의 근육에 민감한 자극을 받게 하는 제품이다.

1. 활동 목표
모둠원들과 협력하여 자리를 바꾸거나 다양한 모양을 만들 수 있다.

2. 활동 자료
원주율 6m의 청색과 빨간색의 원단

3. 활동 방법 및 규칙
가. 원단 안에 들어가서 모둠원들과 협력하여 둥글게 만든다.

나. 완두콩놀이 원단 안에 10명이 들어가서 한 명이 숨고 숨은 친구가 누구인지 맞히는 게임을 한다.

다. 9~10명의 친구가 원단을 잡고 누워서 원모양을 만든다.

라. 9~10명의 학생이 원단 안에 들어가서 둥글게 앉아 원단

을 위로 올려서 둥근 모양을 만든다.

마. 모둠원들이 여러 가지 움직임의 모양을 구상하고 난 후, 음악
에 맞추어 표현할 수 있다.

4. 플러스 게임활동

가. 모둠원들이 원단 안에 둥그렇게 서서 일정한 거리의 목표물을
돌아오는 게임을 한다.

나. 원단 안에 9~10명의 학생이 들어가서 순서를 맞추는 완두콩놀
이에 도전한다.

① 한 모둠을 9~10명으로 하여 네 모둠으로 나누고, 완두콩놀이
원단 세 개를 준비한다.

② 모둠원들은 가나다 순서를 부여받아 원단 안에 들어가 앉는다.

③ 부여받은 순서대로 나란히 앉아 있을 때 게임은 종료된다.

④ 모둠원들은 게임이 끝날 때까지 원단 안에 머문다.

5. 활동 실마리

가. 처음에는 다양한 움직임을 표현하는 활동보다는 조금씩 이동
하거나 순서를 바꾸는 게임을 통해 친구들과 협동하는 분위기
를 조성한다.

나. 원단 안에서의 움직임이 어느 정도 익숙해지면 다양한 움직임
을 모둠원들과 함께 만들 수 있도록 한다.

Chapter **03**

체육수업의 새로운 도전

10

새로운 도입활동의 접근

1. 준비운동의 중요성

준비운동(warming-up)은 본운동을 원활하게 수행하기 위해 이루어지는 운동으로, 생리적으로나 심리적으로 신체 상태를 적정 수준의 긴장 상태로 전환하기 위한 운동이다(김상용, 2002). 예컨대 근육의 이완, 관절의 유연성 신장뿐만 아니라, 심리적 안정성을 높임으로써 신체의 상해 방지는 물론 운동의 효과를 높이기 위한 운동이라 할 수 있다. 준비운동은 운동 종목이나 환경 조건 및 개인의 특성에 따라 양과 질이 달라져야 한다. 학교 체육수업에서 준비운동은 학생들이 적극적으로 참여할 수 있도록 흥미까지도 고려해야 한다. 40~50분의 제한된 시간에 준비운동과 본운동이 이루어져야 하기 때문에 이에 맞는 준비운동을 실시해야 보다 높은 학습효과를 얻을 수 있다. 또한 준비운동은 수업의 도입 부분에서 실시한다. 따라서 준비운동은 수업의 전체 분위기에 영향을 줄 수 있고, 준비운동 실시 방법에 따라 본시 학습의 교수·학습에도 영향을 줄 수 있다.

그러나 현재 학교 체육수업에서는 본시 학습과 관계없이 교사중심으로 진행되는 운동장 돌기나 맨손체조를 실시하는 경우가 많이 있다. 이런 형태의 준비운동에 대해 식상해져 버린 학생들은 준비운동에 대한 흥미 저하로 인해 준비운동의 원칙인 몸 전체가 골고루 운동이 될 수 있도록 정확하게 큰 동작으로 하는 대신 시늉만 내는 타의적인 운동을 실시함으로써 학생들로 하여금 준비운동에 대하여 부정적인 시각을 갖게 해 왔다. 이로 인하여 준비운동의 원래 목적을 달성하지 못하는 것이 현실이다. 따라서 식상하고 재미없는 준비운동을 지양하고 흥미로운 도입 활동으로 준비운동을 해야 할 것이다.

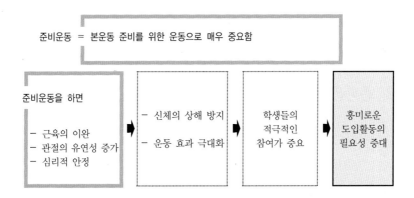

준비운동으로는 주위의 공간을 고려한 조깅이나 게임 또는 정적 스트레칭 등의 활동이 적합하다. 정적 스트레칭은 근육의 유연성을 향상시키고, 이동성 움직임을 통해 관절 및 사지의 가동 범위를 증가시킴으로써 상해 예방에 도움을 준다. 특히 게임으로 준비운동을 활용하면 학생들이 즐겁고 흥미롭게 준비운동을 할 수 있다. 적절한 게임의 활용은 체온 및 심박 수, 호흡량 등을 증가시키며, 혈액순환을 촉진함으로써 근육에 필요한 산소를 원활히 공급하도록 한다. 그리고 게임활동에 참여한 학생들은 모둠의 리더나 조직원, 구성원 등의 역할을 수행하면서 책임감을 경험할 수 있다. 우리는 운동이나 경기에 임할 때, 습관적으로 준비운동을 하고 본운동에 들어간다. 바람직한 운동 습관을 기르기 위해서라도 체육수업에서 준비운동은 반드시 실천해야 한다. 이러한 준비운동을 게임 형태로 제시할 때 학생들은 본운동을 신체적으로나 심리적으로 제대로 준비할 수 있을 것이다.

```
┌─────────────────────────────────┐      ┌──────────────────────────────┐
│                                 │      │ 1. 근육의 이완                │
│  게임활동을 활용한 준비운동      │  ⟹  │ 2. 관절의 유연성 증가         │
│                                 │      │ 3. 체온, 심박 수, 호흡량 증가 │
│   - 학생의 흥미를 유발해 준비운동에 적극적으로 참여 │ 4. 신체적 상해 방지           │
│                                 │      │ 5. 심리적 안정성              │
│                                 │      │ 6. 수업에 흥미 유발           │
└─────────────────────────────────┘      └──────────────────────────────┘
```

2. 준비운동에서 활용 가능한 게임활동[3]

가. 언더오버 공 릴레이(상체 스트레칭)

〈그림 10-1〉 언더오버 공 릴레이 활동 모습

1) 활동 자료

배구공 또는 축구공(각 모둠에 1개씩), 콘 4개, 모둠 조끼

---

3) 고문수·손천택(2009)이 번역한 『재미있는 도전활동 수업』의 내용 중에서 일부를 발췌하여 정리한 것이다.

2) 활동 준비

가) 18m 간격으로 양쪽에 콘을 세워 반환점을 표시한다.

나) 각 모둠은 앞사람과 1m 간격으로 줄을 서고, 다리를 어깨 넓이로 벌린 상태로 준비한다.

다) 모둠원이 한 줄로 서고 맨 앞사람은 공을 가지고 준비한다.

3) 활동 안내

가) 신호가 울리면 뒷사람에게 다리 사이로 공을 전달하도록 한다. 다음 사람은 머리 위로 공을 전달해 주고 이 동작을 마지막 학생까지 반복한다.

나) 마지막 학생은 공을 받은 후 앞으로 뛴다.

다) 앞과 뒤 2개의 콘을 돈 후 맨 앞줄에 서서 다리 사이로 공을 전달한다.

라) 처음에 앞에 있었던 학생이 공을 들고 맨 앞으로 올 때까지 계속한다.

4) 도움말

가) 학생들이 공을 주고받을 때 충돌에 유의하도록 한다.

나) 공이 떨어지지 않도록 유의한다.

다) 게임장의 크기, 모둠 인원수의 변형이 가능하다.

나. 사이드 공 릴레이(상체 스트레칭)

〈그림 10-2〉 사이드 공 릴레이 활동 모습

1) 활동 자료
배구공 또는 축구공(각 모둠에 1개씩), 콘 4개, 모둠 조끼

2) 활동 준비
가) 18m 간격으로 양쪽에 콘을 세워 반환점을 표시한다.

나) 각 모둠은 앞사람과 60~70cm 간격으로 줄을 서고, 다리를 어깨 넓이로 벌린 상태로 준비한다.

다) 모둠원이 한 줄로 서고 맨 앞사람은 공을 가지고 준비한다.

3) 활동 안내
가) 신호가 울리면 허리를 돌려 뒷사람에게 왼쪽으로 공을 전달하도록 한다. 다음 사람은 앞사람과 반대 방향으로 공을 전달해

주고 이 동작을 마지막 학생까지 반복한다.

나) 마지막 학생은 공을 받은 후 앞으로 뛴다.

다) 앞과 뒤 2개의 콘을 돈 후 맨 앞줄에 서서 왼쪽으로 공을 전달한다.

라) 처음에 앞에 있었던 학생이 공을 들고 맨 앞으로 올 때까지 계속한다.

4) 도움말

가) 학생들이 공을 주고받을 때 충돌에 유의하도록 한다.

나) 공이 떨어지지 않도록 유의한다.

다) 게임장의 크기, 모둠 인원수의 변형이 가능하다.

다. 사물 릴레이(눈-손 협응 테스트)

〈그림 10-3〉 사물릴레이 활동 모습

1) 활동 자료

물체(콩주머니, 주사위 등) 8개, 바구니 4개, 콘 2개

2) 활동 준비

가) 출발선을 콘으로 표시한다.

나) 출발선 앞쪽 9m 지점에 바구니를 놓고 그 안에 주사위를 놓는다.

다) 출발선 뒤쪽 9m 지점에 빈 바구니를 놓는다.

라) 각 모둠은 출발선 뒤로 줄을 선다.

3) 활동 안내

가) 신호가 울리면 첫 번째 학생은 출발선에서 9m 정도 떨어진 바구니로 달려간다.

나) 바구니 안에 있는 사물을 가지고 달려와 뒤쪽 빈 바구니에 내려놓는다.

다) 다음 대기 학생의 어깨를 터치하면, 다음 학생이 출발한다.

라) 모든 사물을 옮길 때까지 계속한다.

4) 도움말

가) 물체는 던지지 말고, 바구니 안에 내려놓아야 한다.

나) 게임장의 간격을 늘리거나 줄이는 등의 변형이 가능하다.

다) 여학생 바구니 사이의 거리를 좁혀, 남녀 대결을 할 수도 있다.

라. 카드 뒤집기

〈그림 10-4〉 카드 뒤집기 활동 모습

1) 활동 자료

카드(앞면은 백색, 뒷면은 청색, 27cm×19cm) 12~48개, 콘 4개, 모둠 조끼, 초시계

2) 활동 준비

가) 가로 18m, 세로 9m 정도의 게임장을 콘 4개로 표시한다.

나) 백색 모둠과 청색 모둠으로 나눈다.

다) 모둠별로 같은 수의 카드를 나누어 준다.

라) 카드를 게임장 여러 곳에 놓고 오도록 한다.

3) 활동 안내

가) 게임장 밖에 마주 보고 선다.

나) 신호가 올리면 백색 모둠은 백색 면이 보이게 카드를 뒤집고,

청색 모둠은 청색 면이 보이도록 카드를 뒤집는다.

다) 제한된 시간(2분)이 지난 후 카드를 걷어서 개수를 비교한다.

4) 도움말

가) 카드는 두꺼운 종이로 만들도록 한다.

나) 카드 개수를 세지 않고도 카드를 쌓은 후 높이를 비교해도 된다.

다) 제한 시간과 카드 수, 게임장의 크기, 모둠 인원수의 변형이 가
능하다.

마. 돔 앤 디시(Dome & Dish)

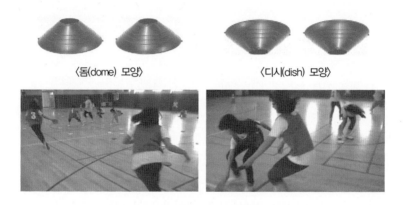

〈돔(dome) 모양〉　　　　〈디시(dish) 모양〉

〈그림 10-5〉 돔 앤 디시 활동 모습

1) 활동 자료

접시 콘 32개, 콘 4개, 모둠 조끼

2) 활동 준비

가) 가로 18m, 세로 9m 정도의 게임장을 콘 4개로 표시한다.

나) '돔' 모둠과 '디시' 모둠으로 나눈다.

다) 접시 콘을 반은 똑바로 놓고, 반은 엎어 놓는다.

3) 활동 안내

가) 게임장 밖에 마주 보고 선다.

나) 신호가 울리면 '돔' 모둠은 똑바로 있는 콘을 모아서 자기 진영 (콘 구역)으로 돌아오고, '디시' 모둠은 엎어진 콘을 모아서 자기의 진영(콘 구역)으로 돌아온다.

다) 가능한 빨리 모든 콘을 모아서 자신의 콘 구역으로 돌아온 모둠이 이기는 게임이다.

4) 도움말

가) 접시 콘 대신 유색 종이 접시를 사용해도 된다.

나) 게임장의 크기, 모둠 인원수의 변형이 가능하다.

바. 꼬리잡기

〈그림 10-6〉 꼬리잡기 활동 모습

1) 활동 자료

콘 4개, 모둠 조끼

2) 활동 준비

가) 가로 18m, 세로 9m 정도의 게임장을 콘 4개로 표시한다.

나) 두 모둠으로 나눈다.

다) 모둠 조끼를 뒷주머니나 허리띠 사이에 넣는다.

3) 활동 안내

가) 게임장 안에 마주 보고 선다.

나) 신호가 울리면 다른 모둠의 모둠 조끼를 뺀다.

다) 모둠 조끼를 빼앗긴 사람은 게임장 밖으로 나간다.

라) 한쪽 모둠이 전부 없어질 때까지 게임을 진행한다.

4) 도움말

가) 모둠 조끼 대신 수건이나 깃발로 해도 된다.

나) 모둠 조끼를 허리에 묶거나 모둠 조끼를 손으로 잡고 있으면
반칙으로 경고 후 이를 어길 경우 퇴장조치를 한다.

다) 게임장의 크기, 모둠 인원수의 변형이 가능하다.

5) 게임의 변형

가) 상대 모둠의 모둠 조끼를 잡으면 바닥에 떨어뜨린다.

나) 자신의 모둠 조끼가 바닥에 떨어지면, 'help me'를 외친다.

다) 모둠 친구가 모둠 조끼를 주워 주면 다시 모둠 조끼를 뒷주머
니에 넣고 게임에 임한다.

사. 거북이 잡기

독수리에게 잡히면 앉는다. 친구가 등을 쳐주면 살아난다.

〈그림 10-7〉 거북이 잡기 활동 모습

1) 활동 자료
독수리를 표시할 조끼 3개, 초시계, 콘 4개

2) 활동 준비
가) 18m×9m 넓이의 경기장을 콘으로 표시한다.
나) 3명의 학생들에게 독수리의 역할을 지정하고, 나머지는 거북이
　　가 된다.

3) 활동 안내
가) 독수리는 지정된 공간에서 주어진 시간 안에 가능한 많은 거북
　　이를 잡아야 한다.
나) 거북이는 독수리에게 잡히면 움츠린 거북이가 되어 자리에 앉

는다.

다) 움츠린 거북이는 다른 거북이가 등을 치면 다시 풀려날 수 있다.

라) 독수리는 정해진 시간(30~60초) 안에 가능한 많은 거북이를 잡아야 한다.

4) 도움말

가) 학생들 간의 충돌에 유의하도록 한다.

나) 시간을 늘리거나 줄이는 등 상황에 맞게 조절한다.

다) 독수리의 수를 늘리거나 줄이는 등 변형이 가능하다.

아. 강아지와 고양이

〈그림 10-8〉 강아지와 고양이 활동 모습

1) 활동 자료

콘 4개

2) 활동 준비

가) 12m 간격으로 3개의 선을 긋고, 가운데 선 양쪽 1m 지점에 선을 긋는다.

나) 각 학생들에게 중앙선에서 한 발짝씩 앞으로 간 후 서로 등지고 앉게 한다.

다) 중앙선을 기준으로 왼쪽 라인은 '고양이' 모둠, 오른쪽 라인은 '강아지' 모둠으로 나눈다.

3) 활동 안내

가) 교사가 만약 '강아지'를 외치면, '강아지' 모둠은 빨리 일어나서 자신의 안전 구역으로 달려가고, '고양이' 모둠은 '강아지'를 잡기 위해 뛴다.

나) 교사가 '고양이'를 외치면 반대로 수행한다.

다) 잡힌 학생은 나오고, 다음 대기 학생이 게임에 참여한다.

라) 아무도 못 잡았을 경우 모둠 전체 학생이 나오고 대기 학생이 게임에 참여한다.

4) 도움말

가) 학생들 간의 충돌에 유의하도록 한다.

나) 게임장의 간격을 늘리거나 줄이는 등의 변형이 가능하다.

다) 상대방을 잡을 때에는 옷을 잡기보다는 가볍게 터치를 하여 안전사고를 예방하도록 한다.

자. 잘 피해 게임

〈잘 피해 기술〉

〈피해 기술〉

〈그림 10-9〉 잘 피해 게임활동 모습

1) 활동 자료
원이나 사각형을 표시할 테이프(체육관) 또는 줄긋기 기구(운동장)

2) 활동 준비
가) 반지름 30cm의 원을 그린다.
나) 가위바위보로 순서를 정하고 순서대로 원 주위에 선다.

3) 활동 안내
가) 공격 방법은 '잘 피해'나 '피해'를 하며 상대방 신발을 옆으로
   치는 것이다.
나) 수비는 앞사람이 '잘 피해'나 '피해'를 하고 착지할 때 피하거
   나 유리한 위치로 이동한다.

다) '잘 피해'는 원 안에 한 발로 들어갔다 나오면서 두 발로 착지하는 기술이다.

라) '피해'는 원 안에 들어가지 않고 바로 옆으로 뛰어 두 발로 착지하는 기술이다.

마) '잘 피해'로 공격이나 수비할 때는 원 안에 들어가며 '잘', 나오며 '피해'라고 외쳐야 한다.

바) '피해'로 공격이나 수비할 때는 원 안에 들어가서는 안 되고, 옆으로 이동하면서 '피해'라고 외쳐야 한다.

사) 순서를 정해 앞사람의 공격 방법을 따라 해야 한다. 예를 들어, 맨 앞사람이 '잘 피해'로 시작했으면 마지막 사람까지 '잘 피해'로 해야 한다.

4) 도움말

가) 반칙을 한 사람은 다시 원위치로 이동하고, 공격권은 다음 사람에게 넘어간다.

나) 상대방 신발을 밟거나 발목을 치면 반칙이다.

#11

체육수업에서의 감상수업

　최근 사회가 발전함에 따라 스포츠의 대중화, 예술화, 오락화에 대한 요구와 스포츠의 인간 정신문화에 대한 작용이 널리 인정받으면서 '스포테인먼트(sportainment)'라는 신종어까지 등장하면서 스포츠를 통해 누릴 수 있는 인간의 풍요로움과 행복한 삶을 위한 여러 가지 시도들이 펼쳐지고 있다. 이러한 추세에 맞추어 자라나는 우리 학생들로 하여금 올바른 스포츠 문화를 향유하고 즐길 수 있는 방법을 가르치기 위해서 제일 먼저 해야 할 일이 무엇인가 하는 물음에 우선적으로 생각해 볼 수 있는 것이 바로 '스포츠에 대한 올바른 감상'일 것이다. 이것은 신체활동에 담겨 있는 다양한 미적 표현은 물론 신체 자체에 대한 올바른 이해를 도울 수 있으며 스포츠가 지니고 있는 철학성, 문화성, 예술성에 대한 이해와 스포츠 활동 자체에 적극적으로 참여할 수 있는 동기부여의 계기를 마련하는 일이다.

1. 감상수업의 필요성

　스포츠 중에는 스포츠팬을 유치하기 위해 노력하는 다양한 경기들이 있다. 이러한 스포츠 종목들은 그 종목의 특성상 요구되는 경기형태와 경기방식이 있기 마련이고, 그 스포츠가 갖는 고유한 스포츠 문화가 존재하고 있다. 이러한 형태와 방식은 스포츠를 즐기고 참여하는 스포츠팬들에게 나누어지고 이해되면서 점차 그 영역을 넓혀 간다. 그 문화가 대중적이며 넓은 스포츠팬을 형성하기도 하고 소수에 의해 근근이 명맥만 유지하는 경기 종목도 있다. 우리는 이러한 형태의 스포츠를 인기스포츠 또는 비인기스포츠로 분류하기도 한다.

문제는 인기스포츠와 비인기스포츠의 분류가 해당 스포츠가 지니고 있는 형태와 방법의 차이나 스포츠팬들의 선호도에 있지 않고 상업성과 자본에 의하여 영향을 많이 받고 있다는 데 있다. 다시 말하면, 스포츠 문화의 참여가 스포츠를 선택할 권리를 가지고 있는 개개인에 있다기보다는 상업성이나 자본에 의해서 이루어지고 있는 것이다. 더 나아가 스포츠 문화의 형성 자체가 상업적 또는 자본적 가치에 의하여 개인의 선택 권리마저 침해받을 수 있는 소지가 있다면 이것은 문제가 아닐 수 없다. 스포츠가 지니고 있는 고유한 특성과 형태 및 방법의 선호는 그 스포츠가 지니고 있는 가치에 의하여 결정되어야 한다. 이러한 맥락에서 다양한 스포츠 종목들을 어떻게 볼 것인가에 관한 적절한 지도가 없다면, 가치 기준이 성립되지 못한 어린 학습자에게는 상업성과 자본논리에 따른 스포츠 종목을 맹목적으로 선호하는 바람직하지 못한 스포츠 소비자로 성장할 가능성이 많다.

이미 학교에서 체육이라는 과목을 배운 기성세대들이나 현재 학교에서 체육을 배우고 있는 학생들의 관점에서 본다면 학교체육은 그들이 스포츠 문화로의 입문을 돕는 가장 강력한 배움의 통로이다. 학교체육에서 배우고 가르쳐진 스포츠 종목 이외의 새로운 스포츠에 대한 접근은 그리 쉽지 않다. 더욱이 경기 자체에 대한 감상이나 선호와는 관계없이 선수들의 몸값이나 대회에서의 상금 또는 상업적 광고나 대형 스포츠행사 따위들이 관심의 대상이 되어 가고 있는 지금의 현실을 바라볼 때, 학교체육에서의 스포츠 감상교육은 체육 문화를 온전히 이해하는 출발점이기에 그 필요성이 더욱 요구된다고 볼 수 있다. 기성세대들이 기억하는 '아마추어 스포츠'란 단어는 이미

아련한 기억 속의 단어이며, 우리 학생들에게는 낯선 단어가 되어 버린 지 오래가 아닌가?

이제 우리는 스포츠 자체를 올바른 관점에서 감상하고 즐길 수 있도록 가르쳐야 한다. 신체를 통한 움직임이 어떠한 형태로 표현되고 어떠한 방식에 의하여 이루어지는지, 스포츠를 어떻게 이해해야 하는지에 대한 교육적 노력이 필요하다. 이에 그동안 가르치기에 미흡했던 체육의 문화적·예술적 측면을 학생들로 하여금 올바른 방향으로 바라보고 함께 즐기며, 향유할 수 있는 계기를 마련해야 한다.

2. 감상중심 수업

스포츠는 인간의 움직임의 욕구로부터 시작되었으며, 이러한 원초적인 욕구에서부터 우러나온 단순한 신체적 움직임은 이제 하나의 문화로서 자리 잡게 되었다. 스포츠는 운동이라는 수단을 통하여 이루어지는 하나의 이야기이다. 단순한 근육의 운동만이 아닌 시간 속에서 이루어지는 움직임의 연속이 어떠한 결과를 만들어 내는 과정으로서 다양한 동작과 운동기술로 구성된 역동적 이야기이다. 이 이야기 속에는 실제적인 움직임을 통한 아름다운 선과 공간미가 있으며, 생동감이 있고, 희로애락이 있다.

감상중심 수업은 이러한 스포츠의 특성을 학습자들로 하여금 올바르게 감상할 수 있는 능력을 길러 주는 수업으로서 ① 흥미와 관심을 가지고 관련 스포츠의 특성과 방식을 이해하며, ② 선수의 표현 행위를 존중하고, ③ 저마다 가지고 있는 경기 자체에 대한 생각이나 느낌 등을 발표해 보며, ④ 그 속에서 서로 다른 관점의 차이에 관해 토론하고 이해함으로써 신체를 통한 움직임, 경기에 대한 감상 능력을 높여 준다는 면에서 여타의 수업과는 구별되는 특성이 있다.

스포츠의 감상활동을 통해 신체활동의 아름다움과 흥미를 고취시키고, 이를 생활화함으로써 체육에 대한 이해의 폭을 넓히고 정서를 풍부하게 하여 이와 관련된 다양한 신체활동을 할 수 있는 계기를 마련하다는 점에서 의의가 있다. 체육 학습에서 감상활동은 감상을 통한 신체 움직임의 이해와 신체 움직임에 대한 동기유발과 스포츠 문화를 보는 안목을 높임으로써 스포츠를 미적, 참여적, 문화적 맥락에서 이해하는 데 도움이 된다. 감상중심 수업은 스포츠의 종류와 표현 수단, 표현 방식, 특징 등을 이해하고 그 속에서의 미적 요소와 원리, 기술이나 구성, 조화나 구조, 경기방법이나 규칙 등을 학습자들이 분석하고 종합하여 스포츠의 가치를 나름대로 평가할 수 있는 수업이다.

3. 감상 요소

신체활동과 관련된 감상관점은 다양하다. 예를 들자면 스포츠 경기는 물론이고, 스포츠 인물 감상, 스포츠 일화 감상, 전통 스포츠 감상, 각국의 스포츠 문화 감상 등 여러 가지가 있을 수 있겠으나 여기에서는 신체활동 자체에 대한 감상 관점에 초점을 맞추어 감상 요소를 살펴보았다.

가. 신체 그 자체의 아름다움: 신체미

신체미란 신체가 지니고 있는 아름다움 그 자체를 말한다. 이를테면 체형, 근육의 발달 정도, 골격의 형성, 피부, 모발의 색깔, 신체의 비례 등 신체가 지니고 있는 그 자체의 아름다움이 감상의 대상이 된다. 이것은 많은 사람들이 공통으로 느낄 수 있는 보편적인 미를 객관적인 기준으로 선정했을 때 아름다움의 차이를 평가할 수 있으며, 대표적인 스포츠는 육체미 선수권 대회를 들 수 있고, 비스포츠에서는 미인 선발대회 등을 들 수 있다.

나. 공간에서의 신체곡선: 곡선미

모든 스포츠는 육체를 도구로 한다. 따라서 육체의 미가 우선적으로 만들어지고 나서 기술을 더하여 습득하였을 때 그 표현은 보다 미적인 가치를 지니게 된다. 특히 회전운동을 축으로 이루어지는 다양한 체조종목과 다이빙경기는 선수들의 유연미를 바탕으로 만들어 내는 궤적의 곡선미를 감상하는 데 적합하다.

다. 둘 또는 그 이상의 신체적 통일성: 정제미

정제(整齊)란 획일 또는 정돈되어 가지런하다는 말로서 여럿의 육체가 마치 하나인 듯 움직일 때 또는 각기 다른 움직임이 전체적인 조화에서 하나의 통일성이 느껴질 때 드는 통일감으로 이것은 장중한 느낌을 주고, 그만큼 합일화에 대한 훈련의 어려움을 생각하게 한다. 정제미는 우리가 미적 표현을 할 때 가장 쉽게 적용할 수 있는 것이지만, 그에 대한 이해는 그리 쉽게 다가오지 않으므로 리듬체조, 에어로빅, 수중발레, 피겨스케이팅, 다이빙 등에서 둘 또는 그 이상의 선수들이 하나의 동작을 동시에 수행하는 모습을 통하여 정제미를 이해한 후 실제 운동장면에서는 맨손체조, 리듬체조, 에어로빅댄스 등의 수행을 통해 확인해 볼 수 있도록 한다.

라. 신체와 운동기구의 조화: 조화미

조화란 각 부분이 서로 다르지만 전체적으로 봤을 때 서로 잘 어울리고 적절한 것을 의미한다. 스포츠에서의 조화는 참으로 다양한 감상 요소를 제공한다. 선수와 복장의 조화, 음악과 동작의 조화, 팀원들 능력의 조화, 선수 각 개인의 역할의 조화, 나와 상대선수와의 조화 등 스포츠에서의 조화를 열거하자면 참으로 다양하다. 여기에서는 스포츠에서의 많은 조화 중 신체와 운동기구와의 조화를 예를 들어 설명하고자 한다.

스포츠에서는 도구를 사용하여 승패를 가르는 경기가 많다. 이들은 크게 네 가지 종류로 분류할 수 있는데, 첫째는 고정된 기구를 이용하여 신체를 조작하는 경기로서 대표적인 스포츠로는 스포츠클라이밍, 기계체조가 이에 속한다. 두 번째로 기구 자체가 몸의 일부처럼 활용되는 경기인데 대표적인 스포츠는 검도, 펜싱, 스키/스노보드, 스케이트 등이 이에 속한다. 세 번째로 기구 자체에 움직임을 주는 것이 목적인 경기로서 대표적인 스포츠는 리듬체조에서의 수구, 육상의 던지기 운동, 궁도, 볼링 등이 여기에 속한다. 마지막으로 신체와 기구가 함께 역동적으로 움직이는 스포츠로 대부분의 구기운동이 여기에 속한다. 이와 같은 스포츠들은 신체와 운동기구가 특정한 조건에서 어떠한 조화가 이루어졌을 때 그에 맞는 독특한 멋이 있다고 할 수 있다. 선수의 움직임뿐만 아니라 기구 자체에서 만들어지는 표현미도 매우 중요한 감상 요소가 된다.

마. 신체활동의 안정과 균형 또는 불균형: 균형미

균형(筩衡)이란 상하좌우 혹은 방사형상이 같다는 의미를 뜻하지만 신체활동에서의 균형미는 전체적인 합으로서의 균형을 의미한다. 신체의 모든 운동은 끊임없이 기존의 균형을 깨뜨리고 새로운 균형에 도달하는 움직임의 연속이다. 인체 동작의 앞뒤의 연결과 균형, 훈련 중의 강도와 밀도의 합리적인 배치, 신체 근육의 발달 정도는 모두 균형미를 평가할 수 있는 대상이다. 균형미를 감상할 수 있는 스포츠로는 크게 두 가지 형태가 있는데 먼저, 중심을 잘 유지해야 하는 스포츠로서 모글스키, 에어리얼스키, 피겨스케이팅, 서핑, 트램폴린 등이 있고, 서로의 중심을 깨뜨려야 하는 스포츠로 씨름, 유도, 레슬링 등이 있다. 그 밖에 다양한 스포츠에서 해당 종목의 운동 특성에 맞는 균형미가 있다.

바. 모든 스포츠에 독특하게 존재하는 형식: 형식미

현대의 수많은 경기 종목들은 그들 나름대로 운동의 목적이 있고 이러한 운동 목적은 그들만의 독특한 특정 형태를 갖도록 한다. 이러한 독특한 특징은 사람들로 하여금 그 스포츠를 좋아하거나 또는 싫어하게 하는 동기를 가지게 한다. 축구를 좋아하는 사람 혹은 싫어하는 사람, 야구를 좋아하는 사람 혹은 싫어하는 사람, 농구를 좋아하는 사람 혹은 싫어하는 사람들은 바로 그 스포츠가 가지는 독특한 형식에 대한 감정 표현이다. 이러한 감정 표현은 해당 스포츠가 가지는 두 개의 구조 때문에 이루어지는데 하나는 내용이고, 다른 하나는 형식이다. 대개는 이러한 두 개의 구조를 좋아하거나 싫어하게 된다. 2010년 월드컵의 경우, 축구에 별로 관심이 없는 사람들도 모두 너나 할 것 없이 열광하며 좋아했던 기억을 떠올려 보자. 이때 축구를 좋아했던 가장 큰 이유는 축구경기의 형식보다는 우리 선수들의 경기 내용에 유인가가 더 높았기 때문이다. 실제로 월드컵이 끝나고 난 후 경기내용이 국내 팀들의 경기로 바뀌면서 월드컵과 같은 열띤 관심이 없어진 것만 보더라도 그 사실을 알 수 있다. 한편, 조기축구회나, 스포츠동호회 등에 참여하는 사람의 경우는 해당 종목이 가지고 있는 형식 자체에 유인가가 더 높다고 할 수 있다. 그들은 그들이 좋아하는 스포츠참여 자체에서 오는 만족, 즉 해당 스포츠의 형식에 매력을 느끼고 있으므로 내용의 변화에 상관없이 더 오래 스포츠를 즐길 수 있는 사람들이다. 따라서 스포츠 감상의 궁극적인 목적은 바로 간접 참여인 감상이라는 활동을 통하여 해당 스포츠의 즐거움을 느끼고 이러한 즐거움을 직접 참여로 이끌 수 있는 방향으로 이어지게 하는 것이 중요하다. 형식미 감상의 지도는 해당 스포츠가 지니고 있는 형식미를 가장 바르게 표현하는 스포츠 동영상 등을 부분적 또는 전체적으로 감상하는 데서부터 출발한다.

사. 자신의 신체활동으로 직접 참여하여 느끼기: 운동미(기술미)

스포츠 활동 자체는 감각적이고 직관적인 것으로 전체성이 강하다. 이것은 심정적 표현의 노력이 가미되어야 하며 부분적 생명감이라기보다는 전체적 생명감의 표현이기 때문이다. 따라서 신체활동의 감상 수업은 운동미(기술미)가 종착점이 되어야 한다. 운동미는 앞서 말한 곡선미, 정제미, 조화미, 균형미, 형식미 등을 포함하고, 지면 관계상 밝히지 못한 점층미, 율동미, 다양성과 단일성의 미 등이 종합적으로 함께 어우러졌을 때, 진정한 신체활동의 감상적 안목이 완성된다고 볼 수 있다. 이것은 간접활동으로서의 감상과 직접활동으로서의 신체활동을 통해 느끼고 표현될 수 있는 것으로 두 가지 경험이 모두 포함되었을 때 온전한 운동미를 학습했다고 말할 수 있다. 스포츠 문화의 참여는 관람과 수행의 양자가 모두 함께 이루어질 때만이 올바로 이해할 수 있는 것이다.

아. 감상중심 수업에서의 주의점

감상중심 수업에서 주의해야 할 점은 관련 스포츠를 이해하는 데 있어서 단순히 경기규칙이나 경기용어를 암기하는 식의 학습지도나 호기심이나 볼거리를 제공한다는 식의 수업방식은 바람직한 감상수업이라고 할 수 없다. 이보다는 각 종목이 가지고 있는 특성과 선수들이 보여 주는 경기모습에 따라 어떤 형태로 받아들이고 있으며 또 어떤 느낌을 주고 있는지를 알아보고, 그 스포츠가 탄생된 배경이나 발전된 과정을 통해 그 시대의 사상과 문화, 앞으로의 발전가능성에 관해 생각해 보고 스포츠 문화인으로서 스포츠의 가치를 판단하고 존중하고 애호하는 태도를 기를 수 있도록 지도되어야 한다.

4. 교수·학습 단계

감상수업에서는 다음과 같은 교수·학습 단계를 가진다.

가. 함께 나눌 문제 확인

이 단계는 수업시간에 학습자들이 학습할 목표를 확인하는 단계이다. 먼저, 제시한 학습 자료를 통하여 함께 나눌 학습문제를 자연스럽게 인식한다. 교사는 필요한 정보를 안내하고 동기를 유발시켜 학습자들이 흥미와 관심을 가지고 수업에 참여할 수 있도록 수업을 진행한다.

나. 탐색

제시한 스포츠 종목을 보고 감상할 관점을 생각하여 제시하는 단계로서 해당 스포츠의 성격과 특징, 표현 방식, 표현 내용, 경기방법이나 규칙 등을 이해하고 그 속에서의 미적 요소와 원리, 기술이나 구성, 조화나 구조, 기법의 종류와 표현 수단 등을 생각하여 감상을 어떻게 할 것인지에 관해 구상하는 단계이다.

다. 감상

감상 단계는 앞 단계에서 정한 감상 관점에 의하여 주어진 감상 종목을 감상하고 관찰하는 단계이다. 즉, 감상 종목의 성격과 특징, 표현 방식, 표현 내용, 미적 요소와 원리, 기술이나 구성, 조화나 구조, 기법의 종류와 표현 수단 등을 관찰하고 특징 있는 표현을 찾아서 나름대로의 자신의 느낌을 감상지에 기록한다.

라. 느낌 나누기

느낌 나누기 단계는 작성한 감상지를 상호 발표하고 토의하는 시간으로 학생들이 느꼈던 느낌 중에서 누구나 느낄 수 있는 보편적인 느낌이나 또는 관점의 차이에서 오는 서로 다른 느낌 등을 상호 비교하고 이해함으로써 새로운 감상 관점을 세울 수 있는 단계이다. 이는 자신의 생각과 타인의 생각이 어떤 점에서 공통되는가와 어떤 점에서 다른가를 앎으로써 자신이 발견하지 못한 감상 관점이나 개념 등을 타인을 통해서 새롭게 알 수 있다는 점에서 학습효과를 기대할 수 있다. 이 단계에서는 성격상 구성주의 학습원리가 적용되며, 초기 단계에서 개개인이 자신의 관점에 따라 구성한 감상지의 작성을 통해 개인의 마음속에만 있던 지식이 새롭게 외부로 표현됨으로써 새로운 지식의 생산자가 된다는 가치와 발표를 통하여 개인의 생각이 사회적 공동체 내에서 그 타당성과 관점의 차이를 비교하고 이해해 볼 수 있도록 하는 기회를 제공한다는 점에서 과정의 중요성이 강조된다.

마. 정리하기

정리하기 단계에서는 그동안 발표되고 토론되었던 내용을 정리하여 공통점과 차이점은 무엇이며, 그것은 어떠한 근거에서 그러한 비평이 나오게 되었는지 기록된 내용을 통해서 정리하는 과정이다. 이 과정을 통해서 학습자들은 감상한 스포츠의 종목에 대한 자신들의 생각이나 느낌이 경기를 연출하고 보여 준 선수의 역할만큼 중요하며, 이는 또다시 개인에게 머물러 있는 것이 아니라, 타인들과 나누어 가짐으로써 더욱 발전하고 가치 있는 지식으로 다시 재정립된다는 사실을 알게 한다. 또한 이러한 행위야말로 스포츠 자체의 매력을 향유하고 스포츠 문화의 동참자로서 재역할을 다한다는 점을 주지시키는 단계이다.

바. 평가

감상이라는 주관적인 행위를 객관적으로 평가한다는 것은 참으로 어려운 일이나 감상수업은 이것을 통해 얻고자 하는 학습 목표가 있음으로 해서 평가가 가능하다. 이를테면 감상하는 학생의 바람직한 태도나 감상의 대상이 되는 스포츠 종목의 이해 정도, 스포츠 속에 담겨 있는 경기요소를 찾아내어 분석하는 능력, 자신의 감상 소감을 조리 있게 표현하는 능력, 다양한 관점을 이해하고 다시 자기의 지식으로 내면화할 수 있는 능력 등이 그것이다.

〈표 11-1〉 감상지를 통한 평가방법 예시

내용 점수		대통(4점) 매우 그렇다	통(3점) 그런 편이다	보통(2점) 미흡 하다	약통(1점) 그렇지 않다	성적
감상 종목의 이해정도	감상 종목의 명칭을 정확하고 구체적으로 알고 있는가?					
	경기 종목의 성격과 특성을 파악하고 있는가?					
	감상 종목의 기술구현 또는 기술 이름을 정확한 명칭으로 기술하고 있는가?					
	경기규칙과 경기방법을 정확하게 이해하고 있는가?					

내용	점수	대통(4점) 매우 그렇다	통(3점) 그런 편이다	보통(2점) 미흡 하다	약통(1점) 그렇지 않다	성적
미적요소 분석능력	감상 종목의 표현수단과 방식을 자신의 관점에서 비평하고 있는가?					
	감상 종목의 독특한 특징을 찾아 내어 비평하고 있는가?					
	감상 종목의 경기요소를 찾아내어 자신의 관점에서 비평하고 있는가?					
	기술이나 구성상의 문제점을 지적 하고 대안을 제시하고 있는가?					
감상표현 능력	감상자가 말하고자 하는 감상 느 낌을 명확히 알 수 있는가?					
	자신의 느낌이 왜 그러했는지 적 절한 근거를 들어 제시(설득)하고 있는가?					
태도	경기를 연출한 선수의 노력을 존 중하고 있는가?					
	감상의 관점이 건설적이고 바람직 한가?					
	느낌을 나누는 과정에서 타인의 감상을 존중하고 있는가?					

<표 11 - 2> 감상중심의 수업 모형

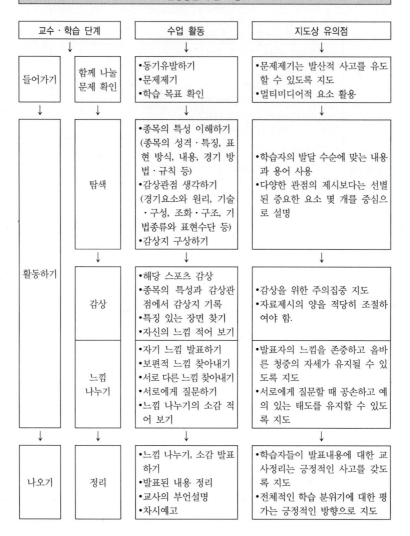

교수 · 학습 단계		수업 활동	지도상 유의점
들어가기	함께 나눌 문제 확인	•동기유발하기 •문제제기 •학습 목표 확인	•문제제기는 발산적 사고를 유도 할 수 있도록 지도 •멀티미디어적 요소 활용
활동하기	탐색	•종목의 특성 이해하기 (종목의 성격 · 특징, 표 현 방식, 내용, 경기 방 법 · 규칙 등) •감상관점 생각하기 (경기요소와 원리, 기술 · 구성, 조화 · 구조, 기 법종류와 표현수단 등) •감상지 구상하기	•학습자의 발달 수순에 맞는 내용 과 용어 사용 •다양한 관점의 제시보다는 선별 된 중요한 요소 몇 개를 중심으 로 설명
	감상	•해당 스포츠 감상 •종목의 특성과 감상관 점에서 감상지 기록 •특징 있는 장면 찾기 •자신의 느낌 적어 보기	•감상을 위한 주의집중 지도 •자료제시의 양을 적당히 조절하 여야 함.
	느낌 나누기	•자기 느낌 발표하기 •보편적 느낌 찾아내기 •서로 다른 느낌 찾아내기 •서로에게 질문하기 •느낌 나누기의 소감 적 어 보기	•발표자의 느낌을 존중하고 올바 른 청중의 자세가 유지될 수 있 도록 지도 •서로에게 질문할 때 공손하고 예 의 있는 태도를 유지할 수 있도 록 지도
나오기	정리	•느낌 나누기, 소감 발표 하기 •발표된 내용 정리 •교사의 부언설명 •차시예고	•학습자들이 발표내용에 대한 교 사정리는 긍정적인 사고를 갖도 록 지도 •전체적인 학습 분위기에 대한 평 가는 긍정적인 방향으로 지도

#12

통합적 접근을 위한 하나로 수업[4]

　글을 쓸 때면 첫 단어를 어떻게 쓸지 늘 고민이다. '지금 내가 쓰려고 하는 것은 무엇이며, 어떤 내용들을 인용하여 이해하기 쉽게 쓸 것인가?'를 고민하게 된다. 지금 내가 쓰려고 하는 것은 초등학교에서 체육교과를 가르치는 것에 대한 한 가지 사례이다. '무엇을', '어떻게' 가르칠 것인가에 대한 아주 기본적인 하나의 대안으로 초등학교 체육시간에 교육과정과 교과서에 담긴 내용을 잘 가르치기 위한 하나의 방법으로 '통합적 접근'을 시도한 사례를 소개하고자 한다. '하나로 수업 모형'은 그 통합적 접근을 잘 구현한 수업 모형의 사례가 될 것이다.

　그러나 무엇보다 우선적으로 '교육'이라는 것이 무엇인지에 대한 원론적인 질문을 스스로 되물어 보게 된다. 학교 현장에서 좋은 교육은 '잘 가르친다는 것'을 의미한다. 잘 가르치는 것은 수업으로 나타나게 되는데, 그것은 분명 볼거리가 많은 화려한 수업을 의미하지 않는다. 좋은 수업은 가르침을 받은 학생들이 잘 알고, 잘하게 되어 궁극적으로는 좋은 사람이 되는 것을 의미한다. 즉, 우리가 교육의 목표로 삼고 있는 '전인교육'을 실현하는 것이다. 교사로서 교육활동의 근본적인 목적이 체(體)·지(智)·덕(德)을 고루 갖춘 바른 인간의 형성임을 가슴에 되새기며 학생들을 만난다면 수업의 형태는 변하게 되고, 우리 교육의 미래는 참 밝다고 본다. 전인교육을 지향하는 초등교육에서는 이러한 생각이 무엇보다 필요하다고 생각한다.

---

4) 이 내용은 전세명(2010)이 초등체육의 새 터에서 『초등체육에서의 통합적 교수학습: 하나로 수업 모형』으로 발표한 내용을 수정하여 제시한 것이다.

'전인교육'은 체육교과의 목표이다. 특히 체육수업에서 드러나는 학생들의 다양한 행동은 학생들의 인성교육에 좋은 단서들을 제공해 준다. 그러한 단서들을 잘 조합하게 되면 분명 좋은 체육수업과 함께 바른 인성교육을 실현할 수 있을 것이다. 그런 희망을 가지고 초등학생들이 가장 좋아하는 교과목 중의 하나인 체육교과에서 '전인교육'을 목표로 하고 있는 한 가지 수업 사례속으로 여행을 떠나보자.

1. 하나로 수업 모형

하나로 수업은 체육교육의 목표인 전인교육을 실현하기 위한 한 가지 구체적인 수업 실천 모형으로 인문적 체육교육을 철학적 기반으로 한다.

가. 인문적 체육교육

'체육' 하면 가장 먼저 떠오른 것이 무엇일까? 운동 또는 스포츠일 것이다. 모든 교육활동이 탁월성과 수월성을 추구하듯이 체육교과의 교육활동에서도 학생들이 운동을 잘할 수 있도록 다양한 과학적 원리와 방법으로 가르친다. 얼마 전 끝난 2010 남아프리카 공화국의 월드컵 대회를 떠올리며 학교에서 가르치고 있는 축구수업을 생각해 본다. 학교에서 축구수업을 할 때 드리블, 패스, 킥 등의 다양한 기술을 과학적 원리를 설명하며 가르친다. 또한 경기를 하기 위해 알아야 할 규칙을 설명하고, 전략과 전술을 열심히 가르친다. 그리고 슛이나 드리블 또는 경기 수행 능력을 평가하여 점수를 부여한다. 이렇게 하나의 축구단원이 끝나게 된다. 그 결과 학생들은 축구를 잘할 수 있게 되고, 축구를 잘 알고 있을까? 아니 무엇인가 허전하다. 2010 남아공 월드컵의 이야기와 함께 2002년의 월드컵 4강 신화도 알려 주고 싶고, 붉은 악마의 멋진 응원도 소개하고 싶다. 선수들의 멋진 플레이와 함께 따라 해서는 안 될 나쁜 모습도 가르쳐 주고 싶다. 이렇듯 축구는 단편적인 기술과 전술로만 이루어진 것이 아니라, 역사와 전통을 가지고 있고, 즐기는 문화가 담겨 있는 복합적인 인류의 유산이라 할 수 있다. 이처럼 체육활동에 담긴 역사, 철학, 문학, 예술, 종교적 차원에 초점을 맞춘 것이 인문적 체육교육이다.

인문적 체육교육은 체육교육을 통해 학생을 올바른 사람, 온전한 사람, 참 좋은 사람으로 성장시키기 위한 체육교육 본래의 목표에 중점을 두며, 이를 위해서 체육의 과학적 차원과 함께 인문적 차원에 초점을 맞추는 체육교육론이다. 인문적 체육교육에서는 스페인이나 네덜란드와 같이 축구를 잘하는 나라뿐만 아니라, 비록 예선전에서 탈락했지만 열심히 경기에 임한 북한 선수들과 시합을 앞둔 정대세 선수의 눈물에도 관심을 갖는다. 멋진 슛으로 골을 넣은 선수뿐만 아니라 경기에 참여하지 못하고 벤치에만 머물러 있던 선수들에게도 애정을 갖는다. 이렇게 체육활동에는 과학적 차원과 학문적 측면 이외에 인문적 차원과 서사적 측면이 내포되어 있다.

이 두 측면은 동전의 양면과 같이 체육활동을 구성하는 본질적인 측면이다. 그런데 지금까지는 체육활동의 과학적 차원만이 인정받고 고취되어 왔던 것이 사실이다. 인문적 체육교육에서는 체육활동의 진정한 가치를 인식하기 위한 방안으로 체육의 과학적 차원과 함께 인문적 차원이 복원되어야 하며, 서사적 차원이 함께 강조되어야 함을 지적한다. 이를 통해서만 체육활동에 올바로 입문할 수 있고, 학생을 올바른 의미에서의 전인으로 만들 수 있다는 것을 강조한다(최의창, 2010).

나. 하나로 수업의 개념
하나로 수업은 인문적 체육교육을 철학적 기반으로 체육활동의 인문적 측면을 강조하여 체육수업의 현장에서 실천할 수 있도록 구조화시킨 모형이다. 하나로 수업에서는 체육활동을 통합적으로 체험해야만 학생이 통합된 인간으로서의 전인으로 성장할 수 있다고 가정한다. 체육활동의 통합적 체험을 위해 운동기능 함양과 인문적인 과제 및 서사적 경험을 제공하려고 한다. 학생들은 인문적 과제와 서사적 경험을 통합적으로 체험함으로써 체육활동에 담긴 정신, 전통, 안목을 습득할 수 있게 된다.

1) 하나로 수업의 목표와 구조

하나로 수업에서는 통합된 교수학습 체험을 제공한다. 통합된 교수학습 체험이야말로 학생의 배움을 통합된 것으로 만들어 줄 수 있기 때문이다. '하나로'란 바로 이 같은 '통합적 특성'을 드러내는 명칭으로, 하나로 수업에서 하나로 만들려고 하는 것은 다음의 4가지이다.

문화활동으로서의 체육활동에 **입 문**

기능, 지식, 태도를 하나로
하기, 읽기, 쓰기, 보기, 듣기를 하나로
학교생활과 일상생활을 하나로
서로 다른 사람을 하나로

〈그림 12-1〉 하나로 수업의 목표

첫째, 기능과 지식과 태도를 하나로(그리하여 전인이 되도록)
둘째, 하기, 읽기, 쓰기, 보기, 듣기를 하나로(그리하여 온몸과 마음으로 겪는 수업이 되도록)
셋째, 학교수업과 일상생활을 하나로(그리하여 삶의 체육이 되도록)
넷째, (능력, 성별, 생각이) 서로 다른 사람들을 하나로(그리하여 모

두를 위한 체육이 되도록)

　이러한 측면의 목표들이 하나로 뭉쳐지면서 학생은 그 운동에 입문하게 되며, 자신의 인성적 측면에 영향을 받아 전인으로 한 걸음 나아갈 수 있는 자극을 받는 것이다. 따라서 운동의 기능과 함께 운동의 인문적 내용들을 함께 가르치면서 학생들의 감성을 자극하여 바른 마음을 갖도록 지도해야 한다. 이를 아래와 같은 수업의 구조로 설명할 수 있다.

　교사는 설명과 시범 등의 직접교수와 유모와 몸짓 등의 간접교수 활동으로 학생을 지도하게 되고, 학생은 교사가 제공해 주는 직접적인 운동체험과 함께 보기, 읽기, 쓰기, 말하기 등의 간접적인 학습체험으로 체육활동을 배우게 된다. 이렇게 통합적으로 체육활동을 배움으로써 학생은 체육활동을 총체적으로 이해할 수 있게 된다. 이러한 이해를 바탕으로 체육활동에 입문하게 되고, 그 체육활동에 담긴 기능과 함께 온전한 정신과 안목 등을 내면화함으로써 전인으로 성장할 수 있게 된다.

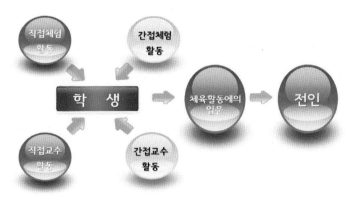

〈그림 12-2〉 하나로 수업의 구조

2) 하나로 수업의 내용

하나로 수업으로 진행하는 체육수업에서 학생들은 운동기능을 습득하고 게임하는 것 이외의 수업활동과 학습과제를 맛보고 해 볼 수 있다. 과제들은 그 성격상 '직접적 체험을 겪게 하는 것'과 '간접적 체험을 도와주는 것'들로 나눌 수 있다. 특히 간접적 체험이 인문적인 활동들로 구성되면서 학생들의 감성, 인성 등을 발달시키고 체육활동을 보다 깊이 있는 이해를 도와주게 된다.

〈표 12-1〉 하나로 수업의 내용

수업 내용의 성격	수업의 내용	수업 내용의 예시 (축구)
직접체험활동 – 운동을 잘하는 것	기술연습, 전술훈련, 게임하기, 반성일지 작성, 관찰과 영상촬영을 통한 동작 분석, 새로운 기술·전술·규칙을 만들어 보기, 규칙준수와 기본예의를 지키도록 하는 것 등	패스, 드리블, 킥, 슛, 드로잉, 축구 게임하기(간이게임), 규칙 알기, 규칙 변경하기 등
간접체험활동 – 운동을 잘 아는 것	스포츠 관련 소설·시·영화 감상문 쓰기, 생활체육동호회 방문, 경기 관람 및 시청, 스포츠를 소재로 한 미술 활동, 동료와 생각 나누기 등	응원구호 만들기, 축구영화/만화책 보기, 박지성 선수에게 편지 쓰기, 캐릭터 그리기 등

〈표 12-2〉 하나로 수업의 과제 예시

수업활동 및 과제	세부내용(예시)
창작준비체조	각 종목의 특성을 살린 창작체조 만들기, 흥미를 살리기 위한 대중음악 적극 활용, 창작터에서의 패별 동작 개발(심판 동작이나 운동 수행 모습 등)
자기다짐	각 종목 마음의 준비를 위한 다짐(뜀틀, 야구), 마음에 힘을 주는 노래·구절 찾기(멀리뛰기, 허들), 패별 다짐문 만들기
팀 아이덴터티 개발	동요를 활용한 패 노래 만들기, 하나로 박수, 패 구호, 패별 액세서리, 패 액션, 패 마크, 패별 팸플릿, 패 로고, 패 이름, 패록 활용, 칭찬 릴레이
비디오 촬영 및 분석	각 종목의 동작분석을 위한 보기터 활용, 온라인 카페활동으로도 가능

자기 동작 사진	패별 포토샵 만들기(수업 중 사진), 나도 핸드볼 스타(사진 작품 만들기), 찰칵! 찰칵!(수업 중 친구 모습 찍고 카페에 올리기)
기능 및 전술토론	얘기터·쓰기터 활용(공격·수비전술, 역할분담, 경기전략), 패록 활용
반성일지 쓰기	보고서, 각종 주제에 따른 글쓰기, 체육일기, 패록이나 온라인 카페 활용
서사적·예술적 표현 연습	종목을 주제 소재로 하는 시·시화 쓰기, 한줄 느낌 쓰기, 각 종목 기술을 은유적으로 표현하기, 경기장 미니어처 만들기, 체육달력 만들기, 만화 스토리 만들기
체육관 감상	스포츠 조형물 조사, 월드컵 경기장 견학, 스포츠 장에 쓰는 편지, 스토리가 있는 상상의 경기장 그리기
스포츠 문학 읽기	스포츠 책·만화책, 스포츠 영화
스포츠 문화비평	스포츠 기자 되기, 패별 체육신문 만들기, 인터넷 투표(카페), 스포츠 광고 보기
역사적 탐색조사	역사스페셜(규칙·용구·패션 그리고 자신의 역사 조사하기)
가족 스포츠 체험	방학 동안 가족 스포츠 사진(달리기, 줄넘기)이 들어간 보고서 쓰기, 집에서 자율학습하는 사진 찍기, 부모님이 활동하는 동호회 탐방기, 건강마라톤 참가하기
스포츠 사진 감상	카페에 사진(장애우, 여성스포츠) 탑재 및 감상, 사진스토리
동호회탐방	동호회탐방기(인터뷰, 사진), 종목별 생활체육 대회 관람하기

3) 하나로 수업의 방법

학생들이 체육수업시간에 배우게 되는 직접체험활동과 간접체험활동은 지도하는 체육교사의 의도와 상황에 따라 적절하게 혼용하여 실행한다. 이 활동들은 교사의 직접교수활동과 간접교수활동으로 가르쳐져서 학생들로 하여금 체육활동을 통합적으로 체득할 수 있게 해 준다. 이를 통해 학생들은 체육활동에 입문하게 되고, 궁극의 목표인 전인에 도달할 수 있음을 가정하는 것이다. 교사의 '직접교수활동'은 밖으로 드러나는 수업행동을 말하고, '간접교수활동'은 안으로 전해지는 교사의 수업행위를 가리킨다.

〈표 12-3〉 직접교수활동

교수 방법	교수 내용	체육수업 모형
지시설명형	기술의 시범과 설명이 주어지고 학습활동에 대한 학생의 연습	직접교수모형
탐구발견형	교사와 학생, 학생과 학생 간에 문답으로 학습과제를 연습하고 해결	탐구수업모형
동료협동형	학생들이 서로 힘을 합쳐 도와주고 도움을 받으며 학습과제를 연습	협동학습모형
시합대회형	변형되거나 완성된 형태의 시합을 통해 운동기능과 전술을 발휘	스포츠교육모형
자유경기형	학생들로 하여금 자유롭게 게임을 하게 함.	전술게임모형
자기학습형	자신이 스스로 자기가 배울 내용을 정하고 그에 따라 수업방식을 선택	개별화지도모형

　　직접교수활동은 체육수업의 운영 형태로 다양한 체육수업 모형과 그 흐름을 같이한다. 따라서 하나로 수업 모형 내에서 다양한 형태의 체육수업을 할 수 있다는 것이 큰 특징일 수 있다.

〈표 12-4〉 간접교수활동

교수 방법	교수 내용
교사의 인간됨으로 전달되는 간접적인 지도활동	교사의 말투, 어조, 미소, 열정, 사랑, 매너, 유머, 몸짓, 대화, 용모, 표정 등

　　하나로 수업에서는 교사의 간접교수활동을 매우 중요하게 간주한다. 학생의 인성을 올바르게 만들고 전인으로 성장시키는 데에 있어서 중요하게 간주되는 것이 바로 교사의 간접적 교수특성이기 때문이다. 간접교수활동은 직접교수활동과 구분되기보다는 학생들을 지도하는 과정에서 은연중에 함께 나타나기 때문에 학생들의 학습 이해력은 물론, 학생들과의 친화력을 높이는 데도 큰 역할을 한다. 초등학교에서는 담임교사와 학생들이 체육수업뿐만 아니라, 한 교실에서 함께하는 시간이 많기 때문에 교사로부터 전해지는 간접교수활동이

감수성이 예민한 초등학생들에게 미치는 영향력은 지대하다고 할 수 있다.

4) 하나로 수업의 운영

하나로 수업의 가장 큰 특징으로서 '터'와 '패'의 아이디어가 있다. 터는 수업활동이 이루어지는 공간을 말하며, 패(牌)는 수업활동을 이루어 내는 학생들의 모둠(조, 팀)을 가리킨다. 학생들은 패를 구성하여 다양한 터에서 직 · 간접적인 체험활동을 하게 된다.

〈그림 12-3〉 하나로 수업의 운영

가) 터의 운영

학생들은 다양한 직접 및 간접체험활동들을 수업시간에 한곳에서 행하는 것이 아니라, 여러 곳의 '터'에서 동시다발적으로 행하게 된다. 교사의 설명을 듣는 배움터, 신체활동을 직접 하는 하기터, 읽기 자료(시, 소설, 수필, 기사, 만화 등)를 읽는 읽기터, 시청각 영상자료나 자신의 동작을 촬영하여 보는 보기터, 대화와 토론과 전략과 전술을 이야기할 수 있는 얘기터 등이 있다. 즉, 직접체험활동과 간접체험활동이 체육수업시간 내에서 동시에 이루어지는 것이 하나로 수업의 가장 큰 특징이라 할 수 있다.

수업 운영의 필요에 따라 교사는 새로운 터를 만들어 활용할 수 있다. 다양한 창작 활동이 이루어지는 창작터, 감상문을 쓰거나 학습지를 쓸 수 있는 쓰기터, 음악을 들을 수 있는 듣기터 등을 운영할 수 있다. 여러 가지 학습의 터들은 교사의 수업의도에 따라 구성되는 것으로 매시간 두세 개의 터를 운영하는 것이 아니라 수업의 흐름에 맞게 적절한 활동의 터를 운영할 수 있다. 수업환경과 교사의 의도에 따라 어떤 때는 하기터만 운영할 수 있고, 보기터와 읽기터를 동시에 운영할 수 있다. 초등학교에서는 담임교사가 체육수업을 진행하는 경우, 다른 교과와의 통합적 접근이 가능하여 국어 시간에 읽기터나 쓰기터를, 미술 시간에 창작터, 재량시간에 보기터 등을 운영할 수 있어 중등학교보다 효율적인 지도가 가능하다.

〈표 12-5〉 하나로 수업에서의 터 운영

| 터 | 운영상 특징 | 패별 학생 활동 내용 | | 구체적 사례 |
		직접체험활동	간접체험활동	
배움터	•교사 혹은 동료에 의한 활동내용 학습 •운동기능과 전술 등에 관한 직접체험활동의 학습뿐만 아니라, 교사의 간접교수활동과 서사적 이야기를 통해 안으로 배우는 점을 감안하여 구성	•수업 인트로 •기능 및 전술 배우기 •단원 관련 지식 배우기 •창작활동 배우기 등	•경기 예절 및 매너 배우기 •인의예지의 행함 배우기	음악과 스포츠라는 주제로 '갈라'에 대한 이해를 돕기 위해 어원 안내문과 갈라쇼 영상을 준비함.
하기터	•기본 운동기능 및 전술과 경기를 학생 스스로 연습할 수 있도록 구조화함. •'나'와 '너' 그리고 '우리'를 생각하고 운동을 경험하면서 느낄 수 있는 희(喜), 노(怒), 애(哀), 낙(樂)을 중심으로 구성	•기능 및 전술 연습, 게임 •창작준비운동 •심판, 해설가, 진행요원 되기	•패별 응원하기 •패가 부르기 •패 구호 외치기	허들을 '사람이 살아가면서 넘어야 할 장애'라고 의미부여를 하고, 허들 하나하나에 표시하여 허들을 넘음.

읽기터	• 학생들의 진지한 생각을 끌어낼 수 있고 짧은 수업시간에 집중력이 분산되는 운동장에서 전하고자 하는 의미와 메시지를 전달하기 위한 읽기자료 선택	• 단원지식 관련 유인물 읽기	• 스포츠 만화, 도서, 신문기사 등을 읽고 이야기하기 • 교사의 글, 학생의 글 읽기	농구 경기의 깊이 있는 이해와 안목 전수를 위해 농구 관련 만화책을 준비함
보기터	• 교훈적인 영상을 통해 좋은 감정을 느끼고 자신의 동작을 보며 활동의 의욕을 불러일으킨다는 장점을 최대로 이용하여 방음과 차광을 통해 집중력을 최대화하여 터를 조성	• 단원 관련 화보(그림) 보기 • 동작분석 영상 보기 • 전문가 시범 혹은 경기 영상보기	• 감동적 스포츠 영상 혹은 영화 보고 대화하기 • 스포츠 사진 감상	운동장 한쪽에서 전선을 연결하여 천막이 설치된 곳에서 '박지성 스페셜'을 시청
얘기터	• 수업주제에 맞는 다양한 이야깃거리를 준비하여 학생들에게 제공하여 학생들 자신의 생각들을 공유하는 공간인 동시에 모둠 아이덴티티를 높일 수 있는 패의 화합의 장소가 될 수 있도록 조성	• 기능 및 전술 토론 • 창작활동 작품 구성하기 • 수업활동에 관한 토론	• 예절, 매너에 관한 토론 • 스포츠와 우리 삶 연관시켜 이야기하기	'배려'라는 주제로 배드민턴 수업을 하면서 우리 패가 지켜야 할 매너 10계명을 토론하여 기록

나) 패 활동

학생들은 이 모든 과제 조직을 반드시 '패'를 이루어 연습하고 실행한다. 백지장도 맞들면 낫다가 아니라 백지장도 반드시 맞들어야 한다는 협동정신을 키우기 위함이다. 서로 함께 연습하고 과제를 해결하고 즐거움과 곤란함을 맛보는 과정에서 타인에 대한 이해와 자기 자신의 참모습에 대한 발견이 이루어지기 때문이다. 학생들은 이 패 활동을 통해 더 많은 간접학습을 하게 된다. 패별로 과제를 하게 되면서 패원들 간에 의견 충돌의 과정을 겪게 되고, 이를 대화와 타협으로 해결해 나가는 능력을 구비하게 된다. 또한 간이게임이나 학습과제 발표도 패를 중심으로 하게 되어 더욱 결속력을 높일 수 있다. 이는 하나로 수업의 목표 중 하나인 서로 다른 사람을 하나로 만들어 주는 결정적인 역할을 하고 있다.

패 안에서는 패원들 간에 과제수행을 보다 효율적으로 하기 위해 역할을 분담한다. 각자의 역할을 수행해 나가면서 책임감도 갖게 되고, 자기주도적인 학습력을 함양하는 데도 큰 도움이 된다. 패원들의 역할은 패원의 수에 따라 한 사람이 두세 개까지 비슷한 유형의 역할을 도맡아 할 수도 있으며, 역할을 맡고 있는 사람이 관련 터 활동에서 주도적인 임무를 수행하게 된다. 이를 터주라 부른다.

〈표 12-6〉 패원들의 역할 분담

역할명	역할분담내용	터주
이끔이	패 활동을 이끌고 패원들의 역할 분담을 총괄적으로 계획하고 관리	전체적인 터 활동에 관여
장단이	음악과 관련한 자료를 수집하고 활용할 수 있도록 함	듣기터, 하기터
시범이	운동기능과 표현활동의 시범을 담당하고 전술구사나 시연 등을 담당	하기터
창작이	창작활동과 관련된 수업활동을 구체적으로 계획하고 담당	얘기터, 창작터, 하기터
영상이	영상과 관련한 자료의 수집과 활용 및 영상기기 조작을 담당	보기터
꼼꼼이	패별 과제와 수업활동내용을 파악하여 수행하는 데 큰 역할을 담당	쓰기터, 읽기터
꾸밈이	미적 감각을 요하는 역할을 담당하고 의상, 소품 등을 구하는 역할	창작터, 얘기터
지은이	패별 과제와 수업활동에서 작문이나 토론내용을 정리하는 일을 담당	쓰기터
기록이	과제활동에 대한 기록, 경기내용 기록 등 기록과 연관된 일을 담당	쓰기터, 읽기터

5) 하나로 수업의 평가

하나로 수업에서는 학생들이 학습과제로 행하는 다양한 활동들이 바로 수행평가의 역할을 할 수 있다. 초등학생의 수준에서 매우 수준이 높다고 느껴질 수 있지만, 이런 성격의 것들을 각자가 가르치는 학생의 수준에 맞게 각색하여 학생평가 시 활용한다. 이는 운동기능은 뒤떨어지지만, 지적 능력과 심적 열정을 가진 다른 학생들, 특히 여학생의 체육수업 참여를 높인다. 이런 과제들을 개인 과제와 패 과제로 적절히 부과함으로써 협동심과 자신감을 높일 수 있다. 수업시간 중의 다양한 학습활동과 수업시간 외의 다양한 과제활동을 통하여 운동기능만이 아니라, 학생의 전체적 학업성취를 통합적으로 확인할 수 있게 된다. 실기 평가 이외에도 다양한 형태의 수행평가를 활용할 수 있다.

〈표 12-7〉 다양한 평가방법

평가방법 예시	활용방법
지필평가	신체활동과 관련된 단편적인 지식이나 태도를 확인할 때 활용
체크리스트 (행동관찰/일화기록법)	수업 중 학생들의 행동을 관찰하여 누가 기록하여 운동기능 및 수업 태도 등을 종합적으로 평가
토론 및 논술	스포츠 활동과 관련하여 이슈가 되는 문제에 대하여 의견을 이야기하도록 하여 정의적 영역의 태도를 평가
보고서 법(개인/팀)	신체활동과 관련된 다양하고 깊이 있는 내용을 공부하는 데 도움이 되며, 다른 교과의 평가와 병행하여 활용 가능
포트폴리오	다양한 학습과제, 특히 신체활동과 관련된 시, 글, 그림, 음악, 영화, 도서, 명언 등을 기록함으로써 다른 교과 평가와 병행하여 활용 가능
만화, 광고, 신문 활용	학생들의 창의적인 능력을 기르는 데 효과적이며, 신체활동을 종합적으로 이해하는 데 도움이 됨.

2. 통합적 체육수업 사례

초등학생들은 체육수업을 무척 좋아한다. 운동을 잘하는 학생은 물론이고, 잘 못하는 학생도 기다리는 시간이다. 왜 학생들은 체육시간을 기다릴까? 이 답은 한 가지 질문을 통해 쉽게 확인할 수 있다. "체육시간에 뭐 할까?" 물으면 학생들은 이구동성으로 "놀아요!" "자유시간이요!"를 외친다. 그렇다. 체육시간은 학생들에게 노는 시간이란 인식으로 깊이 박혀 있다. 이것을 학생들의 잘못된 인식이라고 하기보다는 교사들의 잘못된 체육수업에서 해결책을 찾아야 한다.

> 선생님: 5학년 때 체육시간에 무엇을 배웠니?
> 학생들: 피구요, 축구요. 몇 번 나가지도 않았어요! 배운 게 없어요!
> 선생님: 그럼 체육교과서 몇 번이나 봤니?
> 학생들: 본 적이 별로 없는데요! 보건 수업할 때 봤어요.
> 선생님: 너희들은 6학년 체육 시간에 무엇을 배우고 싶니?
> 학생들: 피구요, 축구요, 농구요, 야구요. 게임해요. 놀아요.

이러한 잘못된 인식을 바로잡기 위해서는 체육활동이 하기 중심의 단편적인 특성만을 지닌 것이 아니라, 역사적 전통을 지닌 문화적 총체로 바르게 인식해야 한다. 체육활동에 대한 교사의 바른 인식을 바탕으로 학생들에게 다가간다면 분명 본래의 제 모습을 찾을 수 있을 것이다.

우리는 체육수업시간에 다양한 특성을 지닌 학생들과 체육활동을 하게 된다. 과연 무엇이 중요한 것일까? 무엇보다 중요한 것은 초등체육이 전인교육을 목표로 한다는 것이다. 지덕체의 조화로운 균형을 지닌 인간의 형성은 심동적 영역에 치우친 교육활동으로는 분명 한계가 있다. 학생들은 활동중심의 수업으로 신체활동의 즐거움을 만끽할 수 있다.

그러나 그 즐거움이 전인적 성장을 위한 바른 인성의 함양으로 자연스럽게 전이되지 않는다는 것이다. 개인의 도전활동이나 모둠의 경쟁활동을 통해 느끼는 복합적인 감정을 바른 인성으로 내면화할 수 있도록 승화시키는 조치가 필요하며, 그러한 조치는 다양한 인문적 · 서사적 체험으로 가능하다.

가. 통합적 체육수업 준비하기

체육에 대한 학생들의 편향된 인식과 기능 중심의 체육수업 운영에 변화를 가져오기 위해서는 학생들의 의식을 바꿔 줄 준비단계가 필요하다. 교육과정 운영상에는 3월 첫 시간부터 진도가 나가게 되었지만 교육과정 운영의 자율성이 확보된 만큼 수업의 재구성을 통하여 체육수업을 시작할 수 있다. 그 첫 단계가 학생들이 가지고 있는 체육에 대한 단순한 생각에 변화를 주는 것으로 이를 '체육에 대한 생각 열기'란 주제로 수업을 꾸려 보았다.

〈표 12-8〉 통합적 접근을 위한 하나로 수업 도입 지도 계획

차시	주제	수업 중 학습활동		과제활동(수업 외 활동)	
		직접체험활동	간접체험활동	직접체험활동	간접체험활동
1	나에게 체육은?	▶체육에 대한 생각 적기 − 나에게 체육은 어떤 것인가?		▶체육에 대한 마인드 맵	▶카페 가입하기
2	체육 둘러보기	▶체육 내용 둘러보기 − 체육교과서 둘러보기 − 수업 영상 감상하기	▶운동장에게 편지 쓰기	▶체육수업 다짐문 − 카페에 쓰기	
3	하나로 이해하기	▶하나로 수업 둘러보기 − 터와 패 활동 이해 − 인트로 감상		▶체육 경험록 작성하기	▶나의 마음 그려 보기 − 내 마음속에 무엇이 있나?
4	운동장 둘러보기	▶나의 체력수준 알기 −기구에 매달려 보기 −50m 달리기	▶기록 작성 후 다짐문 쓰기 ▶패 나누기	▶나의 체력수준과 목표	▶카페에 소감문 쓰기

1) 체육에 대한 생각 열기

체육은 노는 시간이라는 고정관념을 바꾸기 위해 자신과 체육활동이 이루어지는 주변 시설을 되돌아보는 시간을 가질 수 있다. 그동안 배웠던 체육내용을 돌아보며, 체육활동의 영역이 하기만 있는 것이 아니라는 것을 깨닫게 한다. 체육활동을 둘러싸고 있고 그 속에 담겨

있는 내면의 가치들을 학생들의 수준에서 생각하도록 함으로써 체육에 대한 생각의 폭을 넓힐 수 있다.

〈표 12-9〉 체육에 대한 생각 열기 활동 예시

활동명	주요 내용	비고
나에게 체육이란	몸의 건강과 마음의 즐거움을 함께 주는 교과이자 아름다운 마음을 갖게 해 주는 교과임을 상기시킨다.	학습지
운동장에게 편지쓰기	평소에 생각하지 못했던 운동장의 존재를 확인시키고 고마운 마음을 느끼게 한다.	편지지
나의 캐릭터 만들기	현재 나의 신체와 체육활동을 확인해 보고, 자신만의 캐릭터를 꾸며 본다.	학습지

2) 하나 되기

체육수업에 대한 도입이 이루어지면 수업 운영을 위해 패를 구성한다. 패 구성은 운동기능도 고려해야 하기 때문에 운동능력 파악이 어려운 1학기에는 50m 달리기 기록을 활용할 수 있다. 6~7명이 한 패를 구성하며, 패원별로 역할을 정하고 패 이름과 구호 등을 만들며 친목을 다진다. 그러나 패 이름이 학생들 수준에서는 엉뚱한 것이 많이 나오기 때문에 몇 가지 좋은 의미의 단어로 패 이름을 고정하는 방법도 생각해 볼 수 있다.

<표 12 - 10> 50m 기록을 참고로 한 패 구성

	1패	2패	3패	4패	패 구성	패 이름
달리기기록 등수	1	2	3	4	남자 1패 + 여자 4패 = 1패	도전
	8	7	6	5	남자 2패 + 여자 3패 = 2패	열정
	9	10	11	12	남자 3패 + 여자 2패 = 3패	하나
	16	15	14	13	남자 4패 + 여자 1패 = 4패	드림
	17	18	19	20		

패가 구성이 되면 첫 번째 과제로 패의 단합을 도모할 수 있는 활동을 진행한다. 패 이름을 만들고, 구호와 몸짓을 꾸며 발표를 한다. 패 구호와 몸짓은 수업 중 패별 활동 전에 자주 할 수 있도록 하여 파이팅의 도구로 사용한다. 패원들의 단합을 도모하기 위해서 패별로 모양 꾸미기나 피라미드 쌓기, 인간줄다리기 등의 활동을 하며, 사진을 촬영하여 카페에서 공유하면 학생들에게 좋은 느낌으로 체육수업을 시작할 수 있다.

<표 12 - 11> 패별 하나 되기 활동

활동명	주요 내용	비고
패 만들기	운동기능이 균형을 이루도록 구성하는 것이 관건이다. 이에 50m 달리기 기록을 측정하여 남여 4개 패로 구성한다.	1학기
	패장을 선발하고 패장이 자신의 패원을 뽑는 방식으로 패를 구성한다.	2학기
하나 되기	패원별 역할을 정하고, 패 구호와 몸짓을 만들어 발표한다. 패를 위해 서로가 양보하고 협력할 수 있는 분위기를 만들 것을 다짐한다. 여러 명이 꾸미기 활동, 인간줄다리기 등으로 패의 단합을 도모한다.	패별 활동

3) 온라인 학습활동 만들기

요즘 학생들에게 핸드폰과 컴퓨터는 필수적인 개인 소장품이 되어 버렸다. 그만큼 활용빈도가 높기 때문에 교육적으로 잘만 이용하면 좋은 성과를 얻을 수 있다. 핸드폰의 음악 재생과 사진 촬영 기능을 수업시간에 활용할 수 있으며, 컴퓨터로는 온라인 카페를 통해 또 하나의 학습의 장을 마련할 수 있다. 특히 온라인 카페 활동은 학생들의 생각을 공유할 수 있고, 댓글 기능을 통해 서로에게 자신의 생각을 전할 수 있기 때문에 교육적 활용도가 무척 높다고 볼 수 있다.

학교마다 학급 홈페이지를 운영하고 있어 온라인 학습은 학생들에게 익숙한 활동이 되고 있다. 그래서 다양한 기능의 게시판을 활용하여 그 효과를 배가시킬 수 있다. 체육수업은 다른 교과 수업과 달리 다양한 신체활동이 전개되기 때문에 그러한 활동을 촬영하여 온라인에 탑재하여 공유하는 것은 학생들에게 좋은 추억거리가 된다. 또한 수업 소감문 작성을 통해 자신의 행동이나 패의 활동을 반성할 수 있고, 글쓰기 능력도 향상되는 복합적 효과를 얻을 수 있어 체육수업 이외의 다른 교과에서도 활용할 수 있다. 학생들은 학급게시판에 글을 올리거나 다른 반 친구들의 글을 읽을 수 있어 학교 홈페이지에서의 단절을 만회할 수 있다. 또한 사진 및 동영상 자료와 함께 각종 이벤트를 할 수 있으며, 투표 기능도 있어 수업시간에 할 수 없었던 보충활동을 할 수 있다.

온라인 카페활동에서는 누구나 지켜야 할 네티켓이 존재한다. 그래서 온라인 학습에서 학생들은 욕설이나 친구들의 비방을 할 수 없으며, 실명제 운영으로 글쓰기에 보다 정성을 들여야 한다. 좋은 글을 쓰거나 적극적으로 활동하는 학생들에게는 등급을 높여 주어 보상한다. 의외로 학생들은 등급에 민감하게 반응하여 친구들보다 높은 등급을 얻기 위해 노력한다. 온라인 카페 활동은 실생활과 직접 연결되기 때문에 직접적인 생활지도 교육이 되기도 하며, 학생들의 활동 모습을 학부모님들도 볼 수 있는 좋은 학습의 장이 된다. 또한 교사 자신만이 들어갈 수 있는 게시판을 만들어 한 단원이나 한 차시에 대한 수업일기와 수업반성을 할 수 있어 수업개선에도 큰 도움이 된다.

나. 교과 내에서 통합적으로 가르치기

통합적 지도라 함은 두 개 이상의 학습활동들이 함께 가르쳐지는 것이다. 교과 내에서 다른 단원의 내용이 합쳐지거나, 다른 교과 간의 내용이 함께 지도될 수도 있으며, 주제 중심으로 여러 개의 교과에서 활동이 이루어질 수도 있다. 현재 초등학교 1~2학년의 통합교과에서는 몇몇 교과에서 같은 주제를 다루는 주제중심의 통합이 이루어지고 있으며, 즐거운 생활에서는 음악, 미술, 체육과 활동들이 통합되어 지도되고 있다. 이러한 통합적 접근은 학습활동에 대하여 다양한 측면으로의 접근이 가능하여 깊이 있는 이해가 가능하며, 여러 현상의 유기적 관계를 확인함으로써 사고력의 확장도 기대할 수 있다. 이는 최근 강조되고 있는 창의적 인성함양의 한 가지 좋은 대안이 될 수 있다. 또한 교육과정 운영에 있어 교과의 시수를 확장하거나 감축하는 데 도움을 줄 수 있으며, 학교 현장의 교육환경을 고려한 자율적이며 탄력적인 학습활동을 가능하게 해 준다.

우리가 주지교과라 일컫는 국어, 사회, 수학, 과학 등의 교과에서는 다양한 통합적 연구가 진행되었으나 예·체능교육을 함께 통합적으로 연구한 사례는 흔치 않다. 이번 사례에서는 체육교과의 학습활동들을 교과 내, 교과 간 그리고 사회의 스포츠 문화와 통합해 보는 길을 모색하고자 한다.

1) 통합적 접근의 절차

통합적 접근을 위해서는 우선적으로 무엇과 무엇을 통합할 것인지 고민하여 계획하게 된다. 우리나라는 단일한 교육과정을 운영하고 있기 때문에 그 통합의 중심을 교육과정의 내용에서 찾고자 하였다. 그래서 다음과 같은 절차를 통해 통합적 접근을 시도하였다.

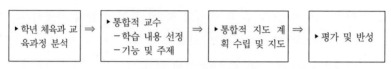

〈그림 12-4〉 통합적 접근의 절차

이러한 절차에 따라 체조와 건강 영역의 건강 체력을 다음과 같이 통합하여 지도하였다.

〈표 12-12〉 통합적 접근 주제 정하기

단원	차시별 제재	정의적 영역	단원	차시별 제재	정의적 영역
몸으로 균형 잡기	신체 여러 부위로 균형 잡기	적극성	체력 운동 하기	혼자, 친구와 유연성 운동	노력
	두 사람이 몸으로 꾸미기	협력		기구나 물체, 게임을 통하여 유연성 기르기	협동
	여럿이 모양 꾸미기	책임감		순발력 기르는 운동	노력
				평형성 기르는 운동	노력

↓

통합적 지도 내용
평형성 기르는 운동과 균형 잡기의 통합 유연성 기르기와 두 사람이 몸으로 꾸미기를 통해 서로 협력하기

2) 교과 내 통합적 접근의 사례

체육교과 내에서의 통합을 위해서는 무엇보다 기능적으로 활동이 비슷해야 할 뿐만 아니라, 기능 간에 서로 유기적으로 도움이 되어야 가능하다. 하나의 활동이 다른 활동이나 기능을 촉진시켜 주는 것이어야 효과가 있지, 반대로 다른 기능을 감소시켜서는 안 된다. 공 멀리 던지기와 야구형 게임, 장애물 넘기와 높이뛰기 등은 서로에게 도움을 줄 수 있는 활동들이기 때문에 따로 가르치기보다는 함께 지도하는 것이 보다 효과적이다.

〈표 12-13〉 야구형 게임과 공 던지기 기능의 통합

항 목	세부 내용
목표	인기스포츠인 야구의 기본 규칙을 이해하고, 던지기, 받기, 치기 등의 기본동작을 익혀 다양한 야구형 게임에 적극적으로 참여할 수 있도록 한다.
주요 활동	• 야구형 게임에 필요한 공 던지기와 육상 활동의 공 던지기 기능을 통합 - 티볼공과 농구공, 축구공 등 무거운 공을 이용하여 멀리 던지기 - 가까운 거리에서 공 주고받기: 자신의 멀리 던지기 기록을 측정 - 야구형 게임 하기(주먹야구, 티볼, 발야구)
수업 효과	• 여러 가지 특성의 공을 체험하게 됨. - 축구공, 농구공, 배구공 등에 익숙하나 다양한 쓰임새에는 미숙 - 공놀이의 기본인 던지고 받기를 숙달할 수 있음.

다. 교과 간의 내용을 통합적으로 가르치기

체육교과와 다른 교과 간의 통합적 내용을 확인하기 위해서는 교육과정이 분석되어야 한다. 대부분의 교과교육과정은 교과서의 순서

와 동일하게 운영되는데 대표적인 교과가 수학, 사회 등의 교과이다. 단원의 순서를 조절할 수 있는 교과는 과학교과나 예술, 체육교과가 있다. 체육교과는 비교적 자율적인 구성이 가능한 교과로 시간적, 공간적 환경을 고려하여 운영할 수 있다.

특히 다양한 사례를 수업의 제재로 제시하는 도덕과에서 체육수업에서 있었던 일이나, 사회의 스포츠 활동에서 벌어지는 일들을 소개하여 지도하는 것이 효과적이다. 현실에서 있었던 사실을 이야기할 수 있기 때문에 학생들은 보다 쉽게 이해할 수 있었다. 국어 교과는 하나로 수업의 간접체험의 주가 되는 쓰기터, 읽기터, 얘기터 등의 활동에 직접적으로 연관이 되어 매우 긴밀한 통합적 접근이 가능하다.

〈표 12-14〉 6학년 2학기 국어 단원 내용

교과	단원	차시	활동 내용
국어	시와 함께	18	-생각이나 느낌을 시로 쓰기, 창의적으로 이해하기
	이야기 속으로	18	-생각이나 느낌 비교하며 주고받기 -다양한 매체를 통해 접한 이야기 주고받기
	주위를 둘러보면	18	-면담의 과정을 실행하며 발표하기 -면담 계획하기, 실행하기, 정리하기, 발표하기
	따뜻한 마음	18	-이야기 읽고 이해하기(인물이 추구하는 삶과 반영된 문화 이해) -겪은 일 이야기로 쓰기, 이야기나 시로 바꿔 쓰기
	생활 속에서	18	-문제와 해결의 짜임으로 된 글 읽기와 쓰기 -문제와 해결의 짜임 이해하기, 토의하기, 해결 방안의 적절성 판단하기
	정든 친구들	12	-떠오르는 생각이나 느낌 글로 쓰기, 다양한 읽기 -편지 쓰기, 극본 읽기, 각오나 다짐 쓰기

체육활동에서의 경험은 다양한 방법으로 간접체험이 가능하다. <표 12-15>는 여러 교과에서 체육활동과의 통합적 가능성을 탐색한 내용이다.

<표 12-15> 6학년 2학기 교과 간 통합 가능 내용

교과	통합 가능 내용
도덕	•정의적 영역에 대한 내용 지도에 체육시간의 경험을 활용 - 협동, 배려, 봉사, 규칙 지키기 등의 덕목 지도 •실제 경험을 이야기함으로써 이해가 빠르고 반성의 효과가 있음.
사회	•우리나라의 역사 - 각종 스포츠 대회 및 기록을 함께 지도 •민주주의의 원칙 - 패별 활동을 위해서는 패원 간의 의사소통이 중요 •세계 여러 나라 - 세계 각국의 스포츠 스타, 월드컵 출전 국가들의 문화와 특징 조사 •세계 속의 대한민국 - 한국을 빛내는 스포츠 스타
수학	•자신의 여러 가지 기록(허들, 던지기, 높이뛰기 등) 그래프로 나타내기 •확률 - 야구형 게임에서 자신의 타율 나타내기 •수학 시험의 예문으로 체육활동 제시
국어	•더 해 보기: 각종 글쓰기 활동을 심화활동 시간에 적용 가능 •설명하는 글 쓰기, 설득하는 글 쓰기, 시, 반성 일기, 감상문 등 •극본 - 패별 활동의 에피소드를 극본으로 만들고 역할극 하기
미술	•알리는 것 꾸미기, 초대장 만들기, 응원 도구 만들기 •각종 운동 관련 신문 만들기 •체육활동을 소재로 그리기, 만들기 활동
음악	•응원가, 패 구호, 패 노래, 각종 활동을 개사하여 나타내기
실과	•초대장 만들기(메일로 발송하기) •각종 정보 검색 및 카페 활동하기(정보화 재량활동과 함께)
특활 및 재량	•표현활동의 발표회(학급 및 학년 경연대회) •영화나 공연, 경기 등의 감상 활동

1) 뜀틀 수업에서의 통합적 접근: 개인활동중심

뜀틀은 대표적인 개인활동으로 기능이 중시되면서 어려움을 느끼기 때문에 여학생들이 기피하는 활동이다. 매번 뜀틀을 준비하여 넘기, 구르기만을 반복 숙달한다면 그런 학생들에게는 매우 재미없고, 체육을 멀게만 느끼게 된다. 따라서 쉽고 편안하게 접근할 수 있는 간접체험학습을 활용하는 것이 효과적이다.

<표 12-16> 뜀틀 수업의 통합적 접근

항 목	세부 내용
목표	뜀틀을 여러 가지 방법으로 넘고, 뜀틀 위에서 구르기 등을 도전해 봄으로써 자신감과 적극성을 길러 현재 자신이 가지고 있는 어려움을 극복하려는 도전정신을 갖도록 한다.
주요 활동	•뜀틀 넘기와 뜀틀 위에서 구르기 　- 4, 5, 6단의 높이와 가로, 세로의 모양을 다양하게 하여 자신이 능력에 맞는 　　뜀틀에 도전 •뜀틀 소감문 쓰기(국어) 　- 자신이 넘어야 할 장애물 적어 보기 •뜀틀을 전개도를 활용하여 만들기(수학) 　- 도형 단원에서 나오는 전개도 그리기를 뜀틀 만들기로 활용 　- 잘 만들어진 작품들을 전시, 보상 카드 제공 •뜀틀에서 사진 찍기 　- 패별로 모여 2주간 자신을 괴롭힌 뜀틀에 모여 사진 찍기 　- 더 이상 뜀틀을 만날 수 없기 때문에 이별의 시간 의미 부여 　- 하고 싶은 말 하기, 뜀틀 올라타기 등
수업효과	•자신 없어 하던 뜀틀 수업에 여러 번의 도전으로 자신감을 얻음 　- 뜀틀을 만들어 보며 딱딱하고 아프지만 뜀틀을 보다 친근하게 대함 　- 도전에 대한 성공 느낌을 글로 남김으로써 자신감을 얻음 　- 높이와 자세에 대한 동료 간의 경쟁심리가 작용하여 수행 효과가 좋아짐
유의점	•학기 초에 시작되어 학생들의 작은 부상이 많았음 　- 너무 의욕이 앞서 자신의 능력을 초과하여 부상이 발생 •넘는 것에 치중하고 기계체조 단원의 '아름다움'을 표현하는 것에 대한 지도 부족 　- 친구들의 작품을 감상하거나 체조선수들의 경기를 보고 감상하는 활동이 부족

2) 핸드볼형 게임에서의 통합적 접근: 패별 활동중심

핸드볼형 게임은 선택활동으로 제시되어 있어 대부분 지도하지 않고 넘어가는 경우가 많다. 그러나 좁은 공간에서 손으로 공을 주고받으며 골을 넣기 위해 서로 협동하는 활동은 학생들에게 매우 흥미롭게 다가갈 수 있다. 우리나라 여자 국가대표의 감동적인 실화가 영화로도 소개되고 있어 다양한 인문적·서사적 접근이 여러 교과에서 가능하다.

〈표 12-17〉 핸드볼형 게임에서의 통합적 접근

항 목	세부 내용
목표	핸드볼 경기를 체험해 보고 게임을 해 봄으로써 팀원 간의 단합과 자기 역할 수행의 중요성을 깨닫게 한다. 반대항 경기를 통해 졸업 전 반의 단합을 도모하고 다른 반 친구들과도 교류하는 계기를 마련한다.
주요 활동	•'우리 생애 최고의 순간' 영화 보기 　- 특별활동 시간을 활용하여 6학년 전체 학생이 강당에서 영화 상영 　- 초등학교의 학년단위 교육과정 운영을 활용(우호적 분위기) 　- 영화 감상문 쓰기: 학습지 제공 •핸드볼형 간이 경기 하기 　- 남자는 왼손으로 슛, 여자는 2점, 꼭 여자와 패스를 한 후에 슛이 가능 　- 학급 내에서 패 대항 경기, 남자끼리, 여자끼리 •학급 대항 간이 핸드볼 경기 대회(시합대회형 모형 적용) 　- 토너먼트 형태로 학급 대항 대결 　- 전반전 선수 7명, 후반전 선수 7명 명단 작성(여자 2명 포함) 　- 득점 기록, 보조 심판, 응원단장, 사진촬영 등의 역할 부여 　- 학급별로 응원 도구 만들기: 담임선생님 경기 관람 　- 경기 참가자들은 카페에 경기 참가 소감 작성 　- 대회 종료 후 핸드볼 공 그려 보고 소감문 쓰기
수업의 확장	•처음 접해 보는 핸드볼 경기를 무척 재미있어 함 　- 대회기간 중 남아서 연습을 하고, 대회 종료 후에도 점심시간에 핸드볼 게임을 함 •핸드볼 대회에서 있던 일 회상하면 반성하기 수업 　- 학급 내에서는 단합의 기회였으나 다른 학급과는 우호적이지 못함 　- 지속적인 반성의 기회를 통해 상대방을 이해할 수 있도록 지도 •도덕 수업시간을 활용하여 '스포츠와 도덕'이라는 주제로 수업 진행 　- '스포츠맨십'이란 무엇이라고 생각하는가? 　- 프랑스의 앙리가 보여 준 '핸드링 사건'은 어떻게 생각하는가? 　- 핸드볼 경기를 하면서 자신의 반성할 점은 무엇인가?

특히 경쟁활동에 해당하는 구기 활동은 학급 대항 경기가 가능하여 급우들과의 화합을 다지는 데 매우 효과적이다. 다만 지나친 경쟁으로 인해 다른 반 친구들과 언쟁을 하는 사례가 종종 발생하게 되는데 이런 경우를 도덕이나 국어 시간에 갈등 상황을 다루어 봄으로써 친구들과 우애를 돈독히 할 수 있는 계기를 마련해 줄 수 있다.

에피소드	•남자도 오른손으로 슛하게 해 주세요! - 그럼 네가 골키퍼 할래? - 아니요, 그냥 왼손으로 슛하겠습니다. •상대 반 여학생들의 비방으로 화가 난 학생(체육부장)이 경기 중에 상태 팀 선수에게 직접 공을 던져 허벅지를 맞힘. - 퇴장! 운동장 사용 금지! - 반성문 쓰기

〈표 12-18〉 핸드볼형 게임 지도 계획

차시	주제	수업 중 학습활동		과제활동 (수업 외 활동)	통합적 접근
		직접체험활동	간접체험활동		
1	핸드볼이 뭐지?		▶ 핸드볼 영화 감상 '우리 생애 최고의 순간'	▶ 카페에 영화 감상문 적기	▶ 영화 속 주인공들의 아름다운 도전을 배우도록 함. - 특별 활동 시간 활용
2	핸드볼과 친해지기	▶ 핸드볼로 마음 전하기 -여러 가지 패스 배우기		▶ 핸드볼 규칙 찾아 카페에 올리기	
3	핸드볼 알아가기	▶ 간이 핸드볼 게임 하기 -하기터: 패 대항 게임	▶ 쓰기터 -영화 보고 느낀 점 자유롭게 적기	▶ 경기 소감문 카페에 쓰기	▶ 여자 핸드볼 선수들의 열악한 환경 공감하기
4	핸드볼 익숙해지기	▶ 간이 핸드볼 게임 하기 -하기터: 같은 성끼리 게임하기 -배움터: 패스 연습		▶ 학급대표 선발 하기 -남: 5명 여: 2명씩 두 패가 참가 -대진표 작성하기	▶ 스포츠교육모형을 적용하여 학생들이 능동적으로 참여하기

5	핸드볼 즐기기	▸학급대항 간이 핸드볼 시합 하기 －하기터: 시합하기 －부심 보기(꼼꼼이)	▸응원터: 응원하기 ▸담임교사 참관하기	▸응원도구 만들기 : 미술시간 활용 ▸학급대항경기 소감문 카페에 쓰기	▸담임교사의 협조 아래 미술시간에 응원도구 제작
6					
7					
8	핸드볼 정리하기	▸여자 대표팀 뉴스 보여 주기 －세계선수권대회 참가	▸핸드볼 마치는 소감문 작성하기		▸국어시간과 연계하여 핸드볼 소감 쓰기
9	스포츠와 도덕		▸핸드볼 경기에서 있었던 일 작성하고 발표하기		▸세 개 반은 도덕 수업을 하며 페어플레이 알아보기

오늘 핸드볼을 했다. 처음에는 3반과 했다. 쉽게 이길 수 있었지만 그래도 만만치 않은 상대였다. 그리고 6반과 하였다. 처음에 많은 점수 차로 지고 있다가, 후반쯤에 우리 반 이상우가 많은 골을 넣어서 이기게 되었다. 정말 지고 있는데 역전해 이긴 기분은 뭐라 설명할 수 없이 기뻤다. 결승전은 5반과 하였다. 전반부터 유수빈이라는 5반 여자애가 골을 3골이나 넣어서 8：4로 지고 있었다. 하지만 후반에 이상우가 4골을 넣어서 동점을 만들었다. 그래서 마지막 5분을 걸고 다시 게임을 시작했다. 1분 전에 이상우가 한 골을 더 넣어서 9：8로 우리가 이기게 되었다. 결국 우리가 1등을 하게 되었다. 5반과 했을 때 난 우리가 질 것 같다고 생각했지만, 그래도 자신감을 잃지 않고 열심히 1반에 힘을 합쳐 하다 보니 우린 1등의 자리에 가 있었다. 그리고 힘들어도 웃고 져도 박수쳐 주는 3, 5, 6반 학생들이 비록 이기지는 못했지만 그래도 우리한테 기쁜 마음으로 박수쳐 주고 잘했다고 수고했다고 격려해 주는 애들이 진정으로 고마웠다<고나영의 체육일기/2009.7.9>.

라. 사회(스포츠 문화)와 통합적으로 가르치기

뉴스에는 우리 사회에서 일어나는 다양한 일들이 소개된다. 정치, 경제, 사회, 문화 등의 각 분야에서는 매일 새로운 소식들이 등장한다. 또 빠지지 않고 등장하는 소식이 바로 스포츠 뉴스이다. 뉴스나 신문지상에서 특정 부분을 맡고 있을 만큼 스포츠에 대한 관심이 매우 높다. 각종 대회에서 우수한 성적을 거둔 스포츠 스타의 탄생은 학생들에게도 관심의 대상이 되고 있다. 스포츠가 만들어 내는 다양한 소식들은 체육수업이나 다른 교과시간에 좋은 학습제재가 된다. 학생들의 인성발달에 보다 집중하기 위해서는 스포츠 경기와 그 속의 선수들이 만들어 내는 감동적인 이야기에 주목할 필요가 있다.

1) 게임활동에서의 통합적 접근

게임활동은 학생들이 가장 좋아하고, 선호하는 활동이다. 잘은 못해도 경쟁이 주는 스포츠의 묘미를 그 어떤 활동보다 잘 느낄 수 있기 때문이다. 축구나 야구, 농구, 배구처럼 프로리그 경기를 생활 속에서 자주 접할 수 있기 때문에 간접체험도 많이 한다. 따라서 이러한 스포츠 시즌과 체육수업을 통합적으로 접근하는 것이 학생들의 체육활동이 생활체육으로 이어질 수 있는 발판이 될 수 있다.

〈표 12-19〉 게임활동 고려 시기

게임활동	고려 시기	게임활동	고려 시기
야구형 게임	프로야구 개막 및 플레이오프 -4월, 10월	배구형 게임	배구 V리그 플레이오프 -3월, 4월
핸드볼형 게임	전국 체육대회 10월 핸드볼슈퍼리그 -3~8월	씨름	추석 천하장사 대회 각 종 지역 장사 대회
축구형 게임	K리그 개막 및 플레이오프 -4월, 10월	농구형 게임	프로리그 -11월~ 4월

각각의 활동은 학년별로 차이가 있다. 특별히 게임활동은 다음과 같은 흐름으로 수업을 진행하면 보다 다양한 활동이 가능해진다.

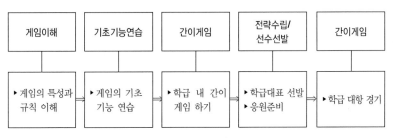

〈그림 12-5〉 게임 단원의 수업 흐름

이러한 흐름을 바탕으로 게임활동에서 통합적으로 접근할 수 있는 내용들을 살펴보았다.

〈표 12-20〉 게임 단원의 통합적 접근(6학년 예시)

	야구형 게임	배구형 게임	핸드볼형 게임	씨름
기초 기능	던지고 받기	공 쳐 올리기	던지고 받기	샅바 매기, 다리 기술, 손 기술
대회	학급 대항 경기 -풀리그	한 학급과 경기	학급대항 경기 -토너먼트	한 학급과 경기
기타	-팀 마크 만들기 -응원 구호 만들기 -심판 보기 -감독 정하기 -야구 캐릭터 그리기 -동시 짓기	-배구 경기 보기 -심판 보기 -작전 세우기 -배구공 캐릭터 그리기 -경기 소감문	-선수 선발 및 배정하기 -영화 보기 -응원 구호 및 도구 만들기 -경기 소감문	-경기 시청 -응원 도구 만들기 -씨름 발전 아이디어 공모 -경기 소감문

2) 개인 종목에서의 통합적 접근

팀 단위의 경쟁활동이 팀워크를 바탕으로 스포츠에서의 스포츠맨십을 함양할 수 있는 활동이라면 개인활동은 도전과 용기 등의 덕목을 배울 수 있는 좋은 활동이다.

〈표 12-21〉 체조 및 육상 단원의 통합적 접근

활동 내용	세부 내용	강조 사항	지도 시기
체조 활동	맨손 체조: 균형 잡기 및 꾸미기 체조	협력하기	1학기
	기계 체조: 뜀틀 운동, 철봉 운동	도전정신 적극성	1학기, 2학기
	리듬 체조: 곤봉 및 홀라후프	체조 신문으로 대체	
육상	던지기: 무거운 공 멀리 던지기	적극성	1학기
	뜀뛰기: 높이뛰기	도전정신	1학기
	달리기: 장애물 달리기	적극성	2학기

　체조와 육상 종목은 대표적인 개인활동으로 2007년 개정 교육과정에서는 도전활동의 영역에 활동의 예시로 소개되었다. 학생들에게 적극적인 도전정신의 가치를 심어 주기 위한 목표를 가지고 있는 만큼 개인의 기록만큼이나 도전해 보려는 시도가 중요함을 깨닫게 하도록 한다. 학생들의 체력 저하로 많은 개인활동에서 저조한 기록을 보이고 있는데, 철봉운동에서는 턱걸이를 할 수 있는 학생을 손꼽을 만큼 사태가 심각하다. 따라서 다양한 간접체험활동을 통해 흥미를 유발하고 관심을 끌기 위해 관련 활동에서 스포츠 스타가 겪은 감동적인 이야기를 체험하는 활동이 필요하다.

<표 12 - 22> 철봉 지도 계획

차시	주제	수업 중 학습활동		과제활동 (수업 외 활동)	통합적 접근
		직접체험활동	간접체험활동		
1	젖 먹던 힘까지	▸ 철봉에 오래 매달 리기 -기록 측정		▸ 카페에 다짐문 작성하기	
2	철봉과 친해지기	▸ 철봉에 다리 걸어 오르고 내리기	▸ 읽기터 -체조 선수 양 태영과 코마네 치 글 읽기		▸ 체조 선수들의 끝 없는 도전 이야 기를 통해 자신 의 도전의식 키 우기
3	철봉에서 거꾸로 보는 세상	▸ 철봉에서 앞돌 기와 거꾸로 매 달리기	▸ 읽기터 -의사가 된 체 조선수 이승복	▸ 철봉 소감문 카 페에 쓰기	
4	철봉 정복하기	▸ 철봉에 거꾸로 오르기	▸ 패별로 철봉에 매달려 사진 찍기	▸ 체조에 대한 자 료 조사해 오기 - 신문 만들기 준비	▸ 어려운 과정을 함 께한 동료 격려 하기
5	체조와 함께하기	▸ 기계체조와 리 듬체조 비교해 보기	▸ 체조 신문 만 들기	▸ 철봉 운동을 마 친 소감문 쓰기	▸ 신문 제작을 통 한 정보 획득 및 공유

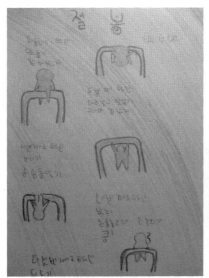

<그림 12 - 6> 철봉 학습지 및 활동 모습

비운의 체조선수 양태영!

6학년	반	패	이름

8월19일 새벽(한국시각) 아테네 올림픽 체조 남자 개인종합 결선이 열린 올림픽 인도어홀. 평행봉 경기에 나선 양태영은 출발 점수 10점 만점짜리 연기를 했다. 하지만 심판진이 만점을 9.9점으로 계산하는 바람에 0.1점을 도둑맞았다. 오심은 계속됐다. 미국의 폴 햄이 뜀틀 착지 때 1점 이상의 감점이 예상되는 실수를 했지만 9.137점을 받아 관중들을 어리둥절케 했다. 양태영은 그렇게 어이없이 폴 햄에게 1위를 내줬다. 하지만 금메달 대신 동메달을 목에 건 양태영은 웃음을 잃지 않았다.

경기 후 심판의 오심은 연일 도마에 올랐다. 한국은 물론 미국 조차 "공동 금메달을 수여하자"며 오심을 문제 삼았다. 결국 국제체조연맹은 심판 3명에게 자격정지 조치를 내렸다. 하지만 이 명백한 오심에도 불구하고 국제 올림픽조직위원회(IOC)는 아무 말이 없었고 오히려 해당 사건의 판단을 스포츠중재재판소에 떠넘겼다. 결국 양태영의 오심 소청은 "이의 제기가 너무 늦었다"며 기각 당했다. 빼앗긴 금보다 양태영을 더 화나게 한 건 IOC의 태도였다. 정당한 절차를 통해 밝혀진 오심 사실을 깨끗이 인정하지 않은 IOC 앞에서 더 이상 올림픽 정신을 논한다는 건 무의미했다. 체조 불모지에서 일군 올림픽 메달 쾌거가 빼앗긴 금메달에 밀린 것이다. 그래도 양태영은 훌훌 털고 힘껏 다시 철봉을 잡는다. 여전히 올림픽 정신은 살아있다는 희망을 안고서.

〈그림 12-7〉 체조 읽기터 자료

　　2010년 여름방학을 앞두고 우리는 또 한 번의 홍역을 치렀다. 학생은 국가수준 학업성취도 평가를 봐야 했고, 교사는 학부모와 학생들로부터 평가를 받아야 했다. 왠지 모르게 참으로 씁쓸하다. 교육 본래의 모습은 온데간데없고, 평가와 경쟁만이 난무한다. 그 후유증이 참으로 걱정스럽다. 이러한 우리교육의 모습이 어쩜 경기에서 승리만을 위해 온갖 방법을 다 동원하는 모습으로 변질되지 않을까 심히 걱정되기도 한다. 미래의 경쟁사회에서 살아남기 위한 방법이라고 하지만 패자의 아픔은 어찌해야 할까? 다시 한 번 지난 월드컵의 기억을 되새겨 본다.

　　누구나 경기를 잘했던 선수들에게 관심을 갖는다. 물론 잘한 사람에게 칭찬을 하는 것은 좋은 일이다. 그러나 23명의 선수 중에는 그라운드에 서 보지도 못한 선수도 있다. 한 번의 실수로 국민의 질타에 상처를 받은 선수도 있었다. 흔히 말하는 '1등만 기억하는 세상' 우리의 학교도 이와 비슷한 것 같다. 지적 재능이 우수한 학생이 인정받고,

특출한 능력이 없으면 관심에서 멀어지고 있지는 않는지 반성해 본다.

기능중심의 체육수업에서는 많은 학생들이 좌절과 실패를 경험함으로써 체육과 멀어지게 된다. 또한 기능이 우수한 학생들이 모두 바른 인성을 갖지도 않는다. 초등학교에서는 학생들에게 다양한 경험과 체험을 통해 흥미를 갖도록 하는 단계이다. 그런 의미에서 단편적인 기능과 게임중심의 체육수업은 지양되어야 하며, 체육활동이 지닌 본래의 참의미를 체험할 수 있도록 통합적 접근의 체육수업이 이루어져야 할 것이다. 그리고 무엇보다 우리가 기르고자 하는 학생상이 어떤 것인지를 다시 한 번 되새겨 보아야 한다. 바른 사람은 결코 저절로 만들어지지 않는다는 사실을 기억하고 교사의 관심과 열정을 바탕으로 학생의 변화에 관심을 집중해야 할 때이다.

13

뉴스포츠를 활용한 체육수업

Ⅰ. 들어가기

 킨볼과 플라잉디스크를 활용한 체육수업은 학생들의 참여와 관심을 불러일으키기에 충분하다. 다만 플라잉디스크로 던지기와 받기만을 한다면 학생들의 흥미와 참여는 낮게 드러날 것이다. 그렇다면 어떠한 활동모습을 보여야 하는가? 이 부분에 대한 관심이 모아져야 한다. 학생들은 관심과 동기가 유발되었을 때 학습활동에 지속적으로 참여하기 때문이다. 이러한 측면에서 현장의 교사들은 창의적인 학습환경과 참신한 장비의 마련에 관심을 집중해야 할 것이다. 킨볼과 플라잉디스크는 학생들에게 다양한 사고의 진작과 활동을 유발하는 유익한 교구로 장비의 활용과 관련하여 창의적인 체육수업에 대한 단서와 실마리를 제공하는 계기가 될 것이다. 뉴스포츠를 활용한 즐거운 체육수업이 교육적 가치를 발현하기 위해서는 교사의 전문성을 바탕으로 학생의 책무성을 지향해 나가는 체육교육에 대한 현직교사의 관심과 노력이 무엇보다 우선되어야 할 것이다.

Ⅱ. 협동하는 체육수업 킨볼

1. 킨볼 게임의 창안 배경

학생들은 스포츠 활동에 참여하기를 희망하고 다양한 체험의 기회를 갖는다. 하지만 과거의 경험을 돌이켜보면 실수나 능력의 부족으로 주변 학생들로부터 비웃음을 사거나 패배의 원인을 제공하여 빈축을 산 경험을 가지고 있을 것이다. 캐나다의 한 어린이가 10살 때 야구 게임에 참여하게 되었다. 수비를 하던 중 자신에게 공이 날아오고 있었는데 갑자기 햇빛에 눈이 부셔 공을 잡지 못하면서 야구공에 얼굴을 맞아 안경이 깨지게 되었다. 공에 맞아 너무 아팠는데, 주변 관중들의 웃음소리가 들리면서 너무나 창피함을 느끼게 되었다. '내가 무엇을 잘못했는데 웃음거리가 되었을까?'라는 생각을 가지게 되었고, 야구게임이 팀 경기라 하지만 개인의 실수가 관중의 야유를 받아 패배자의 느낌을 갖게 되면서 이 어린이는 '실패하지 않으면서 성공하는 게임은 없을까?'라고 생각을 했다.

축구게임에서는 학생들이 물고기가 몰려다니는 것처럼 떼를 지어 몰려다니는 광경을 보면서 '모두가 협동하는 게임이 없을까?'라는 고민을 했다. 농구 수업에서도 드리블과 슈팅 능력에 따라서 기능이 낮은 학생들은 농구 게임에서 소외를 당하는 것을 보고 '운동기능이 낮아도 함께 참여할 수 있는 게임은 없을까?', 배구 수업에서는 스파이크한 공을 리시버가 못 받아 얼굴에 맞아 고통을 호소하면서 배구 게임을 기피하는 광경을 보면서 '보다 안전한 게임은 없을까?'라는 생각을 하면서 새로운 종목을 창안하게 되었는데, 이것이 1984년 캐나다의 체육교사 마리오 뒤마에 의해 소개된 킨볼이다.

2. 킨볼 게임의 교육적 의미

킨볼은 협동, 존중, 참여의 세 가지 가치를 표방하는 운동이다. 모든 운동은 협동심을 배양한다고 하지만, 정작 한 사람의 실수로 인하여 게임의 승패가 결정되고 실수한 사람은 학생들로부터 빈축을 사는 경우가 많으며, 실제로 게임에서 일부의 운동 능력이 좋은 학생에 의해서 게임 결과가 결정되는 경우가 많다. 그러나 킨볼은 한 모둠을 4명으로 구성하여 3명의 선수가 혼자서는 잡을 수 없는 1.2m 크기의 킨볼을 손으로 받쳐 주고 나머지 한 명이 공을 쳐서 공격하는 게임이기 때문에 선수에 따라 기량의 차이가 있다 하더라도 반드시 4명이 실제적인 협동을 해야만 게임이 이루어지는 것이다.

운동의 가치는 스포츠맨십을 바탕으로 한 페어플레이에 있다. 킨볼 역시 학생과 심판의 판정을 따르는 존중의 가치를 실천하고 있는데, 모든 학생은 심판의 판정에 이의를 제기하지 않는 것이 원칙이다. 또한 세 모둠이 게임을 치르는 특이한 대진 방식이고, 공격 모둠이 나머지 수비 모둠에서 가장 점수가 높은 모둠을 부르고, 공격을 하면 호명된 모둠은 공이 바닥에 떨어지지 않도록 수비를 한 후 다시 공격해야 한다. 만일 수비 모둠이 공을 잡지 못하면, 공격한 모둠과 나머지 한 모둠이 동시에 점수를 획득하는 게임이다. 이는 세 모둠이어서 기량이 떨어지는 모둠이 있다고 하더라도 기량이 떨어지는 모둠만 공격하지 않으면서 이름이 불리지 않은 모둠도 점수를 획득하여 어느 순간에는 다른 모둠과 같이 높은 점수를 얻어 공격도 하고 수비도 하게 하는 게임 방식이다. 킨볼만의 독특한 세 모둠 대진 방식과 득점 방식은 모둠별 기량의 차이를 극복하고 게임이 끝나는 시간까지 세 모둠이 게임에 최선을 다할 수 있도록 하는 존중의 정신을 담고 있다.

끝으로 참여의 정신인데, 우리는 게임을 하는 과정에서 힘이 들면 모둠을 생각해서 더 많이 뛰어야 하지만 대부분의 상황에서는 덜 뛰는 경우가 많다. 그러나 킨볼에서는 우리 모둠이 수비에서 공을 잡으면 내가 아무리 힘들어도 우리 모둠이 있는 장소로 달려가 공을 받쳐 주거나 치는 역할을 해야지만 파울을 범하지 않기 때문에 반드시 활동의 주체로서 참여를 해야 한다.

3. 킨볼 게임에 필요한 장비

게임장의 크기는 체육관의 크기에 따라 달라지지만 21.4m×21.4m을 초과할 수는 없다. 선으로 게임장을 구획하게 되면 선들은 같은 색이어야 한다. 연속되어야 하고, 5cm(2inch)의 넓이를 가지고 있어야 한다. 공은 지름 1.22m(48inch)의 무게 0.9kg이며, 외피와 내피로 구분되면서 색상은 분홍, 검정, 회색의 3종류가 있으며, OMNIKIN에서 제작한 킨볼과 키드짐에서 제작한 펀볼이 게임에 적합하다.

〈그림 13-1〉 OMNIKIN의 킨볼 〈그림 13-2〉 키드짐의 펀볼

기타 장비로 세 모둠은 각기 다른 색의 조끼를 입어야 하는데 색상은 분홍색, 회색, 검정, 파란색 중에서 3가지 색을 선정하여 사용한다. 시간기록계는 모든 참가자와 관객이 잘 볼 수 있는 곳에 놓는다. 소리는 게임의 시작과 끝을 알려 준다. 이 소리는 시간기록계와 같거나 완전히 달라야 한다. 점수판은 IKBF 표준을 만족시켜야 하고, 모든 참가자와 관중이 볼 수 있는 곳에 놓아야 한다.

〈그림 13-3〉 점수판   〈그림 13-4〉 모둠조끼

4. 킨볼을 이용한 체육수업의 실제[5]

1) 핵심전술지도 계획

목표 진술	주요 활동	주요 활동 목표	핵심질문과 비판적 사고
볼 감각 익히기	•볼 전달 게임	•토스, 패스 선택 •힘 조절과 움직임	•공을 바닥에 닿지 않게 하기 위해서는?
공간 활용 움직임	•Tagball, Circle 피구 게임	•푸시, 킥 패스	•패스가 예상되는 코스는? •가장 빠른 패스는?
모둠 역할과 움직임	•4-volley, 2-volley 게임	•공간 수비 •수비 위치	•공격수의 위치는? •공을 갖고 있지 않은 수비수는? •수비수는 어디에 있어야 하는가?
경기재개	•hit에서 시작하는 게임	•패스, 캐치의 방법과 움직임	•패스와 캐치를 할 때 선수들의 움직임은?

2) 단원지도계획

차시	학습 내용	학습 자료	학습 형태	비고
1/10	동기유발 게임 1 - '감각 익히기'	킨볼(2), 모둠 조끼(4모둠)	스테이션식	
2/10	동기유발 게임 2 - '볼 전달 게임'	킨볼(2), 모둠 조끼(4모둠)	스테이션식	
3/10	움직임 게임 1 - 'Tag ball'	킨볼(2), 모둠 조끼(4모둠)	직접, 게임	
4/10	움직임 게임 2 - 'Circle 피구'	킨볼(2), 모둠 조끼(4모둠)	직접, 게임	

---

5) 『우리체육 5호』에 수록된 이경환 교사의 재미있는 킨볼 수업의 내용을 일부 수정하여 제시한 것이다.

차시	학습 내용	학습 자료	학습 형태	비고
5/10	네트형 게임 1 - '4 Volley'	킨볼(2), 모둠 조끼(4모둠)	직접, 게임	
6/10	네트형 게임 2 - '4 Volley'	킨볼(2), 모둠 조끼(4모둠)	직접, 게임	
7/10	네트형 게임 3 - '2 Volley'	킨볼(2), 모둠 조끼(4모둠)	직접, 게임	
8/10	토너먼트 게임 1 - '전술 1'	전술상황판, 기록지	시뮬레이션	
9/10	토너먼트 게임 2 - '전술 2'	전술상황판, 기록지	시뮬레이션	
10/10	토너먼트 게임 3 - '전술 3'	전술상황판, 기록지	시뮬레이션	

3) 차시별 수업활동소개

1~2차시: 볼 감각 익히기와 볼 다루기

수업 초기에 학생들이 킨볼에 대한 감각을 익히는 것이 무엇보다 중요하다. 학생들은 킨볼 경험을 한 바 없고 공이 일반 공보다 매우 크기 때문에 킨볼에 대한 감각을 익히는 수업이 필요하다. 교사는 다양한 형태의 공 익히기 게임을 창안해야 한다. 이 수업에서 창안한 볼 전달 게임 요령을 설명하면 우선 15명씩 한 모둠이 되어 일정한 간격을 두고 두 줄로 앉는다. 교사의 출발신호와 함께 학생들은 자신의 양팔로 킨볼을 빠른 속도로 앞에서 뒤로 전달하게 된다. 킨볼이 맨 뒤의 학생에게 전달되면 다시 그 공을 앞으로 빠르게 맨 앞의 학생에게 이동시켜 승부를 겨루는 게임이다. 두 번째 게임은 앞의 전달 게임과 전체적인 요령은 유사하지만 다른 점이 있다면, 학생들이 누운 상태에서 허리를 양손으로 받치고 다리를 하늘 높이 든 상태에서 다리로 공을 옆의 학생에게 전달하는 게임이다. 이때 같은 모둠의 보조 학생이 필요한데 이 학생의 역할은 공이 대형을 이탈할 경우 공을 주어 다시 대형으로 보내게 된다. 이 게임도 볼 전달게임 1과 같은 방식으로 승부를 겨룬다. 마지막으로 릴레이 게임도 있다. 끝으로 볼 전달 게임 3의 유형은 육상단거리 달리기처럼 한 학생이 일정거리를 볼을 들고 달리고 와서 다음 주자의 학생에게 공을 넘겨주면 다시 공을 넘겨받은 학생이 다시 정해진 거리를 공을 들고 뛰는 게임이다.

〈그림 13-5〉　　　　　　〈그림 13-6〉　　　　　　〈그림 13-7〉
볼 전달 게임 1　　　　　볼 전달 게임 2　　　　　볼 전달 게임 3

이러한 게임은 경쟁의 요소가 가미된 게임이긴 하지만 일반 경쟁 게임과 달리 모둠원끼리 협동을 해야만 승리할 수 있는 특징이 있다. 이 게임들은 킨볼에 내재된 협동, 참여의 즐거움, 배려의 철학을 잘 반영한 게임의 특징을 보인다.

3~4차시: Tag Ball 게임, Circle 피구

1차시와 2차시의 수업이 공과 친해지기였다면 3차시와 4차시의 수업내용은 학생들이 킨볼 수업에 대한 흥미와 재미를 유발하기 위해 구성되었다. 이 수업은 킨볼을 통한 다양한 수업내용을 통해, 재미와 체력을 동시에 기를 수 있도록 구안되었다. 수업내용을 자세히 설명하면, 우선 Tag Ball 게임은 미리 그려진 두 개의 원 위에 학생들이 빙 둘러서 있게 된다. 술래인 학생이 원 안으로 들어간다. 원을 둘러서 있는 학생들이 협동하며 킨볼을 굴리고 원 안에 있는 한 명의 학생(술래)이 그 볼을 쫓아다니며 킨볼을 잡는 게임이다. 게임 도중 공을 잡으러 다니는 술래 학생이 공을 잡게 되면 그 공을 잡는 데 원인을 제공한 학생은 역할을 바꾸어 원 안으로 들어가 다시 킨볼을 잡으러

원을 달려야 한다. 킨볼을 굴리는 학생이 실수하여 술래를 하는 학생이 공을 잡게 되면, 그 학생과 역할을 교대한다. 게임 시간은 교사가 상황에 따라 변화시키면 된다. 아울러 Circle 피구게임은 15명의 학생이 원을 그리며 서 있게 된다. 그 안에는 같은 수의 학생이 있고 원을 그리며 서 있는 학생들이 킨볼을 굴려 원 안에 있는 학생을 맞히게 되면 해당 학생은 밖으로 나와야 한다.

〈그림 13-8〉 Tag Ball 게임 1　　　〈그림 13-9〉 Circle 피구게임

일정 시간을 정해 놓고 게임을 하고 시간이 종료되면 서클 안에 남아 있는 학생 수로 승부를 겨루거나 일반적인 피구게임의 경기규칙을 적용하면 된다. 이 게임 역시 학생들의 협동이 매우 중요하며 여학생들을 게임에 적극적으로 참여시킬 수 있는 게임이다.

5~7차시: 4-Volley, 2-Volley 협동 게임

이 수업내용은 킨볼 게임을 위한 기본적인 기술을 습득하는 과정이다. 킨볼 게임에 필요한 기술은 기본적인 타격과 리시브가 있다. 하지만 지금까지 교사들이 선호했던 전통적인 지도방식을 적용할 경우, 학생들이 수업에 대한 동기를 상실할 수 있기 때문에 게임중심의 수업을 실행하게 되었다. 학생들이 게임을 통해 이런 기본적인 기술들을 학습할 수 있도록 게임의 규칙을 변형하여 게임을 구조화한다면 학생들은 자연스럽게 킨볼에 필요한 기술들을 습득할 수 있게 된다. 본 수업에서 고안된 변형게임은 배구형의 게임을 모태로 하였다.

〈그림 13-10〉	〈그림 13-11〉	〈그림 13-12〉
4개 모둠 배구 게임	2개 모둠 배구 게임	운동장 수업 장면

이 게임은 네트를 사이에 두고 실시하기 때문에, 공격 모둠이 킨볼을 타격할 경우 일정 높이를 유지해야 실점을 하지 않기 때문에 학생들의 기본적인 타격기술을 습득하는 데 도움이 되었다. 또한 수비 모둠은 네트를 넘어 비행하여 오는 킨볼을 모둠원이 잡아야 하기 때문에 역시 리시브 기술을 습득하는 데 도움이 된다.

두 번째로 실행된 게임은 배드민턴 네트를 크로스로 치고 네 모둠이 함께 게임을 한다. 이 게임을 고안한 이유는 공간에 대한 개념을 습득하며 적절한 공격 공간을 선택하도록 하기 위함이다. 변형게임들은 학생들이 실제게임에 필요한 전술적 개념을 이해할 수 있도록 해주었고, 이전에 지루하게 느끼고 있었던 기술연습을 재미있게 참여하게 해 주는 기능을 해 주었다. 교사가 킨볼의 정식 경기 규칙을 약간 변형하여 적용하는 것이 효과적이다.

8~10차시: 킨볼 모둠 게임(토너먼트) 리그

킨볼 게임수업에서는 다양한 전술을 학생들이 이해하고 실제 게임에서 전술문제가 발생하면 적절한 의사결정과 기술을 통해서 그 문제를 해결할 수 있도록 수업을 구안하였다. 정식 킨볼경기의 경기규칙을 적용하였고, 토너먼트식 게임을 실행하였다. 여학생과 남학생이 한 조가 되어 게임을 실행하게 되면 처음 게임에서는 약간의 눈치 보기가 있어 참여가 활발하지 못했지만 게임 중반에 들어가면서 이 과정에서 학생들은 게임에 대한 매력에 흠뻑 빠져들었다.

하지만 교사가 반드시 잊지 말아야 할 것은 협동적인 활동을 제안하는 킨볼 게임이 지나치게 경쟁활동으로 일관하다 보면 킨볼 게임이 지향하는 철학(참여, 배려, 협동)이 훼손되고 교육적 의미가 축소될 가능성이 크다. 교사가 이런 점을 고려하면서 학생과 학교 수업환경의 특성을 이해하여 킨볼 수업을 구안한다면 학생들은 다양한 경험을 할 수 있을 것이다.

〈그림 13-13〉 게임 진행 기록원 〈그림 13-14〉 토너먼트 게임 1 〈그림 13-15〉 토너먼트 게임 2

4) 평가시트

단체운동	단원	킨볼(KIN BALL)	
평가목표	킨볼의 다양한 경기규칙을 이해하고 페어플레이를 할 수 있다.		
평가문항	4~8인이 1모둠으로 구성된 각 모둠은 정해진 대진표에 따라 각 경기장에서 게임을 실시하시오.		
평가방법	4~8인으로 구성된 각 모둠은 대진표의 결과에 따라 게임의 리그전에 참여하고 각 모둠에는 게임의 결과에 따라 이긴 모둠에는 승점 2점, 진 모둠은 0점, 무승부의 경우 양 모둠 모두에 1점을 부여하여 모든 게임이 종료된 후 승점에 따른 순위를 결정하고 순위에 해당하는 등급별 배점을 부여한다.		
배점	20점		

	평가기준	등급별 배점	비고
모둠 점수	1위 모둠	20	
	2위 모둠	18	
	3위 모둠	16	
	4위 모둠	14	
	경기에 참가하지 않은 학생	12	

Ⅲ. 자율성과 책무성을 부여하는 플라잉디스크

즐거운 체육수업은 멀리 있는 것이 아니라 교사의 관심과 역할에 달려 있다. 하나의 교구를 가지고 하나의 활동만을 진행하기보다는 학습자의 흥미를 고려한 다양한 형태의 활동으로 나타날 때, 수업의 활력소는 만들어진다(고문수, 2008; 고문수, 2010). 플라잉디스크를 활용한 체육수업은 숫자판 맞히기, 퍼팅게임, 어프로치게임, 디스크골프 등 다양한 형태의 게임으로 진행할 수 있다. 숫자판 맞히기는 플라잉디스크로 일정한 거리(3~5m)에 있는 숫자판 보드에 던져서 맞힌 숫자의 합을 모둠별로 계산하는 학생팀성취배분(STAD)이나 모둠별 등수끼리 비교하여 점수를 제공하는 체급별 게임인 팀게임토너먼트

나. 플라잉디스크 수업의 교육적 가치

1) 체력과 건강증진

플라잉디스크를 활용한 게임은 걷기 운동에 적합하다. 미 보건성은 5세에서 18세 사이의 청소년들에게 매일 최소 60분 동안 평이하고 활력적인 활동을 권장하고 있다. 다른 여러 나라 정부 기관들도 건강한 생활을 유지하기 위해 매일 만보를 걷기를 권장한다. 플라잉디스크를 활용한 디스크골프에서 9홀 라운딩은 60~90분 정도 소요되는데, 이는 5천 보에서 8천 보의 걷기 운동이 자연스럽게 이루어진다. 이처럼 디스크골프는 건강을 유지할 수 있어서 매력적이다. 디스크골프는 근력강화에도 효과가 있다. 순간적인 스피드가 필요하기 때문에 다리, 팔, 어깨, 허리 등의 근력이 고르게 강화된다.

2) 다이어트효과

플라잉디스크를 활용한 게임은 무산소운동과 유산소운동을 동시에 즐기는 효과가 있을 뿐 아니라 상체와 하체가 고르게 발달하여 S라인을 만들기 때문에 다이어트 효과도 무시할 수 없다. 개인별로 체력에 따라 가볍게 시작하고 점차 수준을 높여 가며 체력을 단련할 수 있어서 쉽게 접근할 수 있는 다이어트 운동이라는 점이 큰 매력이다. 지속적으로 운동을 하게 되면 나이가 든 사람들도 운동 능력이 향상되어 육체적인 부상을 방지하는 데 도움이 된다.

3) 공정성 · 정직성 함양

플라잉디스크를 활용한 게임 중 디스크골프에서 점수는 각 경기자의 양심에 따라 기록된다. 경기자는 스스로 엄격히 규칙을 따르면서 공정하고 정직한 심성에 눈을 뜨게 된다. 특히 어린이들이 이 운동을

접하게 되면 평생을 살아갈 공정성과 정직성을 기르는 데 좋은 계기
가 될 수 있다.

4) 집중력과 끈기

플라잉디스크를 활용한 디스크골프는 흐트러짐이 없는 집중력을
요구하며 실패에도 흔들리지 않고 심리적으로 무너지지 않는 강인한
정신력을 요구한다. 샷을 다듬고 목표물에 집중해야만 좋은 성적을
거둘 수 있고 실력도 향상되므로 집중력과 끈기가 자연스럽게 길러
진다. 집중력과 끈기를 필요로 하는 학생들에게 좋은 운동이다.

5) 리더십 기르기

플라잉디스크를 활용한 디스크골프는 개인의 점수가 중요한 개인
운동이지만 모둠을 이루어 경기를 하는 경우가 많다. 따라서 모둠 안
에 리더의 역할이 필요하다. 대개 먼저 던지는 이가 경기 규칙을 설
명하고 룰을 적용할 때 중요한 역할을 수행한다. 좋은 리더가 있는
모둠에는 경기가 매끄럽게 진행이 되는 것을 볼 수 있다. 디스크골프
에서는 이 같은 리더의 역할을 경기자가 번갈아 가며 하는 기회가 있
으므로 리더십 함양에 많은 도움이 된다. 특히 어린 학생들은 자연스
럽게 디스크골프를 즐기는 가운데 공정하고 통합적으로 판단하며 조
직을 통합할 수 있는 리더십을 함양할 수 있다.

6) 배려와 존중의 스포츠

플라잉디스크를 활용한 디스크골프는 티패드의 위치를 달리하거
나 핸디캡을 적용함으로써 장애우나 약자를 배려하며 어울릴 수 있
는 운동이다. 따라서 사회적 약자를 배려하며 그들과 더불어 함께하
는 문화적 태도가 싹트게 된다. 또 상대방의 게임을 방해하는 것이

아니라 상대방이 정신을 집중할 수 있도록 정숙을 유지하는 등 타인을 배려하는 문화도 기대할 수 있다. 디스크골프게임의 룰에 배어 있는 에티켓을 통해 상대방을 존중하는 분위기를 익숙하게 되며 자연스럽게 성숙한 선진 시민 문화를 학습하는 효과가 있다.

7) 환경 보호 효과

플라잉디스크를 활용한 디스크골프 코스는 학교, 병원, 유원지, 수련원, 호텔, 각 지방자치단체가 관리 운영하는 공원 등에 규모에 맞게 설치할 수 있다. 설치 시 주어진 여건을 그대로 이용하므로 환경을 훼손할 필요가 없다. 나무를 베어 내지 않고도 코스를 설계할 수 있고, 잔디를 관리하기 위해 환경에 유해한 농약 등을 뿌릴 필요도 없어서 환경 친화적일 수밖에 없다. 룰에서 주변 환경을 보호하도록 규정하는 것도 이 스포츠가 환경에 대한 중요성을 자각하고 있음을 보여 준다.

8) 미래 스포츠

플라잉디스크를 활용한 디스크골프는 누구나 쉽게 접근할 수 있는 미래 스포츠다. 학교나 공원 등에 설치되어 있는 코스에 진행되는 디스크골프는 디스크의 비행이나 운동 형태 등에서 흥미를 유발할 수 있는 요소가 많다. 건전하고 재미있게 국민들의 체력을 향상하고 건전한 정신을 함양하는 데 큰 효과가 있어 선진국에서는 보급을 강조하고 있는 추세이다. 이러한 추세로 우리나라에서도 근린생활 공원 등에 상설코스가 늘어날 것이며 전 국민이 즐길 수 있는 미래 스포츠로 각광을 받을 것으로 예측된다.

다. 디스크를 잡는 법(Grip)

디스크를 잡는 방식은 손가락을 펴고 굽히는 방식에 따라 백핸드 그립, 포핸드 그립, 업사이드다운 그립 등 크게 세 가지로 나뉘어진다.

1) 백핸드 그립

백핸드 그립법
엄지손가락은 원반의 윗면에 두고 나머지 네 손가락은 원반의 아랫면에 위치하도록 한다. 컨트롤 그립과 파워 그립 모두 엄지의 위치는 동일하다.

펼친 손바닥을 시계로 생각해 중지 쪽을 12시, 손목 쪽을 6시로 놓고 보았을 때, 1시와 7시 반 사이에 가상의 선을 그어 이곳에 디스크 날을 붙여 잡는다. 이렇게 잡았을 때 엄지손가락은 디스크의 앞면에 밀착이 되고 나머지 네 손가락은 디스크 뒷면 테두리와 뒷면 바닥의 경계면에 나란히 밀착된다. 네 손가락의 지문이 테두리에 닿도록 잡는다. 이렇게 잡은 상태로 엄지손가락을 디스크의 테두리와 동심원 쪽으로 움직여 보면 엄지손가락이 위치할 가장 안정적인 곳을 찾을 수 있다. 꽉 잡은 상태가 많은 힘을 내서 멀리 던지기 위한 '파워 그립'이 되고, 약지와 중지를 테두리가 아닌 바닥 면에 붙이면 '컨트롤 그립'이 된다. '컨트롤 그립'은 파워 그립에 비해 디스크를 조절하기가 더 쉽다는 장점이 있지만 더 멀리 던지는 데는 불리하다.

컨트롤 그립법
네 손가락 모두 사진과 같이 편안한 느낌으로 원반의 아랫면에 오도록 한다. 컨트롤 그립은 주로 가까운 거리나 정확도를 요구하는 던지기에 사용된다.

파워 그립법

파워 그립은 네 손가락의 첫마디를 모두 원반의 림 안쪽 면에 닿도록 감싸 쥔다. 컨트롤 그립보다 힘을 주어 잡아 준다. 그렇다고 너무 무리하게 힘을 주어 잡아 주면 던지는 순간 원하는 순간에 놓지 못하게 되므로 주의한다.

2) 포핸드 그립

포핸드를 던질 때 디스크를 잡는 방식이다. 엄지와 검지 사이에 디스크를 밀착해 끼운다. 중지와 검지를 서로 붙여서 편 상태에서 디스크 뒷면 테두리와 바닥 면 경계 면에 중지를 단단히 밀착시키면 엄지와 함께 디스크를 잡고 있는 상태가 된다. 약지와 새끼손가락은 서로 붙인 상태에서 약지로 테두리를 받친다.

포핸드 그립법　　포핸드 그립법 1　　포핸드 그립법 2

포핸드 그립법

엄지손가락을 디스크 윗면에 자연스럽게 둔다. 포핸드 그립법 1, 2 중 본인에게 편한 것을 이용하면 된다. 왼쪽 사진과 같은 방식 외에 몇 가지 포핸드 그립법이 더 있지만 가장 대표적인 것만 소개하였다.

3) 업사이드다운 그립

업사이드다운으로 던질 때의 그립은 두 가지 방식이 있다. 첫째는 엄지와 검지 사이에 디스크를 끼워 잡는데 엄지의 지문 부분이 디스크 뒷면에 위치해 디스크 테두리 벽면과 바닥 면의 경계를 누르게 된다. 검지는 디스크 뒷면과 테두리를 받친다. 검지의 중간 마디가 디스크 날을 받치게 하는 것이 요령이다. 중지, 약지, 소지손가락은 서로 붙인 상태에서 주먹을 쥐듯 하면 그립이 완성된다. 이렇게 쥐고 하늘을 향해 높이 던지면 디스크가 뒤집힌 채 날아간다. 힘을 주고 던져도 목표물에서 멀리 날아가지 않는 장점이 있다.

업사이드다운
그립법

업사이드다운
그립법 1

업사이드다운
그립법 2

라. 디스크를 던지는 법

1) 오른손 백핸드 드로우

가) 두 팔을 몸통에서 늘어뜨린 상태에서 어깨 너비만큼 발을 벌리
고 무릎을 약간 구부려 자연스럽게 던진다. 우측 어깨선이 타
깃과 일직선이 되도록 한다.

나) 왼쪽 무릎을 고정한 상태에서 몸통을 시계 반대 방향으로 튼
다. 무게 중심이 왼쪽으로 옮겨 가고 오른발은 몸이 시계 방향
으로 틀리면서 앞꿈치는 지면에 붙어 있고 뒤꿈치만 들리면서
오른쪽 무릎이 왼쪽 무릎을 향해 딸려간다. 동시에 오른팔은
몸통이 돌아가는 속도에 맞추어 어깨 높이로 들어 올려 타깃과
정반대 방향으로 똑바로 편다.

다) 오른발은 원래 상태로 되돌아가고 틀어진 몸통도 원상태로 돌
아온다. 무게 중심이 오른쪽 발로 이동하며 오른발이 중심축이
된다. 오른팔은 자연스럽게 몸통을 따라가는데, 주의할 점은
팔꿈치를 몸통이 풀리는 단계에 맞추어 구부려 줌으로써 디스
크를 타깃 방향과 일직선상에서 이동하게 해야 한다는 점이다.

라) 오른발이 중심축이 되고 원상태로 돌아온 몸통이 더 돌아 타깃
방향으로 향하게 된다. 굽혀진 팔이 펴지지만 이번에는 손목을
구부려 디스크는 일직선 이동을 계속한다. 팔이 일직선으로 펴

지면서 구부려진 손목의 스냅이 들어가며 디스크를 뿌린다.

마) 디스크가 손을 떠나는 순간 폴로 업이 이어진다. 몸통이 회전하며 오른 팔은 쭉 뻗은 채로 계속 돌고 왼팔은 오른팔과 대칭을 이루어 따라 돈다. 오른발은 회전축이 되어서 경기자의 무릎에 부담이 가지 않도록 한다. 동작이 끝나면 왼쪽 어깨가 타깃을 향한 상태로 선 자세가 된다.

2) 오른손 포핸드 드로우

가) 두 팔을 몸통에서 늘어뜨린 상태에서 어깨 너비만큼 두 발을 벌리고 무릎을 약간 구부려 자연스럽게 선다. 좌측 어깨선이 타깃과 일직선이 된다.

나) 오른쪽 무릎을 고정한 상태에서 몸통을 시계 방향으로 튼다. 무게 중심이 오른쪽으로 옮겨 가고 몸이 시계 반대 방향으로 틀리면서 왼발 앞꿈치는 지면에 붙어 있고 뒤꿈치가 들리면서 왼쪽 무릎이 오른쪽 무릎 쪽으로 딸려간다. 동시에 오른팔은 몸통이 돌아가는 속도에 맞추어 어깨높이로 들어 올려 타깃과 정반대 방향으로 똑바로 편 상태가 된다.

다) 왼쪽 발꿈치가 원래 상태로 되돌아가서 지면에 붙게 되고 몸통도 원상태로 돌아간다. 무게 중심이 왼발로 이동하면 왼발로 무게 중심이 옮겨 간다. 오른팔은 자연스럽게 몸을 따라간다. 디스크를 일직선으로 이동하기 위해 팔꿈치가 접히면서 몸통에 붙어서 몸통과 같이 돌아가고 손목도 디스크의 일직선 이동을 돕기 위해 젖혀진 상태이다.

라) 굽혔던 팔꿈치가 펴지고 손목이 최대로 꺾인 상태에서 손목의 스냅이 들어간다. 왼쪽 발꿈치는 완전히 펴지고 무게중심이 왼발에 놓이게 된다. 앞가슴이 타깃을 향하게 된다.

마) 디스크가 손을 떠나는 순간 폴로 업이 이어진다. 몸통이 시계 반대 방향으로 회전하면 오른손은 쭉 뻗은 상태에서 돌고 왼팔은 오른팔과 균형을 맞추어 시계 방향으로 돈다. 왼발이 회전축이 되어서 경기자의 무릎에 부담이 가지 않도록 한다. 동작이 끝나면 오른쪽 어깨가 타깃을 향한 상태로 선 자세가 된다.

3) 업사이드다운

업사이드다운 그립을 한 후 몸을 뒤로 젖힌 상태에서 공중으로 던져 주는 방식이다. 디스크는 날아가면서 뒤집히는 것이 정상이다. 디스크가 이렇게 뒤집혀 날아가는 것을 업사이드다운이라고 한다. 던지는 순서는 ① 오른손에 디스크를 업사이드다운 그립을 잡는다. 왼발을 앞으로 내밀고 오른손의 디스크를 뒤로 젖힌다. 이때 오른발에 무게 중심이 있고 왼팔은 목표를 가리키고 몸을 뒤로 젖힌 상태이며 오른 팔꿈치는 굽히고 손목은 젖혀지게 된다. ② 팔꿈치를 펴고 손목에 강한 스냅을 주면서 디스크를 날려 보낸다. 젖혀졌던 상체는 용수철처럼 원상 복귀한다.

원반을 수평이 아닌 수직으로 세워 뒤로 빼 준다. 원반의 바깥쪽, 즉 윗면이 지면 쪽으로 향하게 약간 기울여 주는 것도 요령이다.

팔을 머리 위로 올려 주며 팔꿈치를 펴기 시작한다.

원반의 윗면이 아래를 향하며 비행해야만 한다. 따라서 원반의 윗면을 지면을 향할 수 있는 각도를 본인 스스로 찾아야 한다.

2. 플라잉디스크를 활용한 체육수업

가. 플라잉디스크로 숫자판 맞히기

학생들은 플라잉디스크를 활용한 숫자판 맞히기 게임을 하면서 개인의 기량 향상은 물론 모둠원들과 협동하는 방법을 익힐 수 있다. 모둠원들과의 협동을 위해서는 협동학습의 구조인 학생팀성취배분(STAD)과 팀게임토너먼트(TGT)를 활용하면 된다.  숫자판 맞히기 게임은 첫째, 숫자판으로부터 4m 거리에 던지는 출발 라인을 긋는다. 둘째, 모둠원들은 순서를 정하여 플라잉디스크를 던져 높은 숫자 맞히기에 도전한다. 셋째, 3차 시도를 하면서 숫자판에 맞힌 숫자를 기록지에 기록한다. 넷째, 모둠장은 모둠원들의 합을 합계란에 기록한다. 이 게임에서는 목표물에 끝까지 집중하고, 플라잉디스크를 가볍게 던질 수 있도록 하며, 모둠원들이 모두 플라잉디스크를 던질 때까지 숫자판이 있는 곳으로 들어가지 않도록 한다.

나. 플라잉디스크로 퍼팅게임 하기

학생들은 플라잉디스크를 활용한 퍼팅게임을 통해 집중력과 거리감을 익힐 수 있다. 구체적인 게임을 위해서는 첫째, 디스캐처로부터 1m, 3m, 5m 거리를 라인기의 선 또는 라바콘으로 표시한다. 둘째, 모둠별로 순서를 정하여 연습하다가 교사의 안내에 따라 퍼팅게임을 실시한다. 셋째, 거리별로 두 번 도전하여 성공의 횟수를 기록한다. 넷째, 성공한 학생과 성공하지 못한 학생이 서로 상호 작용할 수 있도록 한다. 특히 퍼팅게임에서는 몸의 중심을 앞쪽의 발에 옮겨 놓고,

목표물에 집중하여 플라잉디스크를 던지도록 한다. 그리고 모둠원이 플라잉디스크를 모두 던질 때까지 홀(디스캐처) 안으로 들어가지 않도록 한다.

다. 플라잉디스크로 어프로치게임 하기

어프로치게임에서는 한 번에 던져 넣기보다는 목표물(디스캐처) 가까이에 붙인다는 생각으로 던지도록 하고, 모둠원이 모두 던질 때까지 앞으로 나가지 않는다. 이 게임은 첫째, 디스캐처 주변에 크기가 다른 원 3개를 그린다. 둘째, 그려진 원마다 각기 다른 점수를 부여하여 학생들이 홀(디스캐처) 근처로 3회 어프로치한다. 셋째, 디스캐처로부터 20m 되는 지점에 시작 티 라인을 설치한다. 넷째, 모둠원들이 돌아가면서 플라잉디스크를 던져 가장 작은 원에 들어가면 3점, 다음 원에 넣으면 2점, 홀로부터 거리가 먼 큰 원에 넣으면 1점을 부여한다. 다섯째, 개인별로 기록한 점수를 모둠원들의 점수와 합산하여 모둠점수로 기록한다.

라. 플라잉디스크를 활용한 체육수업 내용[6](예시)

플라잉디스크 던져 넣기	플라잉디스크로 표적 맞히기
1) 디스캐처를 향해 2) 디스크 위아래로 3) 디스크 토스 4) 디스크 슈팅 5) 디스크 상자 6) 디스크 후프 7) 디스크 3종 경기 8) 디스크 코트 속으로 9) 디스크 이어 던지기 10) 디스크 런 11) 다양한 표적을 활용한 디스크	1) 보자기(티셔츠) 맞히기 2) 페트병 맞히기 3) 무지개 제거하기 4) 플라잉디스크 문장 만들기 5) 플라잉디스크 수식 만들기 6) 신문지 봉 맞히기 7) 플라잉디스크로 콘 맞히기 8) 플라잉디스크 주사위 놀이
플라잉디스크 목표물 통과하기	**전통놀이와 플라잉디스크의 만남**
1) 허들 통과하기 2) 숫자판 통과하기 3) 늑목 통과하기 4) 후프(링트래블러) 통과하기 5) 나무(기둥) 사이로 통과하기 6) 나뭇가지 사이로 통과하기 7) 플라잉디스크 페널티킥 8) 표적 뒤에서 플라잉디스크 던져 통과하기 9) 장애물 넘어 던지기 10) 플라잉디스크 왕복 통과하기 11) 연속한 표적 통과하기 12) 종합 장애물 통과 게임하기	1) 플라잉디스크 윷놀이 2) 플라잉디스크 투호 3) 플라잉디스크 비석치기 4) 플라잉디스크 땅따먹기 5) 플라잉디스크 사방치기 6) 플라잉디스크 국궁놀이

3. 디스크골프의 실제

가. 디스크골프게임 전략

디스크골프게임에서는 목표물에 집중하고 한 번에 던져 넣기보다는 플라잉디스크를 목표물에 가까이 붙인다는 생각으로 던지면 타수를 줄이는 데 도움이 된다. 디스크골프게임은 첫째, 모둠별로 2홀 게

---

6) 플라잉디스크를 활용한 체육수업은 고문수 외 5인(2010)의 『플라잉디스크를 활용한 체육수업』의 내용 중에서 학교 현장에 적합한 주제들을 선정하여 제시한 것이다.

임을 실시한다. 둘째, 1홀은 각 모둠별로 정해진 장소에서 홀(디스캐처)에 플라잉디스크를 던져 넣는다. 셋째, 2홀은 티패드에서 일정한 위치에 놓여 있는 홀(디스캐처)에 플라잉디스크를 던져 넣는다. 넷째, 모둠별로 활동결과를 스코어카드에 기록한다. 다섯째, 모둠장은 모둠원들과 함께 모둠원들의 순위를 기록한다.

나. 3홀 게임

전략적인 접근(최소한의 타수)으로 골프경기(3홀 경기)를 수행하기 위한 방법은 다음과 같다. ① 학생들에게 디스크골프 경기 규칙과 용어에 대한 선행학습이 이루어지면 더욱 효과적이다. ② 규칙을 준수하고, 디스크골프의 예절을 지킬 수 있도록 지도한다. ③ 골프를 통해 학생들이 집중력을 발휘할 수 있도록 한다. ④ 활동기록지를 이용하여 자신의 점수나 모둠의 점수를 기록한다. ⑤ 운동장이 작거나 장소가 협소하다면 반환점을 이용하여 코스를 설계할 수 있다. ⑥ 나무나 축구골대 등의 장애물을 이용하면 더욱 흥미로울 수 있다.

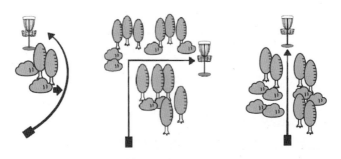

〈그림 13-16〉 디스크골프 코스

주의사항으로는 ① 학생들의 수준을 고려하여 모둠을 편성하도록 한다. ② 핸디캡을 적용하여 기능이 부족한 학생들이 포기하지 않도

록 한다. ③ 부정행위를 한 경우에는 모둠에 페널티를 부여한다(예: 2
벌타).

디스크골프 기록지																		
Hole	1	2	3	4	5	6	7	8	9	10	11	12	13	14	15	16	17	18
Par	4	4	5	3	4	4	5	3	4	4	4	3	5	4	5	4	3	4
Score																		
Total																		

〈그림 13-17〉 디스크골프 기록지 양식

Ⅳ. 교육적 가치를 제공하는 체육수업을 기대하며

킨볼과 플라잉디스크를 활용한 체육수업의 성패는 교사의 책무성
에 달려 있다. 킨볼과 플라잉디스크를 활용한 다양한 교수·학습 형
태는 학습자의 참여를 극대화하는 데 도움을 제공한다(고문수, 2010).
이 중 체육수업에서 교수·학습 자료로 플라잉디스크를 활용한 디스
크골프에 참여한 한 학생의 체육일기를 통해 체육수업의 가치를 확
인해 보자.

디스크골프를 하면 할수록 체육수업이 재미있어진다. 이렇게 재미있는
수업은 처음이다. 디스크골프는 나에게 흥미를 갖고 체육수업에 참여하
게 만든다. 선생님의 말씀처럼 던지기 수업에서 공만을 던지는 것이 아
니라, 플라잉디스크를 던질 수도 있고, 구역을 정해 놓고 얼마나 멀리 던
지는 것도 중요하지만 목표에 얼마나 가까이 던지느냐 하는 것도 중요
하다는 사실을 알게 되었다<성진이의 체육일기/2009.11.9>.

지금까지 학교 체육수업을 보면 학습자의 관심과 괴리된 부분이 나

타나고 있음을 부인할 수 없다. 학생들의 신체활동을 통한 심동적·인지적·정의적 가치는 저절로 만들어지는 것이 아니다. 교사가 의도적이면서도 계획적으로 준비하여 학생들에게 제공할 때만이 구체적인 실현으로 다가갈 것이다. 학생들에게 새로운 참신한 수업 교구가 도입된 체육수업이 제공될 때 체육교육의 가치가 극대화되고 학습자의 참여가 높게 진작될 것이다. 미래의 체육수업은 다양하고 체계적인 수업내용의 개발과 보급에 끊임없는 노력과 관심을 기울여 학습자가 체육수업에 즐겁게 참여하고, 신체활동의 가치를 습득하는 계기를 제공해야 한다(고문수, 2010).

Chapter **04**

체육수업 개선을 위한 노력

14

체육수업 개선을 위한 글쓰기

주제1. 학생의 동기유발과 과제 행동의 지속화 방안

학생들이 체육수업에 몰입하는 이유는 무엇인가? 그것은 바로 신체활동에 포함된 재미요소 때문일 것이다. 재미요소는 학생들을 신체활동에 오랫동안 머물도록 이끈다. 학생들은 활동에 참여하는 가운데 신체활동의 가치를 얻게 된다. 그런데 기존 학교 체육수업에서 제공된 활동들은 학생들이 흥미를 유지하는 데 부족함이 너무 많았다. 수업활동에 대한 교사의 준비성도 부족하였지만, 그 활동이 너무 단순하고 학생들의 호기심을 불러일으키기에 부족함이 많이 내포되었다. 따라서 이를 보완하기 위해서는 창의적인 수업환경과 내용의 개발이 시급한 상황이다. 만약 학생들이 경험하는 내용이 참신하고 교육적 가치를 내포하고 있다면, 학생들의 참여에 유인가가 될 수 있다. 또한 학생들은 자신의 활동에 무엇이 잘되고, 무엇이 잘못되어 가고 있는가를 알게 된다면 성공적인 수행의 결과를 습득하기 위해 자신이 더욱더 노력할 것이다. 이러한 측면에서 창의적인 수업환경의 조성과 프로그램의 개발 및 학습자의 운동수행의 결과로 제시되는 피드백은 수업활동의 지속화 방안으로 끊임없이 연구되어야 할 것이다.

가. 수업환경의 조성과 신체활동 프로그램의 개발이 시급하다

교사들은 학습환경에 적합하도록 학습활동을 고안하거나 부족한 교수·학습 자료, 시설 그리고 장비에 어울리도록 활동을 변화시켜야 할 의무가 있다. 하지만 일부 교사는 그들이 직면한 현실에 적응하기만 하고 창의적인 학습환경을 만들려는 생각이나 의지가 부족한 경향을 보인다. 전문적인 교사들은 효율적인 학습환경을 학생들에게 제공할 목적으로 교실환경을 변화시키고 수정해 나간다. 효율적인 체육수업을 하기 위해서는 교수활동에 필요한 자료를 신속하게 준비해야 한다. 물론 수업내용에 따른 자료의 활용능력과 준비에도 관심을 기울여야 한다. 그리고 학생들에게 호기심을 불러일으킬 수 있는 다양한 교수·학습 자료와 학교 체육시설을 현대적이고 참신한 체육시설로 교체할 필요가 있다. 체육수업에서 교수·학습 자료로 킨볼, 태그플래그, 패드민턴, 디스크야구, 도지비피구, 디스크골프, 플로어볼 등을 통해 학생들이 다양한 도전활동과 경쟁활동에 참여할 수 있는 유인가 제공해야 한다.

처음에 디스크골프라는 말을 들었을 때, 많이 의아하게 생각하였다. 뭐 체육수업에 '이런 것이 다 있나 하는 생각이었다. 디스크골프를 하면 할수록 체육수업이 재미있어진다. 디스크골프는 나에게 흥미를 갖고 체육수업에 참여하게 만든다. 선생님의 말씀처럼 던지기 수업에서 공만 던지는 것이 아니라, 플라잉디스크를 던질 수도 있고, 구역을 정해 놓고 얼마나 멀리 던지는 것도 중요하지만 목표에 얼마나 가까이 던지느냐 하는 것도 중요하다는 사실을 알게 되었다<성진이의 체육일기/2009. 11. 09>.

퍼팅

퍼팅 시 에티켓

숫자판 통과하기

〈그림 14-1〉 디스크골프 수업 장면

학생들이 신체활동의 결과로 심동적·인지적·정의적 가치를 쉽게 얻을 수는 없다. 교사가 의도적이고 계획적으로 준비하여 학생들에게 제공할 때만이 가치의 실현에 한 걸음 다가갈 수 있기 때문이다. 또한 초등학교 체육수업에서는 다양하고 체계적인 수업내용의 개발과 보급에도 관심을 기울여야 한다. 학교별로 수업내용 전문가 집단을 구성하여 학생들이 흥미도를 고려한 다양한 수업 모형, 개인차를 고려한 수업 모형, 가정과 연계된 수업 모형, 다학급이 동시에 참여할 수 있는 수업 모형 및 민족문화 전승을 위한 수업 모형 등을 개발하고 보급해야 한다. 특히 실내에서 실시 가능한 체력 증진 프로그램을 개발하여 악천후 시 실내 수업을 해야 할 경우에 적극 활용하도록 하는 방안을 마련해야 한다.

나. 과제행동의 지속화 방안으로 적절한 피드백의 제공이 요구된다

체육수업의 질은 체육교육의 통합적인 안목을 키우는 데 도움이 되는 활동을 전개하고, 이 부분이 활동의 결과로 뚜렷하게 나타나고 있는지에 대한 평가 방안이 마련될 때 높아지게 된다. 학기 초 체육 교과에 관심 있는 사람들이 집단의 구성원으로 참여하여 수행평가가 단순히 전년도 자료를 그대로 활용하는 수준을 넘어 합의의 과정을 통해 체육과 성취기준을 마련하고, 이 기준에 따른 통합적인 평가 방안들이 마련될 수 있도록 추진해 나가야 한다. 무엇보다 평가는 수업 활동에 대한 구체적인 피드백 자료로 활용되어 학생들의 성장에 도움이 되도록 해야 한다.

> 가르치고자 하는 내용에 대하여 동작 설명만 해 주었을 때는 내용을 잘 이해하는 것 같지만 정작 이해를 잘 못하는 것이 아닌가? 학생들에게 동작에 대한 이유나 근거를 분명하게 제시해 줄 때, 자신의 동작에 대해

스스로 생각해 보는 기회를 얻는 것 같다. 이 과정에서 학생들은 기본 운동기능을 수행하는 방법을 오랫동안 기억하게 되며, 탐구적 학습능력을 배양하는 부분에도 도움이 되는 것으로 나타났다<고문수 교사의 수업일지/2009. 11. 1>.

피드백은 학습자가 운동 반응의 결과에 관하여 얻는 다양한 정보로 교수의 중요한 부분이다. 적절한 피드백은 학생들의 자긍심을 높이고, 수행의 초점을 높이며, 과제행동의 비율을 증가시키게 된다. 학습자가 무엇을 배워야 하고 무엇을 피해야 하며 어떻게 수행이 수정될 수 있는가에 대한 정보를 제공하기 때문에 피드백을 제공하는 것은 기능을 가르칠 때 중요한 내용이다. 평가에 따른 피드백을 제공할 때에는 두 가지 이상의 감각이 통합되는 활동을 통해 학생들의 참여를 극대화시킬 수 있다. 학생들의 파지는 하나의 감각보다는 두 가지 이상의 감각이 동원될 때, 인지적으로 깊이 남게 된다. 학생들에게 피드백을 제공하는 경우에도 감각이 통합된 피드백을 제공하는 것이 학습의 목표를 달성하는 데 큰 도움이 된다. 학생들이 배구의 오버토스를 배우는 시간이라면 동작을 보여 주면서 언어 '머리 위에서'라는 단서를 사용하여 학생들이 감각을 통합해야 과제행동을 지속할 수 있게 된다.

주제2. 즐거운 체육수업을 위한 수업환경의 변화

'학생들에게 즐거운 체육수업을 만든다'라고 할 때, 우선 무엇을 생각해야 할까? 다양한 측면의 이야기가 나올 수 있지만, 본 글에서는 수업환경을 생각하는 교사의 역할에 초점을 맞추었다. 교사는 다양한 암묵적 지식을 지니고 있다. 그러나 이러한 암묵적 지식은 학습 대상에 따라 다양한 실천적 지식으로 전환될 때, 학습자의 참여를 유도하게 된다. 만약 암묵적 지식이 실천적 지식으로 전환되지 못한다면, 실질적으로 학생들에게 동기를 제공하지 못하게 될 것이다. 왜냐하면 각 활동들이 교사가 알고 있는 암묵지로 구성되었을 뿐, 학생들의 발달단계에 맞도록 교사가 실천지로 구성해 나가는 데 구체적인 단서를 제공하지 못하기 때문이다.

각 활동의 내용은 바람직하나, 절차상에서 학생들의 흥미와 관심을 끌어내지 못했다는 것이다. 이것은 무엇을 의미하는가? 교사의 지식이 교사의 지식으로 남아 있을 뿐, 학생들에게 의미 있게 전달되지 못했다는 것이다. 그렇다면 학생들에게 직접적인 전달은 무엇으로 가능할까? 이것은 다름 아닌 학생들의 모습 그 자체가 수업활동과 친숙하게 만들 수 있는 전략들이 동원된다면 가능하게 변할 것이다. 교사와 학생들이 친숙함을 경험하면서 학생들이 자신의 신체활동을 폭넓게 펼칠 수 있는 장을 마련하는 것이 무엇보다 중요하다. 이 글에서는 즐거운 체육수업을 만들기 위한 기본 전제로 체육수업의 장소와 수업형태 및 학생의 학습참여기회의 확대를 위한 과제제시의 중요성을 언급하고자 한다.

가. 주변에서 중심으로: 수업 장소를 이동해 보자

최근 학교 현장에서 사용되는 운동장은 반쪽짜리 운동장의 형태를 보인다. 그리고 반쪽자리 운동장에서 학생들은 자리다툼이라는 갈등을 벌이고 있다. 운동장 한가운데는 텅 비어 있고, 운동장 한쪽 가장자리에서 수업이 진행되고 있는 것이다.

〈그림 14-2〉 운동장 가운데 앞의 활동   〈그림 14-3〉 운동장 가장자리 앞의 활동

학생들이 체육수업을 통해 통합적인 안목을 형성하기 위해서는 현행 운동장 사용에 대한 반성이 불가피하다. 교사들은 왜 운동장을 제대로 활용하지 못하는가? 왜 학생들은 운동장 가장자리에서 자리다툼을 하면서까지 수업에 참여하고 있는가 등에 관심을 기울여야 한다. 학생들은 교사의 의도에 따라 운동장이 사용되고 있다고 언급하였다. 학생들은 교사들이 운동장의 가장자리를 선호하는 이유에 대해 "가장자리가 덥지 않아서 좋고, 앉아서 쉴 수 있는 공간이 많으며, 수업 기자재를 쉽게 옮길 수 있는 곳이다"라고 언급하였다. 얼핏 보기에 별문제가 없어 보인다.

그러나 학생들이 수업에 참여하면서 보이는 갈등과 이야기는 운동장 사용의 변화에 간접적인 시사점을 제공하고 있다.

여러 반이 체육수업을 할 경우에 어쩔 수 없이 운동장 한쪽에서 할 수는 있지만, 다른 반 수업이 없는데도 운동장 한쪽에서 수업하는 것은 좀 그래요<규식이와의 인터뷰/2009. 5. 28>.

학생들은 운동장을 사용할 때, 운동장 앞쪽이나 가장자리보다는 운동장 중앙으로 자리를 옮기는 것이 신체활동을 하는 데 도움이 될 뿐만 아니라 공간이 확대됨으로써 몸과 마음이 활짝 열리는 느낌을 제공받을 수 있다고 생각하였다. 무엇보다 넓은 곳에서 몸을 자신 있게 움직일 수 있는 계기가 된다는 반응이다. 한두 반의 수업이 진행된다면, 하나의 활동을 선정할 때 학생들에게 공간의 이해를 높이기 위해 활동 코너를 여러 곳 선정해야 한다. 이를 위해서는 학생들이 운동장의 넓은 곳을 이용할 수 있는 수업 활동의 구조도를 머릿속에 간직하고 있어야 한다. 교사에 의해 고안된 체육수업은 학생들의 지루함을 예방하고 학생들에게 예비활동을 제시할 수 있는 장점을 지니게 된다.

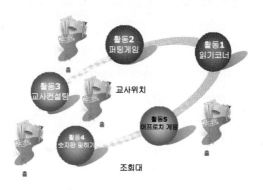

〈그림 14-4〉 폭넓은 수업활동의 예시

나. 획일성의 탈피: 수업대형에 변화를 제공하자

수업대형에 대한 고정관념의 틀에서 벗어나야 할 시기가 왔다. 체육수업에서 수업대형은 학생들의 수업활동에 영향을 미침에도 불구하고 지금까지 많은 교사들이 관심을 기울이지 못하였다. 이는 체육활동의 중요성은 인정하면서도 가장 기본이 되는 부분에 관심을 등한시한 결과로 보인다. 그렇다면 수업의 대형은 어떻게 이루어져야 할까? 지금까지 사용되어 온 4열 종대이어야 하는가? 아니면 4열 횡대이어야 하는가? 본 필자는 둘 다 적절하지 못하다고 생각한다. 학생들은 4열 종대든 4열 횡대든 학생들을 순서적인 나열을 만들 가능성이 높고, 수업에 적극적으로 참여하지 못하게 만드는 단점을 지니고 있다는 것이다.

> 4학년까지 항상 줄을 4열로만 섰다. 나는 운동을 잘 못하기 때문에 만날 뒤에만 서게 되었다. 앞에 있는 선생님도 잘 보이지 않는다. 집중도 안된다. 혹시 앞에 섰더라면 운동에 신경을 쓸 수도 있었을 텐데……<원희의 체육일기/2009. 4. 8>.

학생들은 4열로 이루어지는 수업대형이 소수의 학생들에게는 유익할지 모르지만, 다수의 학생들에게는 적합하지 않다는 반응이다. 운동기능이 좋은 학생은 앞쪽에 서고, 운동기능이 부족한 학생은 중심으로부터 멀리 서도록 만든 하나의 요인임을 지적하였다. 이는 체육수업의 가치에서 제시하고 있는 학생들의 정신적인 측면에서 부정적인 영향을 미치는 요인 중의 하나이다. 그렇다면 수업대형은 어떻게 이루어져야 하는가? 학생들은 수업대형의 획일성을 탈피할 것을 주장하면서 원형으로 이루어진 수업형태를 제안한다.

5학년부터는 체육수업을 할 때, 원으로 서서 활동을 한다. 그 전에는 항상 두 줄로 서서 키순서대로만 섰다. 그래서 남자와 여자 따로따로 서게 되고, 준비운동이나 활동을 할 때, 선생님 설명이 잘 들리지 않았고 항상 같은 친구들과 서니까 다른 친구들하고도 서 보고 싶다는 생각이 들었다<유빈이의 체육일기/2009. 4. 9>.

학생들은 수업대형이 원형으로 이루어져야 하는 이유에 대해 순서적인 계열성보다는 순환성이 바탕이 되어 잘하는 학생과 못하는 학생이 함께 어울릴 수 있다는 긍정적인 의견을 제시하였다. 즉, 자신이 옆 사람보다 순서적으로 부족하지 않다는 인식을 느낌으로써 부정적인 정서가 만들어지지 않아서 좋고 긍정적인 정서가 수업에 활력소를 제공한다고 하였다.

다. 참여기회의 확대: 과제제시의 주체에 변화가 있어야 한다

과제제시는 교사의 교수활동 중의 하나로 수업목표, 수업상황 소개, 수업조직 등의 구성 요소를 소개하는 행위를 의미하고, 학습자의 운동수행 능력을 가져와 학습의 효율성을 높일 수 있는 기초가 된다. 학생들은 과제가 자신의 수준보다 난이도가 높을 때 소극적인 참여를 보이는 반면, 과제가 학생들의 수준에 적합한 활동이 제공될 때, 학습자들은 적극적으로 참여하게 된다. 이에 학생들이 호기심을 가지고 참여하도록 과제를 학습자 수준에 적합하도록 제공해야 할 것이다. 만약 과제의 난이도가 높았다면 학생 개인이 문제를 해결하기보다는 모둠원들이 공동으로 해결할 수 있는 기회를 제공하는 것도 좋은 방법이다. 이러한 과제는 모둠 내에서는 협동을, 모둠 간에는 경쟁을 유도하면서 수업활동에 적극적인 참여를 유도할 것이다. 그리고 주어진 과제가 학생들이 수준에 어울리지 않는다면, 학생들이 특성을 고려하여 학생들이 활동에 쉽게 접근해 갈 수 있도록 문제를 정렬해 주어야 한다. 학생들이 자신의 수준에 적합하다고 생각했을 때, 학생들의 참여는 적극성을 보이게 된다. 이러한 적극성은 다른 신체활동을 하게 되는 유인책이 된다.

학생들이 할 수 있다는 가능성과 현실적인 측면에서 가능함을 제공하는 것은 좋은 수업의 원천이다. 교사들은 학생들이 갈등하는 삶보다는 성취의 삶으로 옮겨 갈 수 있도록 학습자 수준을 고려한 배려로 다가가는 노력이 필요하다. 대부분의 체육수업이 교사중심으로 내용을 전개하다 보니 학생들이 흥미를 잃게 되는 경우를 종종 보게 된다. 시범을 보이는 경우에서도 이를 엿볼 수 있다. 시범은 고난이도의 시범보다는 학생들이 쉽게 보고 이해할 수 있는 수준이면 적합하다. 시범을 보이는 과제제시의 주체도 반드시 교사일 필요가 없다. 활동내용에 따라서는 오히려 학생들이 적절한 역할모델이 될 수도 있다. 이러한 부분에 대해 세심하게 고려된다면 시범을 보이거나 체육수업을 진행하는 데 소극적인 경향성을 보이는 교사들에게도 수업에서 적극성을 가져오는 데 기여하게 될 것이다. 모든 것을 교사가 해야 한다는 생각보다는 학생과 함께 체육수업을 만들어 간다는 생각으로 체육수업을 진행하는 것이 체육의 가치를 높이는 계기가 될 것이다.

주제3. 준비운동과 정리운동의 중요성

학생들에게 운동을 시작하기에 앞서 준비운동의 중요성을 인지시키는 것은 매우 중요한 일이다. 준비운동은 학생들에게 바람직한 운동습관을 확립하기 위한 교육적 수단일 뿐만 아니라 토론과 시범, 연습 등과 같은 실질적인 모둠활동을 위한 교육적인 수단으로서의 중요한 가치를 지니게 된다. 학생들이 준비운동을 해야 하는 이유는 준비운동이 학생들로 하여금 점차적으로 주어진 신체활동에 준비할 수 있도록 만들기 때문이다. 자동차나 자전거의 기어를 서서히 변속하는 것이 바람직한 것처럼 신체를 점차적으로 편안하게 해서 운동에 대한 준비를 하는 것이 현명한 것이다. 급하게 기어를 변속하듯이 운동을 시작하게 되면 신체에 불필요한 압박을 가하게 되어 불편하고 거북한 상태를 초래하고 피로를 쉽게 느끼도록 만든다. 효과적인 준비운동은 몸과 마음을 활동에 대한 준비를 하게 해 주고, 부상을 방지하고, 운동수행을 개선하는 데 도움을 제공한다.

편안하게 서서히 운동을 시작하는 것은 운동 경험을 보다 편안히 하고 근육 당김과 같은 상해가 일어날 가능성을 줄이도록 한다. 학생들은 활동 중에 근육을 당기는 경우가 많지는 않지만 좋은 습관을 일찍 형성하는 것이 무엇보다 중요하다. 학생들은 어릴 적부터 스트레칭을 하여 근육을 따뜻하게 하는 것이 운동을 할 때 필요한 중요한 준비 단계라는 것을 배워야 한다. 긍정적인 운동 경험에 안전하게 참여하는 것은 신체활동에 장·단기적으로 참여하는 것을 효과적으로 장려하는 데 필수적이다. 학생들은 근육통을 느낄 수 있는 불편한 운동을 서둘러 하게 되면 체육시간을 달가워하지 않을 수 있기 때문이다. 준비운동을 하는 동안에 포함되어야 할 활동으로는 가동(mobility) 운동, 맥박을 상승시키거나 몸을 데우는 활동 및 짧은 정적 근육 스트레칭 등이 있다.

첫째, 가동 운동은 주 활동(팔 돌리기, 옆으로 굽히기, 무릎 들어올리기 등)에서 사용될 관절들의 통제된 움직임이다. 이러한 운동들은 관절 내의 체액을 따뜻하게 하고 순환시키어 좀 더 자유로운 활동을 가능하게 하고 활동에 대한 준비를 시켜 준다.

둘째, 맥박을 상승시키거나 몸을 데우는 활동으로는 걷기, 조깅, 스키핑, 옆으로 걷기, 행진 등이 있는데 이는 체온을 상승시킨다. 이러한 활동들은 심박률과 호흡률을 점차적으로 증대시킴으로써 심폐계통(심장, 폐, 혈관)을 준비시킨다. 따라서 이것은 근육에 좀 더 많은 산소를 공급하고 운동을 하는 동안 근육이 데워지게 한다. 학생들은 신체가 완전히 데워지고 알맞은 스트레칭을 하지 않고서는 활발한 전력 질주나 계속적인 점프를 계속해서는 안 된다.

셋째, 짧은 정적 근육 스트레칭은 안전하게 근육의 길이를 늘여 주고 근육의 당김이나 뻣뻣함과 같은 부상을 막는 데 효과적이다. 준비운동에는 달리기를 위한 장딴지 근육, 점프를 위한 사두근과 같은 근육처럼 주 활동에서 사용될 근육에 대하여 짧은 정적 스트레칭이 포함되어야 한다. 각 스트레칭은 6초에서 10초간 정지된 상태로 유지되도록 한다. 스트레칭에 익숙하지 않은 학생들은 처음에 짧은 시간만 하고, 스트레칭 자세에 익숙해짐에 따라 점차적으로 시간을 늘리도록 한다. 그리고 이어지는 활동에 따라 가동 운동이나 맥박을 올리는 활동을 준비운동 안에 포함시킨다. 예컨대, 농구의 준비운동은 수업의 주제(공간 확보, 정확한 패스, 대인 방어 등)에 따라 간단한 활동을 구성해야 한다. 이것은 수업의 초점을 맞추는 데 도움이 되고 학생들을 심리적으로 준비하도록 한다. 가동 운동과 맥박을 올리는 활동은 병행할 수 있다. 어떠한 순서로도 구성할 수 있고 시간을 효율적으로 사용하기 위해 걷거나 조깅을 하면서 어깨를 돌리는 것과 같이 동작을 결합할 수 있다. 근육이 데워졌을 때만이 안전하게 스트레칭이 시행될 수 있고 맥박을 올리거나 신체를 데우는 활동을 한 후에 스트레칭을 해야 한다.

정리운동은 학생들이 신체가 점차적으로 운동을 중지하는 것에 대한 준비를 하고 뻣뻣한 근육통을 감소시키는 데 도움이 된다. 높은 기어에서 낮은 기어로 갑작스럽게 변속하는 것이 차에 무리가 가듯이 인체에도 무리를 줄 수 있다. 정리운동은 활발한 운동으로부터 심박 수와 호흡을 원래 상태로 회복시킨다. 또한 근육의 피로를 풀어 주면 혈액순환을 돕는다. 만약 운동 후 즉시 정리운동을 하지 않으면 혈액순환에 장애가 나타나고, 급기야는 피곤함과 어지러움을 유발할 수 있다. 이렇기 때문에 정리운동은 전력 질주나 점핑과 같은 활발한 운동을 한 후에 더욱 중요하다. 학생들은 서서히 활동을 약하게 하지 않으면 어지럽고, 기력이 없거나 구역질을 할 수 있다. 정리운동은 혈액순환이 안정 상태로 서서히 낮추고 근육에 축적된 젖산 등과 같이 피로를 느끼게 하는 노폐물을 경감시킨다. 그러나 주 활동이 빠르고 격렬한 운동을 포함하지 않으면 특정한 맥박을 낮추는 운동이 필요하지 않을 수도 있다.

정리운동은 맥박을 낮추거나 몸을 식혀 주는 활동을 포함해야 하는데 근육 스트레칭이 역시 유용하다. 맥박을 낮추다가 몸을 식혀 주는 활동은 가볍게 조깅하기, 걷기, 무릎 들어올리기와 같은 가동 운동을 하여 그 강도를 점차적으로 편안하게 감소시키며 혈액 순환과 근육에 쌓인 노폐물을 제거하는 데 도움이 된다. 특히 에너지를 많이 소모하거나 격렬한 활동을 한 후에는 정리운동을 하는 것이 매우 중요하다. 근육 스트레칭은 근육이 당기지 않게 하여 유연성을 유지하는 데 도움이 되고 어떠한 근육통이라도 경감시키는 데 도움이 된다. 정리운동의 예를 들면, 던지기를 한 후에 가슴과 위 팔 아래쪽 근육을, 달리기나 점프를 한 후에 장딴지나 허벅지 근육을 풀어 주는 것처럼 주 활동에 사용된 근육을 보다 긴 정적 스트레칭을 하는 것을 포함해야 한다. 이때 각 스트레칭은 10초에서 12초 동안 정지된 상태에서 시행되어야 한다. 준비운동과 마찬가지로 스트레칭에 익숙하지 않은 학생들은 처음에는 스트레칭을 짧게 하고 스트레칭 자세에 익숙해져 감에 따라 시간을 점차적으로 늘리는 것이 효과적이다.

준비운동과 정리운동은 매우 중요하기 때문에 수업 종료시간이 연장되더라도 반드시 실시해야 한다. 이러한 과정은 바람직한 운동 습관의 형성과 평생 교육 차원에서도 긍정적인 영향을 미치게 된다. 정리운동을 실시하지 않는 것보다는 차라리 주운동을 짧게 하는 편이 더 바람직하다고 할 수 있다. 또한 정리운동 시간은 교사가 학생들로부터 개별적인 피드백을 제공받고, 핵심 사항을 점검할 수 있는 좋은 기회가 된다.

주제4. 리더로 성장하기 위한 체육부장의 역할과 업무

모든 집단에서 조직관리는 필수조건이다. 체계적인 조직이 필요하고 조직관리에 맞는 효율적 업무 분장이 있어야 하기 때문이다. 기업은 기업대로 학교는 학교대로 그 조직과 그 명칭을 달리하고는 있지만 조직 운영이라는 기본적인 입장에서 볼 때, 같은 맥락에서 유기적인 조직관리가 동일한 것이다. 경영관리 입장에서 살펴볼 때도 기업이나 학교 모두 인사조직관리, 회계(재무)관리, 물품관리, 영업(교육활동), 총무관리(연구, 교육계획 및 평가) 그리고 기타 조직관리가 모두 그러하다. 현재 학교는 교장, 교감, 교사로 이어지는 관리시스템에 중간 관리자로 보직 교사제를 두고 있다. 결국 교장−교감−보직교사−(평)교사제로 경영관리 시스템이 이루어지고 있는 것이다. 경영조직은 그 조직의 특성에 따라 여러 가지 형태의 조직체(시스템)로 분류되고 있다. 일선 교육기관에서도 위에서 언급한 바와 같이 단순한 조직에 각종 위원회, 협의회, 자문 기관 등을 설치하여 운영하고 있다. 본 글에서는 리더로 성장하기 위한 체육부장의 역할 수행과 체육행정 업무의 이해를 바탕으로 초등교사가 전문가로 성장하는 데 실마리를 제공하고자 한다.

가. 체육부장의 역할과 행정업무의 이해
자신에게 주어진 역할 수행은 책무성의 기본이 되고, 부서원들과의 관계를 지속하는 동인이 된다. 또한 맡은 역할을 미루거나 수행하지 못한다면 구성원들로부터 좋은 이미지를 받을 수 없을 것이다. 본 글에서는 체육부장의 역할 수행을 위한 꾸준한 노력과 체육 분야에 대한 행정업무의 이해와 실천으로 학교 체육전문가가 되기 위한 몇 가지 실마리를 제공하고 있다.

1) 체육부장의 역할

체육부장의 가장 어려운 점은 첫째, 담임의 경우 학급소홀이 가장 크다고 볼 수 있다. 즉, 각종 대회의 준비로 인한 학급의 안정성이 떨어지는 것이 가장 큰 문제이다. 둘째, 운동부 지도자(코치)와의 협력적인 부분에 어려움이 도사리고 있다. 셋째, 운동부 학생의 관리에 어려움이 많다. 예컨대 학력의 부진, 운동부 학생의 부족(비인기종목일수록), 학부모의 반대가 체육부장을 어렵게 하는 요인이다.

하지만 이러한 어려움에도 불구하고 일정한 경력이 쌓이거나 승진을 위한 단계로 부장의 업무를 맡게 되는 것이 우리 주변의 현실이다. 체육부장은 자신의 전문성을 높이기 위한 노력과 어려움에 처해 있는 교사들의 상담자인 동시에 직무를 개선하고 즐거움이 가득한 교직문화를 조성해 나가는 파수꾼 역할을 수행하는 것에 1차 목적을 두어야 한다. 이러한 노력이 선행될 때, 자신은 전문가로 성장하는 동시에 리더로 성장하게 될 것이다.

하나, 업무의 협조자가 되어야 한다.

학교경영과 관련한 업무의 효율성과 전문성을 높이고자 교내 교무분장을 통하여 부서별로 역할과 책임을 나누고 있다. 그 과정에서 부서 이기주의는 자칫하면 보직교사 간 알력과 불협화음을 초래할 수 있다. 공문 한 장을 놓고 다투기도 하고, 근무평정 성적을 둘러싸고 분쟁이 생겨나기도 한다. 학년 초 부서원 조직을 놓고 갈등이 있을 수도 있다. 문제가 되는 것은 보직교사들이 얼마나 협조적인가가 학

다섯, 학교체육 지원 업무를 파악해야 한다.

① 체육시설관리와 물품관리 　　　　② 청소년 체력교실과 학생선수 학력 향상
③ 체육특기자 선발 　　　　　　　　④ 운동부 관련 업무 및 보고
⑤ 학교 운동장의 개방 　　　　　　⑥ 운동부 후원회
⑦ 코치 운영 　　　　　　　　　　⑧ 각종 표창
⑨ 교구 · 설비 기준 　　　　　　　⑩ 특기자 학비 감면
⑪ 예산책정 및 사용 　　　　　　　⑫ 청소년단체와 체육교과연구회
⑬ 다양한 프로그램의 개발 · 운영과 체력 육성
⑭ 1교 1기 및 1인 1기와 체육대회 　⑮ 교수－학습과 안전지도

여섯, 학교체육기본방향 보고 업무를 숙지해야 한다.

① 학교체육시설 현황 　　　　　　② 학교운동부 현황
③ 체육특기자 현황 　　　　　　　④ 체육담당교원 및 전문직 수
⑤ 학생 신체능력검사 결과 보고 　　⑥ 학교운동부 지도자 현황
⑦ 학교운동부 합숙소 현황(1, 2차) 　⑧ 학생선수보호위원회 운영 현황
⑨ 운동부 동 · 하계 훈련계획서(동계, 하계) 　⑩ 줄넘기를 통한 기초체력 향상 실천 현황
⑪ 체육 교구 설비 확보율 　　　　⑫ 학생체육관 이용 실적
⑬ 학생선수 성교육 운영 현황

나. 멋진 부장으로 성장하기

학교에서 부장의 역할은 자신에게 즐거운 경험인 동시에 어려움의 환경 속에서 자신을 되돌아보고, 동료 교사들과의 상호 작용을 마련하는 기틀이 된다. 부장의 역할을 수행하는 동안 순간순간 어려움들은 많지만 겪고 나면 아무것도 아님을 느끼게 되는 경우도 자주 접하게 된다. 한 초임 체육부장의 못다 한 이야기를 전해 들으면서 멋진 부장님으로 성장하는 데 도움이 되었으면 하는 바람이다.

나는 체육부장으로서 해야 하는데 아직 하지 못한 일들이 많이 있다. 첫째, 방과 후 학교 등을 통한 다양한 체육활동 활성화(축구, 농구, 골프 등)를 마련하고 싶다. 둘째, 운동부 활성화 및 학생선수의 학력 향상에 관심을 기울이고 싶다. 셋째, 전교생의 체력 향상을 위한 계획과 꾸준한

실천으로 학생들을 변화시키고 싶다. 넷째, 체육을 통한 즐거운 학교를 조성하고 싶다. 다섯째, 각종 대회의 철저한 준비로 학생들에게 운동에 대한 가치를 제공하고 싶다<1년을 되돌아보는 한 체육부장의 글 중에서/2009. 12. 20>.

보직교사는 행정력을 배양하고, 인화단결의 구심 역할을 수행해야 한다. 앞에서 언급한 바와 같이 보직교사는 행정력을 갖추고 교수-학습지도나 업무 추진에 선도적 역할을 할 뿐만 아니라 학교 조직의 경직성을 배제하는 인화단결을 위한 핵심 역할을 하는 교사들이다. 이들은 Katz가 제시한 세 가지 교육경영 기술로 함축성 있게 요약된다. 첫째, 사무적 기술(technical skill, 행정력)을 지니고 있어야 한다. 둘째, 인간관계 기술(human relation skill, 인화단결)을 습득해야 한다. 셋째, 전체를 파악하는 기술(conceptual skill, 업무의 파악과 평가-분석력)이 요구된다.

끝으로, 보직을 담당하는 동안 학교에서 이루어지는 모든 업무에 대하여 창의력과 예견력, 상황변화 대응 능력, 문제 해결력을 발휘하되 보직 자체가 보상적 의미보다는 봉사적 의미가 더 크다고 받아들여 기꺼이 책임지고 헌신적인 자세로 일하는 인격적 교사상을 정립해 나가야 할 것이다.

주제5. 창의적인 학습환경으로 만들어지는 Fun 체육수업

초등학교 체육은 건강활동, 도전활동, 경쟁활동, 표현활동, 여가활동을 교육 내용으로 하여 올바른 건강 생활 습관 형성, 기초 체력 증진, 운동의 기본 능력과 표현 능력의 향상, 바람직한 운동 질서 및 규범의 형성, 활기찬 여가 생활 태도 형성에 교육의 목적을 설정함으로써 '신체활동 가치의 기초 교육'을 담당하게 된다. 이처럼 체육이 가지고 있는 신체활동중심의 체육수업을 통해 학생들에게 건강과 체력, 웃음 유발, 도전감과 자신감 등을 향상시키는 체육수업이 전개되기 위해서는 교사의 체육수업에 대한 끊임없는 반성과 개선이 필요하다. 이에 본 글에서는 체육수업에서 중요한 문제로 대두되는 교수·학습 자료의 활용과 통합적인 체육수업의 방향을 제안하고자 한다.

가. 다양한 교수·학습 자료의 활용

학생들이 체육수업을 소극적으로 참여하게 되는 원인으로는 수업 교구나 수업 자료의 부족을 들 수 있다. 학교 현장에서도 교구의 부족으로 체육수업시간에 수업에 참여하지 못하는 학생들이 많은 것이 현실이다. 예컨대, 교사들은 평균대 운동에서 평균대 한두 개를 꺼내 놓고 수업을 한다. 이 중 서너 개의 평균대를 놓고 수업하는 경우는 매우 드물게 보인다. 대부분은 한두 개의 평균대에서 30명이 넘는 학생들이 수업에 참여하다 보니 수업에 대한 참여부분에서 낮은 활동을 보일 수밖에 없다.

만약 여섯 모둠일 경우에 평균대가 부족하여 두 개만 활용을 해야 한다면, 두 모둠은 평균대를 활용하고, 나머지 네 모둠은 동아줄로 된 긴 줄넘기를 활용하면 된다. 긴 줄넘기를 활용할 경우에는 안전을 확보할 수 있다. 실제로 학생들이 밟을 경우에도 발에 무리가 가지 않는 것으로 나타났다. 평균대에 대한 두려움을 가진 학생들은 미리 긴 줄에서 다양한 걷기와 뛰기 및 돌기를 시도해 봄으로써 두려움을 제거하는 데 도움을 받을 수 있다. 학생들은 연습과 실제를 옮겨 다니면서 연습해 봄으로써 활동에 대한 재미도 느낄 수 있고 정서적으로 안정성을 확보하면서 자신감을 키우게 된다. 창의적인 학습환경과 관련된 교구의 확보 유무는 수업의 활동에서 학생의 참여율을 높이기도 하고, 낮출 수 있는 유인책이 될 수 있다. 따라서 체육수업에서 교구의 양을 최대한 많이 확보하는 노력이 선행되어야 한다.

〈그림 14-5〉 긴 줄에서 연습하기　　　〈그림 14-6〉 평균대로 적용하기

또한 학생들은 새로운 수업 교구나 장비를 활용하는 수업활동에 흥미를 지니고 있는 점을 감안하여 뉴스포츠를 도입하는 방안에도 관심을 기울여야 한다. 뉴스포츠는 체육 문화의 패러다임의 변화를 주도하는 데 교육적인 효과가 있다. 최근 참여할 수 있는 종목이 다양화되고 있고, 참여의 폭이 확대됨에 따라 스포츠의 소외를 극복해 나가는 데 도움을 제공하며, 학생들에게 여가 문화를 체험하도록 하여 sports for all의 정신을 구현함으로써 삶의 질을 향상시키는 데 도움을 제공하고 있다. 본교 학생들은 패드민턴, 티볼, 킨볼, 디스크야구, 디스크골프 등의 뉴스포츠 활동을 경험하면서 체육수업에 흥미를 느끼고 있었다.

〈그림 14-7〉 패드민턴 수업 장면

나. 통합적인 체육수업

2007년 개정 체육과 교육과정에서는 신체활동을 총체적으로 체험하고 체육 문화를 이해할 수 있도록 교수학습활동의 통합을 강조하였다. 예컨대 신체활동에 직접 참여하는 학습활동뿐만 아니라, 간접적인 학습활동(읽기, 쓰기, 조사하기, 토론하기 등)을 함께 제공하도록 안내하고 있다. 이는 체육수업을 통해 학생들에게 신체적·인지적·정의적 영역에 대한 이해를 넓히고, 학생들에게 전인적인 인간을 형성하도록 하는 방안으로 평가된다. 지금까지 체육수업에서 학생들에게 신체적인 영역에 대한 이해는 제공하였다 할지라도 인지적·정의적 영역에 대한 이해를 어떻게 제공하였는지 다시 한 번 생각해 보아야 한다. 되돌아보건대 체육수업에서 신체적 측면의 활동에 주안점을 둔 것이 사실이다. 예컨대, 운동기능과 관련된 활동에 주안점을 둔 것이다. 만약 그렇지 않다면 단순히 학생들에게 신체활동을 하는 데 관심을 두었다고 볼 수 있다. 이는 교육적인 측면에서 볼 때, 불완전한 형태를 취하게 된다. 이러한 불완전성을 해소하고, 학생들이 체육수업을 통해 길러질 수 있는, 체육수업을 통해 학생들을 변화시켰던 하나의 사례로 2007년 개정 체육교육과정에서 제안하는 간접적인 활동의 하나인 글쓰기 활동을 소개하고자 한다.

체육수업에서 학생들에게 심동적 · 인지적 · 정의적 측면의 통합을 제공하기 위해 수업 첫 차시에 글쓰기를 해야 한다. 학생들의 정의적인 영역에 대한 바른 태도를 형성시켜 주는 방안으로 글쓰기는 매우 효과적인 것으로 나타났다. 교사는 학기가 시작되는 체육수업 첫날, 학생들에게 체육 관련 내용을 하나 선정해서 글을 쓰도록 함으로써 학생들의 정의적 태도를 함양시켜 나갈 수 있다. 예를 들어, 학생들이 운동장에 쓰레기를 함부로 버리거나, 운동장에 대한 소중함을 느끼지 못하는 경우가 발생하여 운동장을 대상으로 편지글을 쓰도록 하였다. 그런데 의외로 큰 효과가 있었다. 4~5개월이 지난 지금도 학생들이 편지글로 정리했던 내용에 대한 실천이 지속되고 있었던 것이다. 이는 학생들에게 특별히 운동장에 나와서 어떻게 해야 한다는 말이 필요 없음을 시사하는 측면이다. 학생들은 자신이 약속한 것을 자신이 실천하고 있었던 것이다. 이는 아무리 언어로 강조해도 지켜지지 않았던 일이 글 하나로 지켜지게 된 사례이다. 글쓰기는 수업에 대한 학생들의 정의적 태도를 형성하는 데 큰 도움이 될 수 있다.

운동장아, 너는 우리에게 많은 걸 선물해 주지. 나는 너를 볼 때마다 아낌없이 주는 나무가 생각나곤 해. 그 나무는 어떤 학생에게 모든 것을 주게 되지. 너도 마찬가지야. 너는 우리에게 땅을 제공해 주지. 너는 돈으로 셀 수 없는 값어치를 지녔어. 그러니까 너는 사람보다 훨씬 낫다는 얘기야. 우리 인간들 중에서는 착한 사람도 많겠지만 자기가 자기를 죽이고 남을 살인하는 나쁜 사람도 아주 많이 있어. 하지만 너는 아무에게도 해를 주지 않는 착한 마음을 가지고 있어. 우리가 밟아도 밀어도 함부로 대해도 너는 아무 말 없이 다 인정해 주지. 나도 그런 너를 본받고 싶어<2009년 4월 7일 이태희의 글>.

물론 편지글 하나만이 간접적인 학습활동의 유일한 방편은 아니다.

학생들을 변화시키고자 하는 교사의 의도에 맞게 다양한 활동을 채택해야 할 것이다. 다만 간접적인 학습활동도 직접적인 교육활동 못지않은 교육적인 효과가 있다는 사실을 기억하고, 이를 체육수업 진행의 전·중·후에 적절히 제시하여 체육학습의 효과를 높이는 방안을 마련해야 한다. "체육을 지도하는 교사는 해야만 하기 때문이 아니라, 원하기 때문에 해야 한다"는 교육적 책무성을 가지고 체육을 지도하는 교육활동에 접근해 나가야 한다.

다. 교사의 관심과 노력을 기대하며

학교 체육수업의 질은 교사의 관심에 달려 있다. 옛말에 "멋있는 풍경, 좋은 이야기, 맛있는 음식에 대해 관심이 없으면 보아도 보이지 않고, 들어도 들리지 않으며, 먹어도 그 맛을 모른다"고 하였다. 현장의 교사들은 개정된 교육과정에 대해 큰 관심을 가지고 접근해야 할 것이고, 이러한 관심을 통해 자신이 교육과정의 취지에 맞도록 변화해야 할 것이며, 이를 주변의 다른 교사들에게 안내함으로써 체육수업의 질을 높이는 데 매진해야 할 것이다. 아무리 좋은 내용이라도 이를 현장에서 실천하는 노력이 기울여지지 않는다면 의미 없는 공허한 메아리가 될 수밖에 없기 때문이다.

주제6. 미래의 꿈, 희망의 그림자, 학교체육

학교체육은 학생들로 하여금 건전한 체육 문화의 형성과 건강한 삶을 구현하는 시발점이다. 이를 위해 교육의 관계자들도 여러 해 동안 학교체육을 활성화하기 위한 노력과 방안들에 관심을 집중해 왔다. 그럼에도 불구하고 오늘날 학교체육에 대하여 우려의 목소리가 높은 것이 우리의 현실이다. 이러한 근본적인 원인은 어디에서 찾을 수 있을까? 이는 학교체육의 활성화에 대한 사람들의 관심 부족과 학교체육의 방향을 정확하게 설정하지 못한 부분에 그 주된 원인이 있다고 본다. 학교체육의 활성화는 교육적 측면에서 다양한 가치를 제공하기 때문에 의도적이면서도 계획적으로 추진해 가야 할 것이다.

가. 학교체육은 건강한 삶의 구현을 위한 시발점이다

건강은 우리 인간이 가장 선호하는 것 중의 하나이다. 그렇다면 건강한 삶의 원동력은 어디에서 찾을 수 있을까? 여러 가지 요인들이 있겠지만, 그래도 가장 중요한 것은 신체활동일 것이다. 신체활동의 가치는 건강은 물론 체력의 향상에도 큰 기여를 하는 것으로 나타났다. 학생들은 학교체육을 통해 건강한 삶의 한 요소로 음악줄넘기 활동을 통해 심폐지구력의 증진에 도움을 받고 있었다. 학생들은 다양한 스텝과 음악이 가미된 음악줄넘기를 통해 동기유발을 경험하였다. 단순히 줄넘기만을 가지고 하는 수업과 음악이 가미된 음악줄넘기 수업 및 창작 음악줄넘기 수업은 비교할 수 없을 정도의 교육적 가치 측면에서 차이를 보이는 것으로 나타났다.

최근 학교체육은 스포츠 기술 습득에서 활동적인 생활 기술 발달로 옮겨 가고 있다. 이 생활 기술은 개개인이 활동적인 삶을 계획하고 이를 실천할 수 있는 능력을 함양하는 데 목적을 두고 있으며, 스포츠 기술뿐만 아니라 팀워크, 스포츠맨십, 타인 존중, 페어플레이, 리더십 기술, 타인 배려 등을 강조하고 있다. 이러한 체육교육 철학의 변화는 학교체육의 방향이 전통적인 스포츠 프로그램에 의한 체육교육 성과에 치중하기보다는 학생 및 청소년들이 신체활동의 본질을 이해하고 그 활동 자체를 체험함으로써 자신의 건강한 삶을 구현하는 데 초점을 두게 된다. 이러한 측면에서 학교체육 정책도 학생들이 체육활동을 통해 건강한 생활을 수행해 나가는 데 필요한 동인을 제공하고, 그러한 활동을 즐길 수 있는 스포츠 문화의 형성에 도움이 되는 방안을 강구해 나가야 할 것이다.

나. 학교체육은 체육의 비전을 통합하는 교육적 가치를 제공한다

학교체육은 통합적인 인간의 구현을 최종 목표로 설정하고 있다. 여기서 통합적인 인간은 심동적 · 인지적 · 정서적으로 온전한 인간을 의미한다. 통합된 인간은 체육이 추구하는 이상과도 똑같다. 즉, 체육의 비전을 통합하는 측면과도 일치하는 것이다. 체육의 비전을 위한 통합은 학교체육이 활성화되었을 때 나타나게 된다. 이때 학교체육은 체육수업의 통합을 위한 의도적이고 계획적인 활동을 포함하고 있어야 한다. 예컨대, 한 학급의 학생들이 체육수업에서 갈등을 자주 초래하는 경우라면 협동학습 모형을 통해 학생들의 갈등을 줄여 주기 위한 노력을 해야 한다. 갈등을 줄여 주기 위한 방법으로는 협동학습의 구조 중 학생팀성취배분(STAD)과 팀게임토너먼트(TGT)를 활용해야 한다. 이 프로그램들은 모둠 간 경쟁을, 모둠 내 협동을 조장하는 특징을 지니고 있다. 다만 학생들이 속한 모둠을 자주 바꾸어 줌으로써 모둠 간에 일어나는 경쟁의 요소들을 지속적으로 간직하지 않도록 해야 한다. 지금은 다른 모둠원으로 경쟁의 대상이지만, 이들이 같은 모둠원이 되었을 때는 협동할 수 있는 모둠원이 되기 때문이다. 교수 · 학습 방법도 통합성을 바탕으로 학생들의 변화를 지향해 나가야 한다. 여기서 통합성은 체육과 교수 · 학습 내용의 다양화를 지향하는 것으로 체육과 내 통합적 교수 · 학습활동의 계획과 운영을 제안한다. 신체활동을 총체적으로 체험하여 체육의 질을 높이기 위해서는 신체활동에 직접 참여하는 활동뿐만 아니라 신체활동에 관한 다양한 학습활동인 신체활동에 관한 읽기, 쓰기, 감상하기, 조사하기 등이 함께 제공되어야 한다. 신체활동의 기술과 전략을 습득하고 게임을 잘하기 위해서는 참여하는 운동의 전통과 정신을 내면화하고 안목을 획득하기 위해 여러 수행 과제들을 직접 또는 간접적으로 다양하게 체험해 나가야 할 것이다.

다. 학교체육은 평생체육의 틀을 제공한다

학교체육의 활성화는 평생체육을 지향하는 시발점이다. 많은 사람들이 건강에 대한 중요성은 인식하고 있지만, 실제로 건강을 증진시키기 위한 노력을 기울이지 않는 것이 현실이다. 체육활동에서 토마토 효과가 이를 잘 대변하고 있다. 토마토 효과(tomato effect)는 어떤 요법이 효과가 있음에도 불구하고 사람들이 아무런 이유 없이 외면하는 현상을 의미한다. 유럽에서 토마토가 1500년대 식품으로 이용되었지만, 북미에서는 이를 식용으로 먹으면 죽는다는 믿음 때문에 1800년대 말까지 금기시해 왔다. 이처럼 체육활동에서도 운동이 신체적 변화에 효과가 있음에도 불구하고 실천하는 학생이 많지 않은 것을 토마토 효과로 설명할 수 있을 것이다.

학교 체육수업에서도 학생들이 움직이기를 싫어하는 모습을 자주 엿볼 수 있다. 이는 학교체육이 지향하는 다양한 교육적 가치를 수용해야 하는 부분을 저해하는 요인이다. 그렇다면 학생들에게 학교체육은 어떠한 역할을 제공해야 하는가? 이 부분에 대한 관심은 학교체육의 활성화를 제공함과 동시에 평생체육을 지향하기 위한 시작점이라 볼 수 있다. 무엇보다 교사는 자신이 아는 것으로서의 암묵적 지식을 학습자 수준에 적합하도록 표현하는 가운데 학습자들이 수업활동에 동기를 가져와 수업에 몰입할 수 있는 기회를 얻는 것이 중요하다. 이러한 실천이 나타날 때, 학교체육은 가능성으로의 변화를 지향해 나갈 것이다. 평생체육의 기반은 멀리 있는 것이 아니다. 학교체육이 충실하게 구현될 때 평생체육의 학습 기반은 형성되는 것이다. 학교 체육의 충실한 구현은 현장 교사들의 몫이다. 이들의 체육교육에 대한 관심의 여하에 따라 현장의 체육수업은 변화하기 때문이다. 현장의 교사들에게 체육수업의 방법과 평가방법을 개선하고자 하는 열의가 넘쳐날 때, 체육수업은 평생체육의 토대로 자리매김하게 될 것이다. 현장의 교사들이 무관심을 관심으로, 비판을 자기 개선의 변화로 인정하는 분위기의 쇄신이 요청되는 시점이다.

15

체육수업 개선 연구

연구제목: 초등학교 체육수업에서 교사의 교수 전략

Ⅰ. 서론

학교 현장에서 교육의 주체들에게 유익한 체육수업을 만들어 간다는 것은 무엇을 의미할까? 여기서 다양한 이야기를 전개할 수 있지만, 무엇보다 교사와 학생들이 수업활동에 적극적으로 참여하면서 움직일 수 있는 여건을 마련하는 것이 중요할 것이다. 이를 위해서는 체육수업에서 학생들에게 다양한 신체활동을 제공하는 부분에 관심이 모아져야 한다. 이러한 관심이 교육적 실천으로 드러날 때, 학생 개개인은 움직임 욕구를 실현하고, 운동을 수행하는 데 필요한 기본 운동기능과 체력을 증진하게 될 것이다. 교육적인 측면에서는 학생들이 운동과 건강에 관한 지식을 이해하고, 사회적으로 바람직한 태도를 함양하는 부분에 목표를 두어야 한다(교육인적자원부, 2002; 유정애, 2007). 이는 체육활동이 성장의 과정에 있는 학생들의 심동적·인지적·정서적인 발달에 큰 영향을 미치기 때문이다(박노혁, 2003; Wuest & Bucher, 1999).

2007년 개정 체육과 교육과정에서는 학생들에게 신체활동의 가치를 제공해 줄 것을 제안하였다(유정애, 2007). 신체활동의 가치는 의도적으로 계획한 스포츠나 무용 등의 신체활동에 지속적으로 참여하고 수행하는 과정에서 경험하거나 교육의 결과로 얻어지는 교육적 가치이다.

신체활동의 가치는 목적적 가치와 내용적 가치를 포함하는 것으로, 신체활동을 수행하는 동기는 신체활동의 목적적 가치에 해당하며, 신체활동 수행 과정에서 학습하는 교육 내용으로 개념, 원리, 운동기능 및 전략, 경기 운영, 문제 해결 그리고 태도 등은 내용적 가치에 해당한다.

체육수업에서 체육수업의 가치를 이해하면서도 학생들이 적극적으로 참여하지 않는 상황에서 개정 체육과 교육과정에서 제시하는 심동적 · 인지적 · 정의적으로 목표가 통합된 체육수업을 진행한다는 것은 매우 힘든 일이 아닐 수 없다. 이러한 때 교사의 수업활동에 대한 열정만이 학생들의 수업참여율을 높이는 유일한 방편이다. 최의창(2007)은 수업활동에서 교사의 DIY(Do It Yourself)를 제안하였다. 이는 주어진 환경에서 자신의 철학을 바탕으로 교육활동을 전개하는 것을 의미한다. 미래 체육수업의 방향을 설정하는 것도 다름 아닌 DIY의 입장에서 접근해야 할 것이다. 교육활동이 실천으로 옮겨 가기 위해서는 작으나마 교사가 어떻게 해야 한다는 교육적 믿음이나 신념의 책무성을 구현해 나가야 한다. 학생들에게 신체활동에 참여할 수 있는 여건만 조성된다면, 학생들의 체육활동이 가치 있게 이루어지는 것은 큰 문제가 되지 못한다. 예컨대 대부분의 학생들이 체육수업을 좋아하고, 체육수업을 통한 교육적 가치를 긍정적으로 바라보고 있기 때문이다(고문수, 2008; 곽은창 · 권순정, 1999; 김윤희, 1999; 김윤희 · 강신복; 2000, Carlson, 1995; Luke & Sinclair, 1991).

학생들은 내재적으로 동기가 유발되었을 때, 체육수업에 적극적으로 참여한다. 그러나 내재적인 동기유발은 학생들이 스스로 만들어 나가기에는 한계가 있다. 주변 여건이 만들어졌을 때, 학생들의 잠재적인 동기가 외현적으로 드러나고, 이것이 자신의 수준과 흥미에 맞게 형성될 때 발현하게 된다(서영조, 2009). 학생들의 정서는 신체활동을 통해 표출된다. 이러한 측면에서 신체활동은 학생들의 정서를 표현하는 리허설의 장인 것이다. 학생들의 정서와 동기를 별개로 생각하기보다는 동일한 맥락에서 접근하는 것이 유용할 것이다.

2007년 개정 체육과 교육과정은 건강활동, 도전활동, 경쟁활동, 표현활동, 여가활동 등의 대영역으로 구성되었다. 각 영역은 학생들에게 신체활동의 가치를 드러내기 위해 도움을 제공하는 데 관심을 집중하고 있다. 학생들이 체육수업의 가치를 높이기 위해서는 수업활동에 흥미를 갖고 적극적으로 참여해야 한다. 학생들이 체육의 가치를 높이고, 체육활동에 몰입할 수 있도록 학습활동 전반에 관심의 초점이 모아져야 하는 이유가 바로 여기에 있다.

학생들에게 어떠한 체육수업을 설계해야 하는지, 어떠한 방법으로 수업의 시작에서부터 마무리까지 접근해 나가야 하는지에 관한 이론적 틀을 마련하는 것은 체육수업을 이끄는 단초가 될 것이다. 하지만 지금까지 많은 연구에서 구체적인 체육수업의 시작과 운영 방법 및 구체적인 방향을 설정하지 못한 것이 현실이다(고문수·이재용, 2003; 김인상, 2003; 인천광역시교육청, 2009). 특히 선행 연구에서 교사가 체육수업을 어떻게 이끌어야 하는가와 관련된 부분으로 교수 전략을 탐색한 연구도 제한적이었기 때문에 체육수업의 방향을 설정하는 데 한계를 지닐 수밖에 없었다(김인상, 2003). 만약 체육수업에서 교사의 교수 전략이 탐색된다면, 학생들이 체육수업을 통해 경험하는 가치 또한 가치 있게 표출될 것이고, 체육수업의 방향을 설정하는 부분에도 도움을 받게 될 것이다.

초등학교 체육수업에서 교수의 교수 전략은 체육수업의 효율성을 높이는 사안으로 중요성을 지니고 있다. 본 연구에서 제안한 교사의 교수 전략은 수업 전략과 중층의 구조를 지니고 있다. 따라서 교수 전략과 수업 전략을 분리하기보다는 학습자 중심의 체육수업을 지향해 나가는 데 도움이 되는 큰 그림의 전략 측면에서 동일한 의미로 접근하였다. 예컨대 수업시작을 위한 위치와 대형의 변화, 학습자 중심의 과제제시 주체의 변화, 창의적인 학습환경으로서 수업환경과 프로그램의 개발, 과제행동의 지속화 방안으로 제안된 피드백의 제공 등의 내용을 포함하였다.

초등학교 체육수업에서 교사들에게 무엇이 문제이고, 어떠한 방향으로 수업을 설계하며, 현장의 교사들이 무엇에 관심을 기울여야 하는가에 대한 이해를 제공하는 것은 교사와 학생을 통합하는 체육수업을 지향해 나가는 데 도움이 될 것이다. 이는 현장의 교사들이 지니고 있는 수업지식(pedagogical content knowledge)을 학습자 중심의 활동으로 전개하는 데 도움이 될 것이다. 단순히 교사가 아는 것을 아는 것으로만 지니고 있는 암묵적 지식이 아니라, 학생들에게 주는 것인 실천적 지식으로의 교육적 관점이 모아진다면 교사들이 알고 있는 암묵지는 학생들에게 제공하는 실천지로서 의미 있게 접근해 나갈 것이다(고문수·이재용, 2003; Shulman, 1987).

이러한 측면에서 본 연구는 학교 현장에서 초등학교 교사들이 체육수업의 전개과정에서 암묵지를 실천지로 전개하고 필요한 구체적인 교수 전략을 교사와 학생의 상호 작용 속에서 탐색하는 데 그 목적을 두었다. 교사들이 체육수업을 개선하는 교수 전략의 개발에 관심을 기울이게 된다면 학생들은 체육수업에 더 적극적으로 참여하게 될 것이고 교사들은 체육수업을 개선해 나가는 구체적인 시사점을 제공받게 될 것이다.

Ⅱ. 연구방법

1. 연구참여자

본 연구는 수도권 소재의 Y초등학교 5학년 학생 5명(남 3, 여 2)과 이들을 지도한 체육 전담교사를 연구참여자로 선정하여 2009년 3월부터 10월까지의 초등학교 체육수업에서의 교사의 교수 전략을 탐색하였다. 연구에 참여한 남학생 3명과 여학생 2명은 중간 이상의 운동기능을 소유하고 있다. 연구참여자들은 학년 교육과정 운영계획에 의거하여 진행된 체육수업에 참여하였다. 본 연구는 교사 자신의 수업을 직접 탐구함으로써 자신의 수업지식을 스스로 형성해 가는 연구자의 입장에서 접근하였다. 연구참여자의 이름은 윤리적인 측면을 고려하여 모두 가명을 사용하였다.

2. 자료수집

본 연구는 체육교육과정의 내용 중에서 월별로 한 가지의 학습단원을 선정하여 여러 종류의 학습 형태를 적용하고 학생들이 체육수업에서 경험하는 교육적 가치를 고양하기 위한 방안으로 초등학교 체육수업에서 교사의 교수 전략을 탐색하였다. 체육수업에서는 다양한 학습 형태를 제공하여 학생들이 흥미를 갖고 수업활동에 참여할 수 있도록 안내하였다. 본 연구에서 제공된 학습 형태는 학생들에게 모둠활동을 하는 가운데 모둠원들과 협동할 수 있는 협동학습의 구조로 STAD와 직소 및 TGT가 사용되었다. 협동학습의 구조를 활용하는 과정에서는 모둠 간 경쟁을, 모둠 내 협동을 통해 학생들에게 긍정적인 정서를 마련하는 데 도움을 제공하고자 노력하였다. 본 연구의 수업설계는 <표 15-1>과 같다.

<표 15-1> 수업설계

월	학습 내용	모형
3	Ⅱ-1. 달리기 - 공 이어달리기, 배턴 주고받으면서 달리기	STAD
4	Ⅴ-2. 재미있는 체력운동 - 음악줄넘기, 협동줄넘기(8자 마라톤)	직소
5~6	Ⅳ-1. 손짓, 발짓, 몸짓으로 - 여러 가지 소리에 따라 즉흥 표현하기	문제해결학습
	Ⅰ-2. 기계체조 - 평균대에 오르기, 걷기, 방향 바꾸기 및 균형 잡기, 뛰어내리기	직접교수
9	Ⅲ-1. 구기활동 - 공차기, 공몰기, 간이 축구 하기, 전략중심의 간이 축구 하기	TGT, STAD
10	Ⅱ-3. 던지기 - 숫자판 맞히는 재미있는 놀이 하기, 디스크골프게임 하기	STAD, TGT

인터뷰는 학생들이 체육수업에서 원하는 방향을 알아보고자 5학년 연구실에서 연구참여자와 마주 앉아 2009년 5월과 10월 각각 2회 실시하였다(1회당 30~35분). 인터뷰 내용은 체육수업의 방향, 친구들과의 상호 작용, 창의적인 학습환경의 방향과 자신이 원하는 체육수업의 방향 등이다. 인터뷰 내용에 대해서는 사전에 연구참여자의 동의를 얻어 녹취하였다. 인터뷰 내용을 녹음하면서 녹음되지 않은 연구참여자의 참여태도나 표정 및 개인적인 이야기는 현장노트에 메모하였고, 인터뷰가 끝난 직후에 상세하게 기록하였다. 체육수업을 지도한 교사가 수업에서 경험하거나 생각한 아이디어는 수업일지에 기록하였다. 예컨대 학생에 대하여 알게 된 점, 운동장의 위치에 따른 학생들의 반응, 학생들의 수업참여를 극대화하기 위한 방안으로 체육수업에서 변화해야 할 내용 등이다. 연구참여자의 체육일기는 1주일에 한 번씩 교사에게 바라는 점, 개선해야 할 체육수업 등에 대한 자신의 느낌을 자유롭게 작성하도록 하였다. 본 연구자는 매주 금요일 학생들이 제출한 체육일기의 내용을 읽고, 중요한 의미를 포함하고 있는 단어에 밑줄을 그으면서 즐거운 체육수업을 위한 실마리를 제안하였다.

3. 자료분석

인터뷰와 연구참여자의 체육일기 및 수업지도교사의 수업일지는 Spradley(1979)가 제안한 영역 분석과 분류 분석을 토대로 분석하였다. 영역 분석에서는 수집된 자료를 반복하여 읽으면서 중요하다고 판단되는 학생들의 체육수업에 대한 생각과 관련된 내용을 찾아서 그 내용을 가장 잘 요약해 줄 수 있는 주제를 빈 공간에 기입하였다. 연구참여자의 체육일기는 체육수업의 가치와 관련된 내용을 중심으로 줄 단위로 분석하였다. 분류 분석에서는 소주제를 포괄하는 중간 분류 주제를 찾고, 계속해서 중간 분류 주제를 포괄하는 대주제를 찾아 나갔다. 이 과정에서 수집된 자료를 여러 번 정독하면서 자료의 수집과 분석의 순환적 과정을 계속적으로 거치며 수정·보완하면서 문화적 주제를 찾았다. 지도교사의 수업일지는 내용을 읽으면서 중요하다고 판단되는 학생들과 교사의 상호 작용 및 지도교사가 생각하는 체육수업에 대한 가치에 관련된 내용을 찾아서 그 내용을 가장 잘 요약해 줄 주제를 범주화하였다. 자료 분석과정에서 원자료는 연구참여자를 통해 내용의 정확성 여부를 검토하였다. 연구의 전 과정에서 도출되는 제 문제를 상의하기 위해 연구 동료의 점검을 실시하였다. 또한 구성원 간 검토, 연구 동료의 점검, 인터뷰와 연구참여자의 체육일기를 이용하는 다각도분석으로 자료의 진실성을 확보하였다.

III. 연구 결과 및 논의

본 연구는 초등학교 체육수업에서의 교사의 교수 전략에 초점을 맞추었다. 교사는 다양한 암묵적 지식을 지니고 있다. 그러나 이러한 암묵적 지식은 학습대상에 따라 다양한 실천적 지식으로 전환될 때,

학습자의 참여를 유도하게 된다. 만약 암묵적 지식이 실천적 지식으로 전환되지 못한다면, 실질적으로 학생들에게 동기를 제공하지 못하게 될 것이다. 왜냐하면 각 활동들이 교사가 알고 있는 암묵지로 구성되었을 뿐, 학생들의 발달단계에 맞도록 교사가 실천지로 구성해 나가는 데 구체적인 단서를 제공하고 있지 못하기 때문이다. 각 활동의 내용은 바람직하나, 절차상에서 학생들의 흥미와 관심을 끌어내지 못했다는 것이다. 이것은 무엇을 의미하는가? 교사의 지식이 교사의 지식으로 남아 있을 뿐, 학생들에게 의미 있게 전달되지 못했다는 것이다. 그렇다면 학생들에게 직접적인 전달은 무엇으로 가능할까? 이것은 다름 아닌 학생들의 모습 그 자체가 수업활동과 친숙하게 만들 수 있는 교사의 교수 전략이 동원된다면 학생들이 자신의 신체활동을 폭넓게 펼칠 수 있는 장을 마련하게 될 것이다. 본 연구에서 초등학교 체육수업에서 교사의 교수 전략을 탐색한 결과, '주변에서 중심으로: 수업 장소의 이동', '획일성의 탈피: 수업대형의 가변성', '참여기회의 확대: 과제제시 주체의 변화', '동기유발 시키기: 수업환경과 내용의 개발', '과제행동의 지속화: 적절한 피드백 제공' 등의 다섯 가지 주제가 도출되었다.

1. 주변에서 중심으로: 수업 장소의 이동

최근 학교 현장에서 사용되는 운동장은 반쪽짜리 운동장의 형태를 보인다. 그리고 반쪽자리 운동장에서 학생들은 자리다툼 때문에 갈등을 벌이고 있다. 운동장 한가운데는 텅 비어 있고, 운동장 한쪽 가장자리에서 수업이 진행되고 있는 것이다. 학생들이 체육수업을 통해 통합적인 안목을 형성하기 위해서는 현행 운동장 사용에 대한 반성이 불가피하다. 왜 교사들은 운동장을 제대로 활용하지 못하는가? 왜 학생들은 운동장 가장자리에서 자리다툼을 하면서까지 체육수업에 참여하고 있는가 등에 관심을 기울여야 한다. 본 연구에 참여한 학생들은 교사의 의도에 따라 운동장이 사용되고 있음을 언급하였다. 학생들은 교사들이 운동장의 가장자리를 선호하는 이유에 대해 "가장자리가 덥지 않아서 좋고, 앉아서 쉴 수 있는 공간이 많으며, 수업기자재를 쉽게 옮길 수 있는 곳이다"로 언급하였다. 얼핏 보기에 별문제가 없어 보인다. 그러나 학생들이 수업에 참여하면서 보이는 갈등과 이야기는 운동장 사용의 변화에 간접적인 시사점을 제공한다.

> 여러 반이 체육수업을 할 경우에 어쩔 수 없이 운동장 한쪽에서 할 수는 있지만, 다른 반이 없는데도 운동장 한쪽에서 수업하는 것은 좀 그래요. 다음에는 넓은 곳에서 수업했으면 좋겠어요<규식이와의 인터뷰/2009. 5. 28>.

학생들은 운동장을 사용할 때, 운동장 앞쪽이나 가장자리보다는 운동장 중앙으로 자리를 옮기는 것이 신체활동을 하는 데 도움이 될 뿐만 아니라 공간이 확대됨으로써 몸과 마음이 활짝 열리는 느낌을 제공받을 수 있다고 언급하였다. 학생들은 넓은 곳에서 몸을 자신 있게 움직이기를 원했다. 이러한 측면에서 한두 반의 수업이 이루어지는 경우라면, 하나의 활동을 선정할 때 학생들에게 공간의 이해를 높이기 위해 활동 코너를 여러 곳 선정해야 한다. 그리고 이를 위해서는 학생들이 운동장의 넓은 곳을 이용할 수 있는 수업 활동의 구조도를 머릿속에 간직하고 있어야 한다. 교사에 의해 고안된 체육수업은 학생들의 지루함을 예방하고 학생들에게 예비활동을 제시할 수 있는 장점이 있다.

2. 획일성의 탈피: 수업대형의 가변성

수업대형에 대한 고정관념의 틀에서 벗어나야 할 시기가 왔다. 체육수업에서 수업대형은 학생들의 수업활동에 영향을 끼치고 있음에도 불구하고 지금까지 많은 교사들이 관심을 기울이지 않았다. 이는 체육활동의 중요성은 인정하면서도 가장 기본이 되는 부분에 관심을 등한시한 결과로 보인다. 그렇다면 수업의 대형은 어떻게 이루어져야 할까? 지금까지 사용되어 온 4열 종대이어야 하는가? 아니면 4열 횡대이어야 하는가? 본 연구에서는 둘 다 적절하지 못한 것으로 나타났다. 그 이유는 연구참여자들은 4열 종대든 4열 횡대든 학생들에게 순서적인 나열을 만들 가능성이 높고, 수업에 적극적으로 참여하지 못하게 만드는 단점을 지니고 있다는 것이다.

> 4학년 때까지는 항상 4열로만 줄을 섰다. 나는 운동을 잘 못하기 때문에 만날 뒤에만 서게 되었다. 앞에 있는 선생님도 잘 보이지 않는다. 집중도 안 된다. 혹시 앞에 섰더라면 운동에 신경을 쓸 수도 있었을 텐데……
> <원희의 체육일기/2009. 4. 8>.

연구참여자들은 4열로 이루어지는 수업대형이 수의 학생들에게는 유익할지 모르지만, 다수의 학생들에게는 적합하지 않다는 반응이다. 운동기능이 좋은 학생은 앞쪽에 서고, 운동기능이 부족한 학생은 중심으로부터 멀리 서도록 만든 하나의 요인임을 지적하였다. 이는 체육수업의 가치에서 제시하고 있는 학생들의 정신적인 측면에서 부정적인 영향을 미치는 요인 중의 하나이다(고문수, 2008; 고문수, 2010). 그렇다면 수업대형은 어떻게 이루어져야 하는가? 연구참여자들은 수업대형의 획일성을 탈피할 것을 주장하면서 원형으로 이루어진 수업형태를 제안하였다.

5학년부터는 체육수업을 할 때, 원으로 서서 활동을 한다. 그 전에는 항상 두 줄로 서서 키순서대로만 섰다. 그래서 남자와 여자 따로따로 서게 되고, 준비운동이나 활동을 할 때, 선생님 설명이 잘 들리지 않았고 항상 같은 친구들과 서니까 다른 친구들하고도 서 보고 싶다는 생각이 들었다. 원으로 준비운동과 정리운동을 하니까 서로 다른 친구들과도 옆에 서게 되면서 더 친한 친구도 많이 생겼다<유빈이의 체육일기/2009. 4. 9>.

연구참여자들은 수업대형이 원형으로 이루어져야 하는 이유에 대해 순서적인 계열성보다는 순환성을 토대로 잘하는 학생과 못하는 학생이 함께 어울릴 수 있다는 부분에 긍정적인 의견을 제시하였다. 즉, 자신이 옆 사람보다 순서적으로 부족하지 않다는 인식을 느낌으로써 부정적인 정서가 만들어지지 않아서 좋고 긍정적인 정서가 유발되어 체육수업에 활력소를 제공한다고 하였다.

3. 참여기회의 확대: 과제제시 주체의 변화

과제제시는 교사의 교수활동 중의 하나로 수업목표, 수업상황 소개, 수업조직 등의 구성 요소를 소개하는 행위를 의미하고, 학습자의 운동수행 능력을 가져와 학습의 효율성을 높일 수 있는 기초가 된다(Rink, 1993). 학생들은 과제가 자신의 수준보다 난이도가 높을 때 소극적인 참여를 보이는 반면, 과제가 학생들의 수준에 적합한 활동이 제공될 때, 학습자들은 적극적으로 참여하게 된다(안양옥, 2006; 이재용 외 3인 역, 2005). 이에 학생들이 호기심을 가지고 참여하도록 과제를 학습자 수준에 적합하도록 제공해야 한다. 과제의 난이도가 높았다면 학생 개인이 문제를 해결하기보다는 모둠원들이 공동으로 해결할 수 있는 기회를 제공하는 것도 좋은 방법이다. 이러한 과제는 모둠 내에서는 협동을, 모둠 간에는 경쟁을 유도하면서 수업활동에 적극적인 참여를 유도하게 된다. 만약 주어진 과제가 학생들이 수준에 어울리지 않는다면, 학생들의 특성을 고려하여 학생들이 활동에 쉽게 접근해 갈 수 있도록 문제를 정렬해 주어야 한다. 학생들이 자신의 수준에 적합하다고 생각했을 때, 학생들의 참여는 적극성을 보이게 된다. 이러한 적극성은 다른 신체활동을 하게 되는 유인책이 된다. 학생들이 할 수 있다는 가능성과 현실적인 측면에서 가능함을 제공하는 것은 좋은 수업의 원천이다. 교사들은 학생들이 갈등하는 삶보다는 성취의 삶으로 옮겨 가도록 학습자 수준을 고려한 배려로 다가가는 노력이 필요하다.

대부분 체육수업에서는 교사중심으로 내용을 전개하다 보니 학생들이 흥미를 잃게 되는 경우를 종종 보게 된다. 시범을 보이는 경우에서도 이를 엿볼 수 있다. 시범은 고난이도의 시범보다는 학생들이 쉽게 보고 이해할 수 있는 수준이면 적합하다. 시범을 보이는 과제제시의 주체도 반드시 교사일 필요는 없다. 활동내용에 따라서는 오히려 학생들이 적절한 역할모델이 될 수도 있다. 이러한 부분에 대해 세심하게 고려된다면 시범을 보이거나 체육수업을 진행하는 데 소극적인 경향성을 보이는 교사들에게도 수업에서 적극성을 가져오는 데 기여하게 될 것이다. 모든 것을 교사가 해야 한다는 생각보다는 학생과 함께 체육수업을 만들어 간다는 생각으로 체육수업을 진행하는 것이 체육의 가치를 높이는 계기가 될 것이다.

애들이 체육을 무척 좋아해요. 시범을 보일 경우 꼭 선생님만이 하시는 것이 아니라 시범을 보일 수 있는 친구들에게 기회를 주시거든요. 하고 싶은 친구가 할 수 있는 기회가 있다는 것만으로도 체육은 즐겁게 만드는 것 같아요<덕훈이와의 인터뷰/2009. 9. 17>.

4. 동기유발 시키기: 수업환경과 내용의 개발

교사들은 학습환경에 적합하도록 학습활동을 고안하거나 부족한 교수·학습 자료 그리고 장비에 어울리도록 활동을 변화시켜야 할 의무가 있다. 선행 연구에 따르면 전문적인 교사들은 학생들에게 효율적인 학습환경을 제공할 목적으로 교실환경을 변화시키고 수정해 나가는 것으로 확인되었다(고문수, 2006; 고문수·이재용, 2003; Housner & Griffey, 1985). 효율적인 체육수업을 하기 위해서는 교수활동에 필요한 자료를 신속하게 준비해야 한다. 물론 수업내용에 따른 자료의 활용능력과 준비에도 관심을 기울여야 한다. 그리고 학생들에게 호기심을 불러일으킬 수 있는 다양한 교수·학습 자료와 학교 체육시설을 현대적이고 참신한 체육시설로 교체할 필요가 있다. 체육수업에서 교수·학습 자료로 킨볼, 태그플래그, 패드민턴, 디스크야구, 도지비피구, 디스크골프, 플로어볼 등을 통해 학생들이 다양한 도전활동과 경쟁활동에 참여할 수 있는 유인가를 제공해야 한다.

학생들이 신체활동의 결과로 심동적·인지적·정의적 가치를 쉽게 얻을 수는 없다. 교사가 의도적이고 계획적으로 준비하여 학생들에게 제공할 때만이 가치의 실현에 한 걸음 다가갈 것이기 때문이다. 학생들에게 참신한 수업 교구가 도입된 체육수업이 제공될 때 체육교육의 가치를 불러일으킬 수 있다. 초등학교 체육수업에서는 다양하고 체계적인 수업내용의 개발과 보급에도 관심을 기울여야 한다. 학교별로 수업내용 전문가 집단을 구성하여 학생들의 흥미도를 고려한 다양한 수업 모형, 개인차를 고려한 수업 모형, 가정과 연계된 수업 모형, 다학급이 동시에 참여할 수 있는 수업 모형 및 민족문화 전승을 위한 수업 모형 등을 개발하고 보급하도록 해야 한다(이상기, 2005). 특히, 실내에서 실시 가능한 체력 증진 프로그램을 개발하여 악천후 시 실내 수업을 해야 할 경우에 적극 활용하도록 하는 방안을 마련해야 한다.

5. 과제행동의 지속화: 적절한 피드백 제공

체육수업의 질은 체육교육의 통합적인 안목을 키우는 데 도움이 되는 활동을 전개하고, 이 부분이 활동의 결과로 뚜렷하게 나타나고 있는지에 대한 평가방안이 마련될 때 높아지게 된다. 학기 초 체육교과에 대한 이해를 가지고 있는 사람들이 집단의 구성원으로 참여하여 수행평가가 단순히 전년도 자료를 그대로 활용하는 수준을 넘어 합의의 과정을 통해 체육과 성취기준을 마련하고, 이 기준에 따른 통합적인 평가 방안들이 마련될 수 있도록 추진해 나가야 한다. 무엇보다 평가는 수업활동에 대한 구체적인 피드백 자료로 활용되어 학생들의 성장에 도움이 되도록 해야 한다.

> 가르치고자 하는 내용에 대하여 동작 설명만 해 주었을 때는 내용을 잘 이해하는 것 같지만 정작 이해를 잘 못하는 것이 아닌가? 학생들에게 동작에 대한 이유나 근거를 분명하게 제시해 줄 때, 자신의 동작에 대해 스스로 생각해 보는 기회를 얻는 것 같다. 이 과정에서 학생들은 기본 운동기능을 수행하는 방법을 오랫동안 기억하게 되며 탐구적 학습능력을 배양하는 부분에도 도움이 되는 것으로 나타났다<연구자의 수업일지 내용 중에서/2009. 10. 06>.

피드백은 학습자가 운동 반응의 결과에 관하여 얻는 다양한 정보로 교수의 중요한 부분이다. 적절한 피드백은 학생들의 자긍심을 높이고 수행의 초점을 높이며 과제행동의 비율을 증가시키게 된다. 학습자가 무엇을 배워야 하고 무엇을 피해야 하며 어떻게 수행이 수정될 수 있는가에 대한 정보를 제공하기 때문에 피드백을 제공하는 것은 기능을 가르칠 때 중요한 내용이다. 평가에 따른 피드백을 제공할 때에는 두 가지 이상의 감각이 통합되는 활동을 통해 학생들의 참여를 극대화시킬 수 있다. 학생들의 파지는 하나의 감각보다는 두 가지 이상의 감각이 동원될 때, 인지적으로 깊이 남게 된다. 학생들에게 피드백을 제공하는 경우에도 감각이 통합된 피드백을 제공하는 것이 학습의 목표를 달성하는 데 큰 도움이 된다. 학생들이 배구의 오버토스를 배우는 시간이라면 동작을 보여 주면서 언어 '머리 위에서'라는 단서를 사용하여 학생들이 감각을 통합해야 과제행동을 지속할 수 있게 된다.

Ⅳ. 결론

본 연구에서 초등학교 체육수업에서 좋은 체육수업을 위한 교사의 교수 전략을 탐색한 결과 다섯 가지가 도출되었다. 첫째, '주변에서 중심으로: 수업 장소의 이동'을 제안하였다. 둘째, '획일성의 탈피: 수업대형의 가변성'을 제안하였다. 셋째, '참여기회의 확대: 과제제시 주체의 변화'를 제안하였다. 넷째, '동기유발 시키기: 수업환경과 내용의 개발'을 제안하였다. 다섯째, '과제행동의 지속화: 적절한 피드백 제공'을 제안하였다. 이러한 연구결과가 학교 현장에서 지향되기 위해서는 체육수업을 지도하는 교사의 전문성이 요청된다.

체육수업은 체육교사의 전문성으로부터 나온다. 아담 브룩스는 "수업의 질은 교사의 질을 능가할 수 없다"는 표현을 통해 교사의 중요성을 언급하였다. 체육수업과 관련하여 교사의 중요성 중에서 무엇보다 우선시되는 것은 교사의 전문성이다. 현장의 교사들은 교사 전문성의 전제요소로 마음의 지도(MAP)를 간직하고 있어야 한다(고문수, 2010). 그리고 나서 마음의 지도를 바탕으로 교사의 전문성(TEMPO)을 함양해 나가야 할 것이다. MAP은 도덕성(morality)과 책무성(accountability) 그리고 열정(passion)을 지닌 교사를 의미한다. 그리고 이를 기반으로 TEMPO를 펼치기 위한 교사의 노력에 관심을 경주해야 할 것이다. 여기서 T는 과제참여시간(time of task)을 의미한다. 교사는 학생들이 과제에 참여할 수 있는 충분한 시간을 제공하기 위해 불필요한 설명을 줄이고 학생들이 신체활동에 참여하도록 안내해야 한다. E는 학생에 대한 교사의 기대(expectation)를 의미한다. 교사는 학생을 가능성의 존재로 인식하고 학생들이 신체활동에 도전하여 성공할 수 있다는 자신감을 심어 주어야 한다. M은 학생의 활동에 대한 모니터링(monitoring)으로 학생의 활동과 움직임을 자세히 관찰할 뿐만 아니라 과제수행의 제반 움직임에도 관심을 게을리 하지 말아야 할 것이다. P는 학생이 당면한 문제를 정렬(problem assigned)하는 것을 의미한다. 교사는 학습자수준에서 가르치기와 과제 내 변형을 통해 학생들이 당면한 신체활동의 문제를 해결할 수 있는 전문성을 지니고 있어야 한다. 그리고 O는 수업조직(organization)을 의미한다. 모둠구성이나 활동에 대한 시간분배 및 비 과제 행동을 줄이기 위해 교사의 전문성이 요구되는 부분이다. 특히 전문성을 지닌 교사는 학생에 대한 관심과 노력이 체육교육의 방향을 설계하고, 이러한 노력이 체육교육의 가치를 높게 드러내는 원동력임을 잊지 말아야 할 것이다(고문수, 2010).

2007년 개정 체육과 교육과정은 학생들에게 신체적·인지적·정서적으로 통합된 체육활동을 지향하는 데 유익한 활동으로 구성하였다(유정애, 2007). 이를 교사와 학생 측면에서 교수활동과 학습활동으로 나누어 설명할 수 있다. 교사의 교수활동은 직접교수와 간접교수로 나눌 수 있다. 그리고 학생의 학습활동은 직접체험활동과 간접체험활동으로 나눌 수 있다. 체육수업은 이러한 네 가지 활동이 서로 복합적으로 작용하는 가운데 수업의 질을 높이게 된다(최의창, 2007). 연구결과에서 나타난 것처럼 연구참여자들에게 체육수업을 통해 자신감과 도전감을 키우고 갈등을 줄여 나가기 위해서는 협동학습의 구조가 활용된 학생팀성취배분(STAD)과 팀게임토너먼트(TGT)를 제안한다. 이러한 협동학습의 구조는 모둠 내 협동을 모둠 간 경쟁을 유발하면서 체육수업을 역동적으로 이끄는 장점을 지니고 있다(유정애 외 8인, 2003). 이처럼 교사는 체육수업의 변화에 대하여 관심을 기울여야 한다. 체육교육의 변화는 외부의 영향보다는 내부적인 변화의 바람이 강할 때 활발하게 진행된다. 이러한 변화의 지향점에 교사가 서 있는 것이다. 이는 교사의 전문성 내지는 책무성과 밀접한 관련을 맺게 된다. 초등학교 체육수업의 변화 지향 과제를 설정하는 데 있어서 무엇보다도 교사들의 관심과 변화가 중요하다. 아무리 좋은 내용이라도 이를 현장에서 실천하는 노력이 기울여지지 않는다면 의미 없는 공허한 메아리가 될 수밖에 없기 때문이다.

연구제목: 초등학생의 뉴스포츠에 대한 경험과 인식

Ⅰ. 서론

현행 체육교육과정과 교과서의 내용은 근대 스포츠 종목 중심으로 구성되어 왔고, 체육수업의 소재가 되고 있는 현대 스포츠들은 고도로 조직화되어 있고 규칙도 점점 전문화되어 가고 있다(박종은, 2009). 정형화된 규칙하에서의 스포츠 활동은 선수들의 동작을 얼마나 잘 모방하느냐의 정도를 알아볼 수 있을 뿐 학생들이 창의적이거나 능동적인 이해를 통한 직접 참여의 기회를 제한하기도 한다. 무엇보다 여학생들에게 있어서는 어려운 동작을 익히지 못하면서 경험하는 좌절감으로 인하여 스포츠의 즐거움을 만끽하지 못하고 수업에 대한 만족도를 낮게 만들 수 있다.

학생들에게 뉴스포츠는 기존의 과거와 비교하여 학생들의 체력과 기능 수준은 낮아져 있는데도 불구하고 현장에서 가르치는 체육수업의 내용은 여전히 기능 향상을 위주로 한 수업으로 이루어지기 때문에 여학생이나 체력과 기능 수준이 낮은 학생들로 하여금 체육수업에 집중하지 못하는 현상이 일어나는 등 학교체육의 위축을 부채질하고 있다(고문수, 2010; 이근오, 2007). 이러한 측면에서 학생들에게 좀 더 쉬우면서 재미있게 다가갈 수 있는 다양한 체육수업 프로그램을 도입하여 학교체육에서 사회 및 학생들의 요구를 적극적으로 수용해야 한다.

최근 체육활동의 중요성이 사회적으로 부각되면서 2009년부터 단계적으로 시행되고 있는 개정 체육과 교육과정에서는 '신체활동의 가치'를 중시하는 성격을 가지고 단위학교와 교사에 따라 자율적으로 체육과 교육과정을 운영할 것을 제안하였다. 그리고 학습자 중심의 교수·학습 방법을 강조하고, 구기 종목 위주의 체육수업에서 뉴스포츠나 스포츠 댄스 등 신체 표현활동 중심으로 바꾼다는 계획을 발표하였다(교육인적자원부, 2007). 그러나 신체활동 자체에 대한 낮은 인식과 제도적 배려가 부족하여 학생의 만족도를 충족시키지 못하고 있는 실정이다.

따라서 교육현장의 교사들은 체육수업을 기존의 기능위주의 수업이 아닌, 개정교육과정에서 강조하는 가치중심으로의 수업 방법을 모색할 필요가 있고, 낮은 체력수준을 보이는 학생들과 여학생 등 체육수업시간에 상대적으로 소외받는 학생들이 체육수업에 적극적으로 참여할 수 있도록 새롭고 대안적인 프로그램을 적용해야 할 필요성이 있다.

최근 빠르게 도입되고 있는 뉴스포츠의 수업 적용은 스포츠에 대한 이해를 돕고, 체육에 대한 긍정적인 정서와 신체활동을 경험하고 재미를 느끼며 나아가 학생의 건강 체력 향상에 밑거름이 될 것이다. 실제로 체육교육의 현장에서 뉴스포츠 종목의 체육수업 도입은 초등학교 학생들의 참여태도, 흥미도, 기초체력을 효율적으로 향상시킨다는 긍정적인 연구결과가 도출되기도 하였다(이근오, 2007).

뉴스포츠란 국제적으로 규격이 통일된 기존의 스포츠와는 달리 규칙의 유연성과 게임의 간이성 등을 특징으로 하는 참여자 지향의 새로운 형태의 스포츠 활동을 의미한다. 하지만 뉴스포츠의 뉴(new)에 대한 의미가 반대적인 성격보다는 대안적인 성격을 지닌다(류태호·이병준, 2006). 이에 새로운 체육수업의 내용으로 무비판적 수용보다는 체육교육이 목표로 하고 있는 다양한 가치를 실현시키기 위해 기존 근대 스포츠 종목이 갖고 있는 약점을 보완하는 측면에서 선별적으로 수용되어야 한다(김성곤, 2008에서 재인용).

뉴스포츠는 전통적인 스포츠와 비교해 볼 때, 교육적 가능성이 충분한 것으로 나타났다(고문수, 2010; 박성준, 2005; 류태호, 2005; 류태호 · 이병준, 2006; 김승재, 2007). 최근에는 신체활동 가치중심의 교육과정을 실현하는 방법으로 뉴스포츠 종목을 교육과정에 포함시켜야 한다는 주장도 제기되었다(유정애, 2005). 이와 같은 흐름에 발맞추어 뉴스포츠 관련 연구들이 점차적으로 많아지고 있는 실정이다(권진규, 2007; 김현우, 2010; 류태호 · 이병준, 2006; 이근오, 2007; 이병관, 2007).

지금까지 이루어진 국내의 뉴스포츠 관련 선행연구를 검토해 보면 다음과 같다. 뉴스포츠가 전통적 스포츠와 어떠한 차이점이 있는지를 밝히고, 그 교육적 가능성 및 도입 방안에 대한 연구(김승재 · 진진희 · 홍석표, 2008; 류태호, 2005; 박성준, 2006; 손환무, 2008; 이병관, 2007), 뉴스포츠가 체육수업 및 교정활동 프로그램에 도입되었을 때 어떤 효과가 있는지에 대한 연구(권진규, 2007; 김태경, 2008; 김현우, 2008; 전신옥, 2008; 최영효, 2008), 뉴스포츠의 개념과 교육적 의미에 대한 연구(류태호 · 이병준, 2006; 정기채, 2005), 뉴스포츠의 단일 종목의 효과에 대한 연구(김규성, 2007; 김성곤, 2008; 장경환, 2009) 등으로 구분할 수 있다.

연구대상을 대상을 기준으로 구분해 보면, 초등학생 및 교사에 대한 연구(김영범, 2008; 이근오, 2007; 이병화, 2008; 임수민, 2009), 중학생 및 교사에 대한 연구(김규성, 2007; 김현우, 2008; 박성준, 2006; 손환무, 2008), 고등학생 및 교사에 대한 연구(권진규, 2007; 최영효, 2008), 중고등학생 및 교사에 대한 연구(김승재 · 김진희 · 홍석표, 2008), 교육대학의 예비교사에 대한 연구(김성곤, 2008), 일반인에 대한 연구(김희상, 2003) 등으로 구분할 수 있다.

하지만 대부분의 연구가 연구자의 관점에서 관찰 가능한 행동만을 이해하는 수준에 그치고 뉴스포츠 활동에 관한 실제적인 경험 연구가 이루어지지 않고 있는 실정에 아쉬움이 있다. 이에 체육수업 시 뉴스포츠 활동을 통해서 학생이 겪게 되는 경험과 그 경험의 의미를 탐색하게 된다면 현장의 체육활동에 대한 인식을 새롭게 할 수 있고 체육교육의 문제점들을 개선하는 데 큰 의미를 제공하게 될 것이다.

본 연구는 '뉴스포츠' 활동의 전개 과정 속에서 학생의 경험에 주목하여 학생들이 뉴스포츠 활동에서의 경험과 경험에 대한 의미를 탐색하는 데 그 목적을 두었다. 체육수업에서 내러티브 탐구를 통해 뉴스포츠 활동의 경험 이야기와 그 경험의 의미를 구체적으로 살펴보기 위해 학생들이 뉴스포츠 활동에서 무엇을 경험하는가와 학생들이 경험하는 뉴스포츠 활동은 학교생활에 어떠한 의미를 제공하는가의 측면을 탐색하게 된다면 학교체육에서 학생들이 무엇을 원하고 그들이 어떠한 모습으로 체육활동에 참여하는지를 이해하는 데 큰 도움이 될 것이다.

Ⅱ. 연구방법

1. 연구참여자

내러티브 탐구 방법에서 연구참여자의 구술과 경험적 글쓰기는 연구결과에 중요한 영향을 미친다. 이는 단순한 연구참여자 수준을 넘어 공동연구자로서 그들의 관점에서 경험의 의미를 탐구하기 때문에 연구참여자의 관점이 무엇보다 중요하다. 내러티브 탐구에서 연구주제와 연구목적 및 연구내용에 적합한 연구참여자의 선정이 무엇보다 우선시되는 이유가 여기에 있다(염지숙, 2003).

연구참여자들의 뉴스포츠 활동 경험을 파악하고자 본 연구자가 담임하는 인천광역시 소재의 Y초등학교 4학년 학생 중 운동을 좋아하는 남녀 학생 각각 1명과 운동을 좋아하지 않는 남녀 학생 각각 1명,

총 4명의 학생을 최종 연구참여자로 선정하였다. 연구참여자의 선정 과정에서 고려한 사항은 다음과 같다.

첫째, 뉴스포츠 활동도 체육활동과 무관하지 않으므로 연구의 정확성을 위해 체육수업에서 적극적인 학생과 소극적인 학생을 선정하고자 노력하였다. 이를 위해 3월에 학급의 전체 학생들의 활동모습을 관찰하였다. 둘째, 자신의 생각을 적극적으로 표현하고 자신의 경험을 글로 표현할 수 있는 학생을 선정하여 자신이 겪은 경험의 이야기를 구체적으로 이야기하도록 하였다. 이를 위해 3월에는 체육수업을 하고 난 뒤에 학급의 전체 학생들에게 체육일기를 쓰도록 하였다.

본 연구자는 연구참여자들의 담임이면서 체육수업 개선 연구를 진행하는 연구자의 입장에서 접근하였다. 본 연구자는 인천광역시 소재의 Y초등학교에 재직하고 있으며 교직 경력은 14년이고 나이는 30대 후반이다. 본 연구자는 일반대학원에서 스포츠교육학 전공으로 박사학위를 받았고, 현장에서 교구를 활용한 체육프로그램의 구안과 체육과 수업 방법의 개선에 관심을 기울이고 있다. 교구는 학생들의 수업 활동에 대한 적극성과 지속성을 유지하는 데 도움을 제공하는 것으로 나타났다(고문수, 2010).

다음은 뉴스포츠 활동에 참여한 네 명의 연구참여자에 대한 설명이다.

유나는 공부도 잘하고 학교생활도 착실한 모범적인 여학생이다. 친구들을 리드할 정도로 친구관계가 좋은 편이다. 유나는 학교 육상대회 대표선수로 뽑힐 정도로 운동에도 소질이 있으며, 체육수업에도 자신감을 갖고 적극적으로 참여하는 학생이다. 유나는 체육수업 중 교구를 활용한 신체활동 프로그램이 적용된 게임활동을 좋아하고 여학생들을 리드한다.

석윤이는 학급이나 친구들을 위한 일이라면 먼저 나서서 봉사하기를 좋아하는 남학생이다. 체육수업시간에는 다른 친구들보다 운동능력이 부족하여 항상 주변인물로 남는다. 주로 여학생들과 대화를 많이 나누며 남학생들과의 관계는 그리 좋은 편이 아니다.

수지는 키가 작고 성격이 유순한 여학생이다. 움직이는 것을 워낙 싫어해서 체육시간에는 항상 수동적으로 움직이곤 한다. 게임활동 시에는 거의 참여를 하지 않고 이탈행동을 많이 해서 연구자에게 자주 지적을 받는다.

선용이는 항상 힘이 넘치며 운동을 매우 좋아하는 남학생이다. 항상 남학생들과 무리를 지어 다니며 체육수업이 있는 날에는 학교에도 일찍 올 정도로 체육수업시간을 특별히 좋아한다. 방과 후에는 운동장에 남아서 축구를 할 정도로 생활 자체가 신체활동과 관련이 있다.

2. 자료수집

본 연구는 2009년 3월부터 7월까지 매주 1회, 주 마지막 날 학교 정규 체육수업시간을 활용하여 진행되었다. 본 연구에 대한 이론적 연구와 내러티브 탐구 방법, 면담방법 및 질문지 등에 관한 기초 작업들은 2009년 1월과 2월 사이에 진행되었다.

자료는 참여관찰, 심층면담, 연구참여자의 체육일기 등을 통해 수집하였다. 본 연구자는 연구참여자인 초등학교 4학년 학생들의 신체발달과 인지적 발달을 고려하면서 뉴스포츠 활동을 하나씩 선정해 나갔다. 그리고 학교 운동장과 제반 시설을 감안한 뒤 본교에서 실천 가능한 활동으로 <표 15-2>의 뉴스포츠 활동 프로그램을 구성하였고, 학생들의 정서발달에 도움이 되는 협동학습의 구조를 활용한 체육수업을 구안하여 적용해 나갔다.

<표 15-2> 뉴스포츠 활동 프로그램

월	학습 내용	수업 모형
3	도지비피구, 킨볼	STAD
4	티볼, 츄크볼, 디스크골프, 발야구, 컬러 스쿠프	직소, STAD
5	티볼, 패드민턴, 소프트발리볼	직접교수, STAD
6	패드민턴, 플로어볼	TGT, STAD
7	플로어볼, 킥 골프	STAD, TGT

1) 참여관찰

Patton(1990)은 참여관찰을 연구자들의 참여 정도에 따라 '비참여 관찰', '완전한 관찰자로서 참여 관찰', '참여자로서의 참여관찰', '관찰자로서 참여관찰', '완전한 참여자로서 참여관찰'로 구분하였다. 이 중 본 연구는 네 번째인 '관찰자로서 참여관찰'을 실시하였다. 연구자의 참여 관찰은 2009년 3월부터 체육수업시간에 이루어졌으며 3월에 관찰을 통해 연구참여자를 선정하였다. 뉴스포츠 종목을 실천한 3월 중순부터는 선정된 연구참여자의 참여도뿐만 아니라 순간에 나타나는 즉흥적인 표현까지 놓치지 않기 위해 현장노트를 들고 수업에 참여하였다.

2) 심층면담

심층면담은 연구참여자들이 자신들의 생활세계를 어떻게 이해하고 있는지를 알고자 할 때 또는 관찰할 수 없는 행동이나 느낌 등을 이해하고자 할 때, 그들의 행동이나 이야기의 심층적인 맥락을 이해하는 데 유용하게 사용되는 방법이다. 본 연구의 심층면담에서는 연구참여자들이 뉴스포츠를 통해 경험한 것과 느낀 것에 대해 비구조화된 면담 방식으로 실시하였다. 면담의 내용은 뉴스포츠 종목에 대하여 경험하고 느낀 점에 대하여 이야기하고, 중간 중간 연구자에게 필요한 질문에 대하여 답하는 방식으로 실시하였다.

내러티브 이야기하기 단계에서는 연구참여자의 경험에 대한 중요한 순간에 대해서도 이야기하도록 하기 위해서 인터뷰를 하였다. 이 과정에서 사용한 개방형 질문은 다른 종류의 질문보다 내러티브화하기에 바람직하다. 인터뷰를 할 때에는 편안함을 느낄 수 있도록 연구참여자들의 교실에서 개방적 인터뷰를 하였다. 인터뷰 과정에서는 연구참여자들의 뉴스포츠 활동 경험에 대한 이야기를 주의 깊게 경청하면서 연구참여자가 자유롭게 자신의 의견을 말할 수 있는 분위기를 조성하고자 노력하였다.

3) 연구참여자의 체육일기

뉴스포츠 활동을 하고 난 뒤에는 체육일기를 쓰도록 하여 연구참여자에 대한 경험의 내용을 수집하였다. 내러티브 탐구를 통한 연구참여자들의 글쓰기는 첫 인터뷰를 마친 후, 체육일기장에 자신이 겪은 경험에 대하여 그날 기억에 남는 일 혹은 지난날 기억에 남는 일을 반성적 사고를 통해 자유롭게 기술하도록 하였다. 이때 사건 자체를 내용중심으로 쓰기보다는 자신의 생각이나 상황에 대한 갈등을 기록할 것을 제안하였다.

3. 자료분석

본 연구에서 참여관찰, 인터뷰 그리고 연구참여자의 체육일기로 수집된 자료는 Spradley(1979)가 제안한 영역 분석과 분류 분석을 토대로 분석하였다. 먼저, 수집된 자료를 반복하여 읽으면서 계속되는 패턴과 줄거리를 찾았고, 뉴스포츠 경험의 의미를 표현하는 핵심용어를 도출하였다. 주요 용어들을 다시 조직하여 공통적인 것들로 묶고 합병하는 방식으로 경험 요소를 체계적으로 조직하였다. 이후 다시 자료를 읽으면서 선정한 경험 요소들의 타당성을 점검하였고 분석 작업을 통해 최종적으로 세 개의 경험 요소를 도출하였다.

연구 텍스트를 구성하는 과정에서는 글을 다시 읽으면서 선정된 세 개의 경험요소 각각에 대한 주요 사례를 도출하여 각 요소별로 정리하였다(염지숙, 2003; Clandinin & Connely, 2000). 그리고 연구참여자들의 이야기들을 다시 이야기하는 형식으로 뉴스포츠 경험의 의미를 분석해 나갔다(박현숙, 2006).

Ⅲ. 연구결과

뉴스포츠 활동에 대한 경험과 경험의 의미를 분석한 결과, 연구참여자들은 참여의지를 높이는 체육수업, 도전과 다양한 가치의 체험, 여가스포츠로 입문하기 등을 피력하였다. 연구참여자들 경험의 연속선상에서 경험의 의미를 가장 잘 표현할 수 있는 이야기를 중심으로 그 특징을 살펴보고, 뉴스포츠 활동의 의미를 분석하였다.

1. 참여의지를 제공하는 체육수업

연구참여자들은 기존의 체육수업을 교과라는 인식보다는 단순히 노는 시간, 스트레스를 푸는 시간으로 인식하였다. 이들은 체육수업 시간을 최소한의 규칙은 있으나 자신들의 신체활동에 대하여 교사의 개입이 거의 없는 스트레스를 푸는 '부담 없이 노는 시간'으로 인식하였다. 여학생들은 체육수업에서 많은 종목들이 높은 수준의 기술을 요구하기 때문에 기초 기능을 숙달하는 것에 많은 부담을 느끼고 있었으며, 때로는 낮은 운동기능으로 좌절을 경험하기도 하였다. 이런 좌절감은 수업의 동기를 떨어뜨려 체육수업을 부정적으로 생각하는 원인이 되었다.

체육시간에 피구하는 것이 제일 싫다. 다른 여자 친구들은 피구가 제일 좋다고 하는데…… 그 이유는 공을 한 번도 만져 보지 못하기 때문이다. 혹시 던질 기회가 생겨서 던지면 친구들은 잘 못했다고 핀잔을 한다. 어떻게 그렇게 던질 수 있냐고…… 오늘도 체육시간에 피구를 했다. 정말 악몽의 시간이었다. 내가 하고 싶은 종목은 줄넘기나 패드민턴과 같은 게임이다<수지의 체육일기/2009. 4. 3>.

학생들의 수업참여는 학습동기로부터 만들어진다. 그리고 여러 가지 참여 동기 중에서 체육수업을 위해 가장 중요한 것은 성공의 경험을 제공하여 자신감을 키워 주는 것이다. 교사는 학생들에게 체육수업에서 성공을 경험할 수 있도록 해 주어야 한다. 전통적인 근대스포츠 종목 수업에서 가장 쉽게 발견되는 모순은 모든 학생들의 능력이 똑같다는 전제로 학생들을 가르치는 것이다. 이때 어려운 기능을 무리 없이 해내는 학생이 있는가 하면 어떤 학생은 구경꾼으로 전락하는 경우가 많다. 수준별 수업을 강조하지만 정작 체육수업에서는 그 말이 예외가 되는 듯하다.

국어와 수학의 주지 교과목들은 교육청이나 학교에서 학생들의 수준을 평가하고 보충을 제공해 주지만 체육교과는 아직도 많은 학교에서 아나공 수업이 이루어지고 있는데도 전혀 관심이 없다. 교사의 노력이 선행되어야겠지만 운동기능의 차가 현저히 발생되는 근대스포츠 종목에서 교사의 교수·학습 지도방법에 대한 반성이 절실히 필요하다.

연구참여자들은 패드민턴, 츄크볼, 티볼, 소프트발리볼 등의 뉴스포츠 활동에서 운동기능이 높은 남학생들이나 운동기능이 낮은 여학생들 모두 운동기능 수준이나 체력, 성별에 상관없이 모두가 재미있게 즐길 수 있는 종목으로 인식하였고, 성공을 경험해 나갔다. 이 중 여학생들은 자신이 즐기기에 부담스러운 발야구나 축구보다는 츄크볼이나 티볼 게임에 참여하는 과정에서 그동안 맛보지 못했던 성공의 즐거움을 경험해 나갔다.

> 즐거운 체육시간 그리고 츄크볼 시간, 오늘 드디어 내가 한 골을 넣었다. 평생 처음 있는 일이다. 월드컵에서 골을 넣은 선수의 기분을 알 것 같다. 오늘은 너무 기쁜 날이다. 다음 체육시간에는 정식 츄크볼 게임을 토너먼트로 한다고 한다. 내일 친구들과 세부 작전 계획을 짜야겠다<유나의 체육일기/2009. 6. 14>.

기존의 스포츠 활동에서는 인원이 대체로 적다. 양 팀 모두 합해 농구는 10명, 축구는 22명, 배구는 18명으로 팀이 구성된다. 물론 이런 종목들도 인원수를 늘려서 경기를 하거나 후보나 심판 등을 합하면 그보다는 더 늘어난 인원으로 할 수 있겠지만 실제로 경기에 참여하는 학생들은 그 학급에서 운동기능이 높은 학생들, 즉 남학생들 위주로 경기를 하면서 소수를 위한 경기가 되는 것이다. 하지만 플라잉디스크나 티볼 경기는 모든 학생이 참여할 수 있고 규칙이 단순하여 몸을 부딪치는 일이 거의 없기 때문에 적극적으로 참여할 수 있는 활동으로 인식되었다.

> 홀, 짝으로 나누어서 경기를 할 때 예전에는 여학생들은 남학생들에게 방해가 안 되게 비켜 주는 것이 도와주는 거라고 생각했는데, 플라잉디스크나 티볼 경기에서는 여학생들도 잘하고 적극적으로 게임에 참여할 수 있어서 놀랐어요<유나의 면담/2009. 4. 29>.

연구참여자들은 체육수업에서 성공과 흥미를 유발하는 뉴스포츠의 특성 때문에 긍정적인 반응을 보였다. 이들은 뉴스포츠를 통해 기존의 스포츠에서는 경험해 보지 못한 새로운 경험을 하였다. 자신이 던진 플라잉디스크가 정확하게 날아가는 것을 보면서 자신감과 성취감을 경험한다. 티볼 게임에서도 공평하게 주어진 기회와 친구들이 응원해 주는 부분에 대해 만족감을 드러내었다.

지금까지의 근대스포츠 종목들은 축적된 실력의 차가 존재하고 그 차를 좁히기에는 높은 기능을 요하기 때문에 포기하기가 매우 쉬웠다. 하지만 뉴스포츠는 학습되지 않은 새로운 종목이며, 운동기능의 차가 심하게 나타나지 않는다. 뉴스포츠는 실력의 차이가 나지 않는 상태에서 동시에 출발이 가능하며 다른 학생과 실력을 비교하지 않으면서 활동에 임할 수 있다. 무엇보다 기존에 학생들이 경험한 것과는 다른 모양의 도구나 형태들 때문에 흥미를 유발하는 부분도 있었다. 하지만 그러한 흥미는 잠깐 나타났다가 사라지는 것이 아닌 지속성의 요소로 작용하였다.

뉴스포츠를 활용한 수업을 한 후, 연구참여자들은 재미가 있고 적극적으로 참여할 수 있었다고 언급하였다. 재미가 있고 적극적으로 참여할 수 있는 이유는 비교적 안전한 기구와 규칙이 간단하기 때문이라고 한다. 석윤이와 수지는 체육수업시간에 공을 보면 무서워서 피하는 모습을 자주 보였다. 농구공, 배구공, 축구공, 심지어 딱딱한 야구공이나 소프트볼 공까지 날아오는 공에 대해서는 자신이 상해를 입을까 봐 일단 피하고 본다. 그렇다 보니 기존에 참여했던 종목들은 익히기가 쉽지 않았다. 체육수업에서 기본적인 동작이 던지고 받는 것인데, 그 기본적인 동작조차 할 수가 없었던 것이다. 하지만 기존의 구기 종목에서 공을 무서워하던 수지와 석윤이는 뉴스포츠 활동에서 부드러운 재질의 공을 사용하면서부터 공에 대한 공포감이 조금씩 줄어들게 되었다. 유나와 선용이도 공에 대한 안도감이 경기에 더 집중할 수 있는 계기가 되었다고 언급하였다.

> 소프트 발리볼 공으로 피구를 하니까 너무 좋다. 공이 머리에 맞아도 아프
> 지 않다. 운동 잘하는 남학생들은 시시하다고 가끔 하는데 난 너무 좋다.
> 이젠 날아오는 공을 손으로 잡을 수 있을 것 같다<수지의 체육일기/2009.
> 4. 10>.

　연구참여자들은 공에 대한 안정감이 체육수업에 자신감을 갖고 적
극적으로 참여하게 되는 가장 큰 원동력이 되었다. 이것은 체육수업
에서 대단히 의미 있는 부분이다. 공을 사용하는 모든 종목은 거의
던지고 받는 것이 기초가 되어야 하는데, 공에 대하여 두려움을 지니
고 있으면 기초적인 동작이 수행되지 않기 때문에 그 이후에 진행될
수업 내용도 발전되지 않는다. 따라서 학생들에게 공에 대한 두려움
을 없애 준다는 것은 수업을 원활하게 할 수 있는 계기가 된다.
　뉴스포츠는 남녀 모두 참여할 수 있는 활동으로, 많은 용구가 필요
하지 않고 복잡하지 않은 규칙을 적용하는 장점이 있다. 결국 간단한
형태의 뉴스포츠가 학생들에게 쉽게 생각되고 있는 것이다. 따라서
그로 인한 게임에 대한 이해도 다른 종목에 비해 빠른 것으로 나타났
다. 운동기능 수준이 낮은 선용이와 석윤이는 츄크볼과 패드민턴에
대해 만족감을 드러내었다. 패드민턴은 석윤이가 구기 운동능력이 부
족하여 운동을 싫어하던 체육수업에 대하여 긍정적인 태도의 변화를
가져온 활동이다. 여학생인 유나와 수지도 남학생들과 같이 게임하는
것에 대하여 자신감을 보였다.

> 패드민턴은 가볍고 손잡이가 있어 편하다. 아마 우리 반 여자애들이 제
> 일 좋아하는 게임 중에 하나일 것이다. 다른 것은 남자애들이 하는 거라
> 서 좀 어려운 것 같은데 패드민턴은 안 그런 것 같다. 아무튼 패드민턴

이 난 제일 쉽고 재밌다<석윤의 체육일기/2009. 5. 12>.

근대스포츠 종목들은 어렵고 어느 정도의 기초 기능이 마련되지 않으면 스포츠 그 자체로의 묘미가 떨어질 뿐만 아니라 흥미를 잃을 수도 있다. 물론 근대스포츠 종목을 학생들의 수준에 맞춰 변형해서 경기를 할 수도 있지만 변형 경기 역시 기초기능이 전제가 되어야 한다. 하지만 뉴스포츠의 종목들은 기능 수준을 낮추기 위한 다양한 장치들을 제공한다.

티볼의 경우 공을 티 위에 놓고 칠 수 있게 하여 누구나 손쉽게 배트에 공을 맞힐 수 있다. 패드민턴의 경우 라켓의 길이와 폭을 줄이고 규칙을 단순화하여 게임 참여자들이 기술 습득하는 데 걸리는 시간을 줄일 수 있도록 하였다. 츄크볼도 드리블이 없어서 조금만 연습을 하면 학생들이 게임에 참여할 수 있다. 이러한 장치들은 게임의 흥미를 떨어뜨리지 않으면서도 쉬운 활동이기 때문에 체육수업에서 학생들의 참여의지를 높여 준다.

2. 도전과 다양한 가치의 체험

연구참여자들은 기존의 체육수업에서 친구들의 비웃음과 욕설 등이 걱정거리라고 하였다. 그리고 두려움은 남학생보다는 여학생들에게 더 큰 비중을 차지하였다. 운동기능의 한계와 실수, 신체적 결함 등으로 인한 동료들로부터의 원성과 야유는 체육수업의 기피요인으로 연구참여자들이 가장 활발하게 정보를 제공한 부분이다.

전통적인 게임에서는 경쟁성이 지나치게 강조되어 동료들 간의 다툼이 생겨서 마음의 상처를 입게 되고, 그로 인해 체육수업의 위축을 가져오게 된다. 결국 기존의 체육수업에서는 게임활동을 통한 즐거움보다는 이기고 지는 것에 대한 결과에 집중하는 결과를 초래하였다.

연구참여자들은 운동을 잘하고 적극적인 학생들 대부분이 승부욕이 강하고 자기 우월주의 의식이 배어 있기 때문에 자신들의 기회가 박탈되고 무시된다는 얘기를 하였다. 주변인처럼 공이나 주워 주고 아무런 역할 수행을 할 수 없는 무력감을 느끼게 된다는 것이다.

> 발야구를 할 때 내 차례가 되면 자기들 마음대로 대타를 써요. 그래서 아예 내 차례가 되면 그냥 내가 대타 칠 사람하고 물어요. 다른 반이랑 시합을 할 때도 내가 잘못했던 것을 막 들추면서 교실에 들어갈 때까지 욕을 해요. 선생님이 보고 있으면 그냥 입을 오물오물하면서 욕해요<석윤의 면담/2009. 4. 1>.

석윤이는 수업 중 야유와 수업이 끝난 뒤의 보복이 걱정스러운 나머지 스스로 주어진 기회를 포기하기도 하였다. 수지는 모둠 간의 게임 후 패배의 책임을 자신에게 전가하면서도 한편으로는 억울함을 호소하였다. 운동기능이 우수한 학생이 모든 학교생활의 특권을 다 누리면서 생활한다고 흥분과 격앙된 어조를 드러낸 것이다. 무엇보다 수지는 게임활동 시 모둠나누기를 할 때가 가장 비참했었다고 털어놓았다.

> 경희가 진짜 미워요. 3학년 때 릴레이를 했거든요. 그때도 자기가 원래 내 짝이 아닌데 다른 애하고 바꿨어요. 내가 먼저 바통을 받아서 뛰고 있었는데 자기가 와서 나를 밀다가 발을 헛디며 넘어졌어요. 수업이 끝난 다음에 뭐라 그런지 아세요. '왜 발 거는데, 살 좀 빼라'는 거예요. 나는 울고 있었는데 지네들끼리 째려보면서 들어갔어요<수지의 면담/2009. 3. 26>.

일반적으로 구조화되고 규정된 집단끼리의 승부는 반드시 한쪽으로 치우치는 것이 사실이다. 교사는 학생들의 수준을 고려하여 모둠을 구성해야 한다. 수지도 잘하는 학생 두 명이 가위바위보를 통해서 자기편을 뽑을 때 수지와 처지가 비슷한 몇몇 학생들은 당연히 소외가 된다는 것이다. 전통적인 게임활동의 승패에 길들여져 있는 학생들은 활동과정을 학습하고 즐기기보다는 단지 경기의 결과에 주목하게 된다.

한편, 연구참여자들은 뉴스포츠 종목을 접하면서 친구들끼리 말다툼하고 싸우는 경우가 줄어들고 결과보다도 활동 과정 자체가 즐거웠다고 한다. 이는 뉴스포츠의 많은 종목들이 신체적 경쟁을 제한하기 때문이다. 물론 경쟁이 없는 경기는 재미가 없다.

하지만 연구참여자들은 신체적 경쟁을 줄인 뉴스포츠 활동을 기존의 스포츠보다 더 좋아한다. 신체적 경쟁보다 학생들을 더욱 고무시킨 뉴스포츠의 매력은 무엇이었을까? 바로 마음속의 경쟁으로 나타났다. 마음속의 경쟁은 도전의식으로 이어진다. 결국 친구들과 경기 중 다툼이 줄어들고 신체적 경쟁 대신에 그 자리를 자신의 도전의식으로 채워 가게 된다.

연구참여자들은 도전에 관심을 기울이면서 체육활동의 결과보다는 과정을 즐기는 법을 배운다. 스포츠는 체육의 목적 달성을 위하여 그 수단으로 이용되는 동시에 스포츠 그 자체가 교육적인 측면도 아울러 지니고 있는 것이다. 연구참여자들은 뉴스포츠 활동에서 활동의 결과보다도 활동 과정 자체를 즐기고 있었다. 이는 학생들이 체육수업에서 신체활동을 통한 다양한 가치를 추구할 수 있는 가능성을 시사해 준다.

연구참여자들은 뉴스포츠 종목을 통해 즐거워하고 모둠원들과 협동하는 법을 배운다. 이들은 신체적 경쟁보다는 자신의 도전의식을 발휘하는 데 관심을 집중한다. 이런 다양한 가치들이 학생들을 경기에 참여토록 하고, 사회성과 다양성을 수용할 기회를 늘려 주며, 학생들의 다양한 요구와 운동 능력에 맞는 수업을 가능하게 해 준다.

> 말랑말랑 분홍 공! 공격이 성공하면 소리치고 코트 주변을 막 돌라고 해
> 서 처음에는 무지 귀찮았다. 익숙해지니까 자연스럽게 '야! 네가 받아',
> '뒤에', '마이', '파이팅!'이라는 말이 튀어나왔다. 뭐라 그럴까! 왠지 뿌
> 듯해지는 것 같은 기분이었던 것 같다. 처음으로 공을 네트 건너편에 넘
> 겼을 때 너무 좋아서 고함을 질렀다<유나의 체육일기/2009. 5. 30>.

연구참여자들은 뉴스포츠 활동을 통해 도전의식, 즐거움, 모둠원들
간의 협동심 등 다양한 신체활동의 가치를 경험하였다. 이는 뉴스포
츠의 특징이 남성중심에서 양성중심으로 확대되며, 참여의 목적도
'신체적 경쟁' 중심에서 '도전', '체험'과 같은 가치의 다양화로 나타
나기 때문이다. 지금까지의 전통적인 스포츠가 일부의 소수의 운동을
잘하는 학생들만의 체육이었다면 뉴스포츠는 모든 학생들의 다양한
욕구와 개성을 충분히 발휘하도록 하고 다양한 가치의 반영에 기여
하는 것으로 나타났다.

3. 여가스포츠로 입문하기

학교체육은 학생들이 올바른 여가스포츠를 즐길 수 있는 매개체
역할을 해야 한다. 하지만 학생들의 건전한 여가활동의 강조로 스포
츠 활동이 장려되고 있으나 지금까지의 전통적인 근대스포츠 종목의
학교 체육활동은 학생들에게 즐기는 스포츠가 아닌 '기능 습득'의 스
포츠로 인식되어 왔다. 그리고 학교체육이 건강 및 체력 증진뿐만 아
니라, 미래의 학생들이 원만한 평생 스포츠로서 여가스포츠를 실현할
수 있도록 하는 역할을 제대로 수행하지 못한 아쉬움이 있다.

여가스포츠 프로그램은 학생들이 효과적이고 합리적인 스포츠 활

동을 보장받기 위한 구체적인 수단이며 스포츠 참여의 활성화를 위한 필수요소이다. 일반적으로 스포츠 활동은 개인의 생활 영역 안에서 자신의 요구와 취미, 흥미에 따라 행하여지는 자발적 신체활동이므로 학년, 성별, 지역에 따라 개인의 욕구를 충족시킬 수 있는 내용으로 개별화되어야 한다.

이러한 측면에서 개인의 다양한 가치를 실현할 수 있는 뉴스포츠 종목의 활용이 평생 스포츠로 나아가기 위한 중간 매개체로서 중요한 역할을 하게 될 것이다. 연구참여자들은 뉴스포츠가 수업에서 활용되면서부터 뉴스포츠를 자율적으로 즐기고자 하는 모습이 나타나고 있다. 이는 일시적인 흥미 현상이 아닌 지속 가능성을 보여 준다.

> 패드민턴은 재밌다. 채가 짧아서 공에 잘 맞힐 수 있고, 채에 공이 부딪히는 소리가 듣기 좋다. 학교에서 패드민턴을 하고 너무 재미있어서 부모님을 졸라 하나 샀다. 요즘엔 주말에 엄마와 자주 치곤 한다. 엄마도 재미있어 하셨다. 집에서 연습을 많이 해서 그런지 체육수업시간에 패드민턴을 하면 잘하게 된다<선용의 체육일기/2009. 4. 22>.

연구참여자들이 이런 만족감을 나타낸 것을 보면 앞으로 학생들에게 체육 관련 활동을 선택하고자 할 때, 뉴스포츠 활동은 주 고려의 대상이 될 수밖에 없다. 체육수업에서 학생들이 경험해 본 뉴스포츠는 앞으로 학교스포츠가 아닌 여가활동의 스포츠로서 활성화되는 계기가 될 것이다.

Ⅳ. 논의

1. 성공 경험의 제공

체육은 학생의 움직임 욕구를 실현하고, 다양한 신체활동을 수행하는 데 필요한 기초 운동능력과 체력을 기르는 데 중점을 두며, 건강한 생활을 영위할 수 있는 지식의 습득과 운동에 즐겁고 적극적으로 참여하는 실천적 태도를 형성하는 데 목적을 둔다(교육인적자원부, 2007). 하지만 실제 교육현장에서는 교실이라는 한정된 공간에서 이루어지는 타 교과 수업과는 달리 체육수업의 특성상, 실기위주의 운동장 수업, 과거의 운동경험 유무, 운동기능 및 체력수준, 체육수업 선호도 등에 따라 남녀학생 간의 개인차로 인해 체육수업이 많은 문제점을 안고 있다(김나연, 2004).

연구참여자들의 적극적 참여를 이끌어 내지 못하는 체육수업의 가장 큰 문제는 현행 체육 학습 내용으로 이루어지는 근대스포츠 종목들과 교수 · 학습 방법에 관한 교사들의 전문성 부재에 기인한다. 근대스포츠 종목들은 초등학생들에게 접근하기에는 다소 어려운 종목들로 이루어져 체육수업에서 성공을 경험하지 못하였다. 이로 인해 수업에 대한 참여 동기가 결여된 학생들은 체육수업을 단지 노는 시간으로 인식하였다.

교수 · 학습 과정의 주체는 교사와 학생이다. 체육학습의 내용 및 방법의 선정은 우선적으로 학습자의 입장에서 쉽고 즐겁게 배울 수 있는 것이어야 한다. 모든 학생들이 쉽고 즐겁게 익힐 수 있는 교육 내용 및 방법을 선정하여 학생들이 체육수업을 통해 성공을 경험하고 자신감 있게 수업에 참여할 수 있도록 해야 한다(김낭규, 2009). 류태호(2005)도 체육수업에서 활동내용의 성공경험을 통한 자신감이 무엇보다 중요하다고 언급하였다.

본 연구의 뉴스포츠에서 공통적으로 나타난 결과는 체육수업에 대한 성취감과 즐거움이다. 기존의 근대스포츠 종목 위주의 체육수업에서는 제한된 공간에서 높은 수준의 기술을 요하는 종목이 많았다. 이를 경쟁적으로 수행할 경우 계속되는 실패로 인해 많은 학생들이 소외를 당하고, 학생들은 수업에 참여하고자 하는 동기부여가 되지 않게 된다.

하지만 운동형식에서 규칙을 바꾸고, 용구를 변형하는 등의 뉴스포츠 활동은 다양한 능력 수준을 보이는 학생들이 적극적으로 수업에 참여할 수 있는 기회를 제공하게 된다. 남성중심의 체육수업에서 소외되어 왔던 운동기능이 낮은 학생이나 여학생들이 적극적으로 체육수업에 참여할 수 있는 기회를 제공받게 된 것이다.

이병관(2007)은 '체육수업에서의 뉴스포츠 종목의 도입 방안 모색'이라는 연구에서 뉴스포츠 종목을 적용한 결과, 학생들의 참여 동기를 높였다는 주장은 본 연구의 의미를 더해 준다. 본 연구자는 뉴스포츠가 초등 체육수업에서 교사들이 항상 고민하는 '어떻게 하면 학생들을 체육수업에 적극적으로 참여시킬까?'라는 문제의 해답에 가까이 갈 수 있는 방법 중의 하나라고 생각한다.

뉴스포츠는 활동내용이 어렵지 않고, 규칙이 유연하기 때문에 성공을 경험하기 쉬우며, 남학생과 여학생이 함께 쉽고 즐겁게 참여할 수 있는 종목이다. 남녀학생 모두가 수업에 보다 적극적으로 참여하게 되므로 교사의 수업 운영도 현행 체육수업에 비해 효율적으로 운영될 수 있을 것이라 사료된다. 이에 앞으로 현장 체육수업에서는 뉴스포츠를 활용하여 다양한 수준의 학생들이 적극적으로 수업에 참여할 수 있는 기회를 제공해야 한다(김낭규, 2009; 김성곤, 2008; 류태호 · 이병준, 2006; 이근호, 2007).

2. 신체활동의 가치 실현

기존의 체육교육의 목표가 '기술 습득'이었다면, 미래 체육교육의 목표는 '다양한 신체활동의 가치'를 체험하는 것으로 바뀌어야 한다 (유정애, 2005). 이와 관련하여 2007 개정 체육과 교육과정에서는 근대스포츠 중심의 운동기능만을 강조하던 것에서 벗어나 신체활동의 가치를 중요하게 인식하였다. 이는 지금까지 체육활동에서 많은 신체 접촉과 높은 기술이 요구되던 전통적인 근대스포츠 종목들로 이루어진 체육교육의 한계를 느끼게 된 것으로 생각된다(이병준, 2005).

뉴스포츠는 연구참여자들에게 '즐거움'과 '체험'의 요소를 제공하였다. 이는 기존의 신체적인 경쟁중심의 체육교육 목표를 다양한 가치들 중에 하나로 바꾸는 계기가 되었다. 연구참여자들은 뉴스포츠 활동을 통하여 단지 신체적 경쟁이 아닌 마음속의 경쟁, 도전의식, 즐거움, 모둠원들 간의 협동심 등 다양한 신체활동 가치를 체험하게 된 것이다. 이는 뉴스포츠의 특징이 남성중심에서 양성중심으로 확대되며, 참여의 목적도 '신체적 경쟁' 중심에서 '도전', '체험'과 같은 가치의 다양화로 나타났기 때문이다.

츄크볼의 경우, 기존의 핸드볼형 게임과 유사하지만 다양한 형태의 장치를 통해 용품과 규칙을 변형하였고, 이로 인해 신체적인 경쟁을 줄일 수 있었다. 이는 지금까지 신체적인 경쟁이 심한 게임에서의 갈등이 해소될 수 있었고, 경기대상이 '너'라는 인식에서 '우리'라는 울타리로 바뀔 수 있는 계기가 되었다.

뉴스포츠가 근대스포츠의 경쟁중심 활동과 달리 자연을 체험하는 과정을 통해 '즐거움', '체험', '도전'과 같은 다양한 신체활동의 가치를 실현할 수 있도록 한다는 송형석(2005)의 연구와도 일치한다. 지금까지 전통적인 스포츠가 일부의 소수의 운동을 잘하는 학생들만의 체육이었다면 뉴스포츠는 모든 학생들의 다양한 욕구와 개성을 충분히 발휘하고 다양한 가치를 반영할 수 있음을 시사한다. 뉴스포츠는 다양한 종목을 포함하는 포괄적인 개념으로서 민속형, 개발형, 간이형, 명상형 스포츠 활동을 포함한다고 하면서 뉴스포츠는 교육과정목표, 즉 경쟁, 도전, 즐거움 그리고 모험 등을 실현할 수 있는 다양한 프로그램을 제공할 수 있고, 체육수업 프로그램을 다양화할 수 있는 디딤돌이 된다(류태호, 2005).

3. 여가스포츠 문화의 형성

최근 복잡한 사회현상과 더불어 청소년들의 사회문제 해결을 위해 건전한 스포츠 활동이 장려되고 있다. 청소년들이 여가시간을 건전하게 보내고, 현대인이 당면한 사회 병리적 현상의 해소를 위하여 학교체육은 학생들에게 올바른 여가스포츠를 즐길 수 있는 가교 역할을 담당해야 하는 책무성이 있다. 그러나 청소년들의 건전한 여가활동의 수단으로 스포츠 활동이 장려되고 있으나 지금까지의 전통적인 근대 스포츠 종목의 학교 체육활동은 학생들에게 즐기는 스포츠가 아닌 '기능 습득'의 스포츠를 가르쳐 왔다. 따라서 학교체육이 건강 및 체력 증진뿐만 아니라, 미래의 학생들에게 원만한 평생 스포츠로서 즐길 수 있는 여가스포츠를 실현할 수 있도록 하는 역할을 수행해야 한다. 김태경(2008)도 그의 연구에서 학교체육의 프로그램은 다양성, 전문성, 적합성을 고려하여 계획하고 개인에 따른 신체조건, 흥미, 수준, 성취도에 따라 운영하여 자발적이고 지속적인 참여가 이루어질 것을 제안한 바 있다.

뉴스포츠 활동 경험에 참여한 연구참여자들은 기존 근대스포츠보다 뉴스포츠 활동에서 성공을 경험하고, 도전과 즐거움에 대한 경험을 맛보았다고 언급하였다. 뉴스포츠가 수업에 활용되면서부터 학생들은 뉴스포츠를 자율적으로 즐기고자 하는 모습이 나타났다. 이는 일시적인 흥미 현상이 아닌 지속 가능성을 보여 준다. 그리고 스포츠 활동은 개인의 생활 영역 안에서 자신의 요구와 취미, 흥미에 따라 행하여지는 자발적 신체활동이므로 개인의 욕구를 충족시킬 수 있는 내용이어야 한다.

뉴스포츠 활동을 통해 학생들이 느꼈던 체육활동에 대한 만족감은 앞으로 뉴스포츠 종목이 다양한 개성과 욕구를 가진 학생들이 체육 관련 활동을 선택하고자 할 때, 주 고려 대상으로 여겨질 것이다. 이러한 측면에서 뉴스포츠를 활용한 학교 체육수업은 여가스포츠로 나아가기 위한 중간 매개체 역할을 할 것이다. 기존의 전통적인 체육수업보다 뉴스포츠를 활용한 수업이 만족도가 높으며, 뉴스포츠 종목들은 학생들에게 지속적으로 여가 스포츠로 활용될 가능성이 높다는 연구에 주목할 필요가 있다(김낭규, 2009; 김성곤, 2008; 김현우, 2010; 최영효, 2008).

V. 결론 및 제언

본 연구는 초등학생의 뉴스포츠 활동 경험과 그 경험의 의미를 해석함으로써 학교 현장의 체육활동을 개선하는 데 그 목적이 있다. 이를 위해 내러티브 탐구 방법을 이용하여 탐색한 결과는 다음과 같다.

첫째, 연구참여자들은 뉴스포츠 활동을 통해 수업에 대한 참여의지가 높게 나타났다. 이는 경기 방법이 어렵지 않으며 수업에 대한 흥미를 유발할 수 있는 뉴스포츠의 특성 때문에 어려움 없이 보다 적극적인 수업 참여를 유도해 낼 수 있었기 때문이다. 무엇보다 뉴스포츠는 흥미도가 높다. 우리가 기존에 알고 있는 스포츠 종목보다는 실시방법이나 규칙이 간단하고, 말 그대로 새롭다는 것 때문에 흥미도가 높다. 그리고 안전하다는 것이다. 신체적 접촉이 덜하고 기구가 소프트하기 때문에 상해의 위험성이 낮은 것이 사실이다. 결국 흥미도와 안전성이 학생들을 수업에 참여할 수 있도록 유인가를 제공하게 된다.

연구참여자들은 공에 대한 안정감이 체육수업에 자신감 있고 적극적으로 참여하는 가장 큰 원동력이 되었다. 이것은 수업현장에서 대단히 의미 있는 일이다. 왜냐하면 공을 사용하는 모든 종목은 거의 던지고 받는 것이 기초가 되어야 하는데 공에 대한 두려움을 가지고 있으면 기초기능 습득이 어렵기 때문에 그 이후에 진행되는 수업 내용도 진행되지 않기 때문이다. 학생들에게 공에 대한 두려움이 없는 뉴스포츠 활동은 초등 체육수업에서 적합한 교재가 될 수 있다.

뉴스포츠는 남녀 모두가 참가할 수 있는 수업 내용으로 많은 용구가 필요하지 않고, 복잡하지 않은 규칙의 게임을 수업에 적용할 수 있다. 다양한 용품의 개량을 통해 기능 수준을 낮춰서 조금만 연습하면 경기에 쉽게 참여할 수 있는 것이 뉴스포츠의 특징이다. 그래서 간소화한 형태의 뉴스포츠가 학생들에게 쉽다고 인식되었다. 특히 학생들에게 게임에 대한 이해도도 다른 종목에 비해 빠르게 나타났다.

둘째, 체육수업에서 뉴스포츠 활동은 경쟁 만족의 효과보다는 도전 만족의 효과가 높게 나타났다. 이는 다양한 가치의 체험을 가능하도록 하였다. 연구참여자들은 뉴스포츠를 통해 기존의 스포츠에서는 경험해 보지 못했던 새로운 경험을 지니고 있었다. 연구참여자들은 뉴스포츠 활동을 통해 친구들과 친밀감을 높이고 있었다. 이는 기존의 전통적인 스포츠가 일부의 소수의 운동을 잘하는 학생들만의 체육이었다면 뉴스포츠는 도전을 통해 모든 학생들이 다양한 욕구와 개성을 충분히 발휘할 수 있는 기회를 제공한다.

셋째, 뉴스포츠 활동은 학교스포츠를 넘어 여가스포츠로서 활용될 수 있음을 시사한다. 뉴스포츠가 수업에서 활용되면서부터 학생들이 뉴스포츠를 자율적으로 즐기고자 하는 모습이 나타났다. 연구참여자들의 뉴스포츠 활동에 대한 만족감은 앞으로 학생들에게 체육 관련 활동을 선택하고자 할 때 주 고려 대상이 될 것으로 보인다. 체육수업을 통해 학생들이 경험한 뉴스포츠는 앞으로 학교스포츠가 아닌 여가활동 스포츠로서 활성화될 수 있으며, 학생들의 개성과 욕구를 채워 줄 수 있을 것이다.

지금까지 초등학생의 뉴스포츠에 대한 경험과 인식에 대한 이해를 바탕으로 제언하면 다음과 같다. 먼저, 연구를 위한 제언으로 첫째, 뉴스포츠가 보다 활성화되기 위해서는 뉴스포츠의 장점을 부각시키는 연구만이 아니라 뉴스포츠를 실천하는 과정에서 나타나는 단점에 대한 심층적인 연구의 수행이 요구된다. 둘째, 최근 현장 체육수업에서 많이 활용되고 있는 다양한 수업 모형과의 접목을 통한 실천과제에 대한 연구가 진행될 때, 체육수업 모형과의 적합성으로 뉴스포츠 활동이 현장에서 가치를 드러낼 것이다.

현장 적용을 위한 제언으로는 첫째, 뉴스포츠에 대한 연구들이 많기는 하지만, 아직도 현장의 교사들은 뉴스포츠의 활용에 소극적이다. 이에 현장 교사들이 활용할 수 있도록 뉴스포츠의 교육적 활용과 보급이 이루어져야 한다. 현재 뉴스포츠 종목에 대하여 관심을 가지고 있는 교사는 소수이고, 전반적으로 뉴스포츠에 대한 홍보의 부족과 제한된 연수로 인해 전문 지식이 부족한 것이 사실이다. 이에 현장의 교사들이 뉴스포츠에 대한 전문지식을 습득할 수 있도록 많은 연수기회와 교사들의 자발적인 노력이 강조된다. 만약 뉴스포츠 종목을 실천하고 있는 교사가 있다면 동료교사의 설득을 위해 몸소 보여 주는 성실함이 있어야 한다. 이를 통해 뉴스포츠의 교육적 효과들을 보여 준다면 조금씩 변화해 나갈 것이다.

둘째, 뉴스포츠가 현장에서 조기에 정착되고 적용되기 위해서는 교구의 가격이 저렴해야 하고, 행·재정적 지원이 무엇보다 우선되어야 한다. 이러한 요건이 갖추어질 때, 현장의 교사들은 뉴스포츠를 활용한 프로그램의 구안과 개발에 관심을 집중하면서 체육수업을 개선할 것이다.

시가 있는 체육수업

순서	주제	지은이	소속
1	나의 선생님	김선찬	인천용일초등학교 4학년
2	충전소	김아현	
3	마음의 양식	김미선	
4	매니저	채지윤	
5	스승과 친구	이다연	
6	체육교과서	윤도윤	
7	내 친구	서혜현	
8	운동복	김아현	
9	킨볼은 나의 동반자	박세미	경인교육대학교 2학년
10	플라잉디스크를 날려보자	박선영	
11	가을 속 체육풍경	박진국	
12	너는 내 인생	정형식	
13	플라잉디스크	전병걸	
14	동심	손희림	
15	공과 원반의 변신	이서연	
16	신나는 체육시간	장민식	
17	고마운 놀이	박수현	
18	마음이 열리는 시간	이정원	
19	너는 청개구리	노상래	
20	너는 누구냐	장지인	
21	볼매	장혜수	
22	학생의 눈으로	박재연	

　　2007년 개정 체육과 교육과정은 학생들이 심동적·인지적·정서적으로 통합된 인간을 구현하는데 관심을 집중한다. 그러나 현재의 학교 체육수업은 심동적인 측면만이 강조되고 있는 것이 현실이다. 이에 『시가 있는 체육수업』에서는 학생들이 체육활동을 통해서 마음속에 간직하고 있거나 하고 싶은 이야기를 시로 정리하여 정서적인 측면의 성장에 도움을 제공하고자 한다. 정서교육은 말보다는 내면적인 측면의 행동과 다짐으로 나타날 때, 그 가치를 훨씬 높게 만들 수 있기 때문이다.

『시가 있는 체육수업』에서는 학생들의 신체활동이 정서적인 측면으로 전이되고 이것이 다시 생활화로 전개되어 내면적인 성숙에 도움이 되고자 스물 두 편의 시를 소개하였다. 신체활동의 가치는 직접체험활동과 간접체험활동이 통합될 때, 그 시너지 효과가 매우 크게 나타난다. 체육수업에서 시나 글쓰기의 간접체험활동이 학생들의 성장과 변화에 큰 도움이 되었으면 하는 바람이다.

나의 선생님

김선찬(용일초 4학년)

체육시간에 너무 많이 봐서
너덜너덜 해진 체육교과서.

지식과 즐거움을 동시에 알려주는
체육교과서는 박사님.

오늘 할일 내일 할일을 안내하는
체육교과서는 나의 선생님.

충전소

김아현(용일초 4학년)

나에게 체육교과서는 헬스장.
헬스장에 가면 힘들고 지치겠지만
언제나 체육교과서는 재미있고
신나는 에너지 충전소.

체육교과서는 나에게 힘든 것과
고달픈 것들을 잠시나마 잊게 해주고
나의 생활을 되돌아보게 하는 쉼터.

체육교과서는 나에게 꿈을 주는
내비게이션 역할을 하고
건강과 체력을 책임지는 전도사.

마음의 양식

김미선(용일초 4학년)

체육교과서는 마음의 양식
많고도 많은 책 중에서 넘버원.

너는 내 마음을 사로잡을 정도로
즐거운 미소를 짓게 하는 행복 전도사.

처음 만난 순간부터 차가운 내 미소를
초콜릿처럼 녹여주는 너는 진정한 친구.

매니저

채지윤(용일초 4학년)

체육교과서는
나의 매니저이다.

나를 따라 다니면서
체육을 알려주는
똑똑한 매니저이다.

이것은 지우개도 지울 수 없는
내 평생의 매니저이다.

스승과 친구

이다연(용일초 4학년)

체육교과서는 나의 스승
나에게 믿음과 도움을 주는
나의 스승.

체육교과서는 나의 마법책
마법처럼 나에게 도움을 주니까.

체육교과서는 햇빛 가리게
뜨거운 햇빛도 가려주니까.

체육교과서는 우리에게 도움을 주는
영원한 친구.

체육교과서

윤도윤(용일초 4학년)

체육교과서,
몸으로 표현하는
몸으로 느끼는
몸으로 배우는 것.

이 모든 것을 알려주는
체육교과서.

교과서 속에 신기한 교구들
나도 해보고 싶어
나도 만지고 싶어
나도 느끼고 싶어.

나도 몰래 체육교과서를
생각하게 된다.

내 친구

서혜현(용일초 4학년)

체육교과서는 나의 선생님.
항상 재미있는 놀이
재미있는 운동을 가르쳐준다.

체육교과서는 나의 미소를 띄워준다.
나를 웃겨주고 나를 달래준다.

고마운 체육교과서
친절한 체육교과서
똑똑한 체육교과서가 좋다.

운동복

우리 학교 체육복
파도처럼 철썩거리는 파랑 체육복.

우리 학교 체육복을 입으면
파도처럼 철썩 철썩
열심히 뛰면 내 몸은 어느새 튼튼.

우리 학교 체육복은 언제나
훨훨 날아다닐 수 있는
나의 영원한 날개옷.

킨볼은 나의 동반자

박세미(경인교대 2학년)

내가 그의 이름을 알기 전에는
나는 다만
운동장 속 하나의 깍두기에 지나지 않았다.

내가 그의 존재를 알았을 때,
그는 나에게로 와서
할 일을 주었다.

그가 나에게 참여와 협동을 알려준 것처럼
경기 속 할릴 없는 저 깍두기들에게
누가 그의 이름을 알려다오.

게임 속에서 나도
그들의 영웅이 되고 싶다.

우리들은 모두
운동의 주체가 되고 싶다.

운동은 나에게
나는 운동에게

더 이상 미워하지 않는
서로의 동반자가 되고 싶다.

킨볼수업은 협동과 참여를 유도할 수 있는 운동이다. 체육을 잘하는 편은 아니라서 어떤 운동을 하던지 늘 깍두기처럼 있는 둥 마는 둥 존재감이 없었는데, 킨볼을 하면서는 운동의 주체로 게임을 즐길 수 있었다. 나 말고 체육을 못해서 다른 운동에서는 주체가 되지 못하는 깍두기 같은 아이들에게 킨볼이 널리 전파되었으면 하는 의미에서 김춘수의 꽃을 패러디하였다.

플라잉디스크를 날려보자

박선영(경인교대 2학년)

플라잉디스크를 날려보자.
저 멀리 보내려 해도 너는 내 앞에 툭 떨어지는구나.
힘든 마음 담아 멀리 보내려하는데
넌 나에게서 떠나지 않는구나.

너의 몸을 수평으로 맞추어
팔을 힘차게 휘저어 보니
저 멀리 날아가고 있구나.

너는 이제 저 바구니에 들어가야 하는구나.
멀고 험한 길이지만 난 너를 보내려한다.
이왕이면 빨리 너를 보내주마
너를 보내는 내 마음은 아쉽지만
이별까지의 길은 점점 짧아진다.

어느새 네가 가야할 여섯 길을 다 지나왔다.
나에게는 이별이 점점 쉬워진다.
이별을 경험한 만큼 너를 보내는 나의 요령은
점점 늘어가는구나.

플라잉디스크야, 잘 떠나가라.
날고 있는 너의 모습이 내 마음에 가득하다.

가을 속 체육풍경

박진국(경인교대 2학년)

가을 하늘 높고 파란 하늘
울긋불긋 단풍들이 수놓은 등굣길 따라
울리는 아이들의 웃음소리 맑고 밝아라.

맑고 상쾌한 가을 공기를 온 얼굴로 맞으며
친구들과 함께 운동장에서 플라잉디스크를 가지고
노니는 모습 건강하고 즐거워라.

멀리멀리 높이높이 날아라, 플라잉디스크!
오렌지 빛 플라잉디스크! 파란 가을 하늘 수놓으며
아이들의 꿈과 희망을 담아 날아가네.

수업시간 운동장 저편에서 들리는 선생님의 호루라기 소리.
저마다 플라잉디스크를 가지고 펼치는 디스크골프.
매 홀마다 플라잉디스크를 넣기 위해 벌이는
선의의 경쟁 속에서 피어나는 우리들의 마음은
가을 하늘만큼 높고 파래라.

혼자서 할 수 없는 킨볼 놀이
친구들과 함께 손을 맞대고 펼치는 즐거운 게임
그 속에서의 협동 그리고 피어나는 우정은
가을 단풍 빛보다 짙고 아름다워라.

우리들의 체육시간
무르익는 가을 속에 더욱더
향기 짙어가네.

너는 내 인생

정형식(경인교대 2학년)

플라잉디스크가 날아간다.
비틀비틀 거리면서 날아간다.
나의 인생이 날아간다.
비틀비틀 거리면서 날아간다.

플라잉디스크가 날아간다.
수평으로 곧게 날아간다.
나의 인생이 날아간다.
수평으로 곧게 날아간다.

플라잉디스크는 인생이다.
인생은 플라잉디스크다.
때로는 비틀거리기도 하고
때로는 곧게 날아가는
플라잉디스크처럼
인생도 마찬가지이다.

플라잉디스크

전병걸(경인교대 2학년)

구석에 처박혔던 디스크를 꺼내오니
새것이나 진배없어 얼굴까지 비치겠네.
아이야 이것은 어디에 쓰는 물건인고!

플라잉디스크가 휙휙 날아 퍼팅 성공
성공 열쇠는 엄지 중지 약지라네.
퍼팅을 잘하려면 집중력과 협응력!

장애물로 막혀있으니 어떻게 던져볼까
백핸드보단 업사이드 다운으로 던지게나.
방향을 약간 틀어서 던져야 들어간다네.

던지는 법 알았으니 각 홀을 돌아보세.
기록지 나눠주고 모둠별로 돌다보니
너무나 재미있어 시간가는 줄 모르도다.

모두 다 돌았으니 마무리를 하시게나.
끝나고 아이에게 뒷정리를 시키기보다는
아이가 스스로 하게끔 자율성도 길러주세.

동심

손회림(경인교대 2학년)

킨볼과 플라잉디스크
이름부터 생소한
마음먹은 대로 잘 되지 않는다.

하지만 디스크골프가 시작되니
서로 잘 맞추려고
온갖 집중력을 동원한다.

1등은 신나하고
꼴등은 풀이 죽는
우리 어릴 적 모습 그대로다.

하지만 킨볼 굴리기가 시작되니
술래는 공 잡으려 후다닥
동기들은 빨리 굴리려 아우성이다.

헉헉대는 치열한 경쟁 없이도
반칙과 부상 없이도 신나게 놀던
우리 어릴 적 모습 그대로다.

공과 원반의 변신

이서연(경인교대 2학년)

내 몸집만한 공, 킨볼.
친구와 노는 것처럼
다양한 게임을 할 수 있지요.

패스, 캐치, 패스, 캐치
운동장을 이리저리 뛰어 다니며
친구들과의 협동심도 길러요.

원반과 비슷한 모양을 한 플라잉디스크
잡는 법도 던지는 법도
다양해요.

원반을 요리조리 굴리면
퍼팅에서 골프게임까지
무궁무진한 세계가 펼쳐져요.

신나는 체육시간

장민식(경인교대 2학년)

재미있는 체육시간
새로운 놀이.

그 이름은 플라잉디스크와 킨볼
재미있고 신선하네.

디스크를 던져 넣는 플라잉디스크
던지는 법도 다양하고 빙글빙글 잘도 날아가네.

큰 공을 가지고 활동하는 킨 볼
함께하는 게임 속에 협동심이 자라나네.

새로운 놀이들로
더더욱 풍성해지는 체육시간.

고마운 놀이

박수현(경인교대 2학년)

기다리고 기다리던
플라잉디스크와 킨볼 수업 시간.

플라잉디스크는 골프의 이미테이션
아슬아슬한 맛이 없어.

하지만 아빠의 골프 프로를
이해하며 볼 수 있게 되지.

킨볼은 커다랗고 통통 튀는 공
친구들과 하하 호호
"쟤 도망 다니는 것 봐라"
놀리는 재미있는 시간.

킨볼 배구는
나 혼자 공을 들 수 없어
질것만 같을 때.

친구들이 내 옆으로
다가와 같이 공을 들어주며
공을 받쳐주어
함께 한마음으로 있게 하는
고마운 놀이.

마음이 열리는 시간

이정원(경인교대 2학년)

체육수업의 시작은 즐거움이어야 한다.
즐거움 속에 건강한 몸과 마음 그리고 영혼이 쑥쑥 자라난다.
진정 아이들을 위한 수업을 창조해 나갈 수 있을까?

새롭고 다양한 교구가 아이들의 눈빛을 반짝 빛나도록 한다.
플라잉디스크를 소중히 다루는 것에서 시작해
올바른 방법과 자세로 날리는 방법과
부드럽게 선회하는 플라잉디스크의 희열감을 느낄 수 있도록 지도
하는 것
끝으로 플라잉디스크를 줍고 정리하는 것까지 모두 교사의 일이다.

킨볼은 네 명이 한 모둠이 되어서 협동심을 기른다.
운동신경이 좋은 아이도 그렇지 못한 아이도
모두 함께 받쳐주는 역할과 던지는 역할을 돌아가며 해본다.
다양한 변형 게임을 통해 준비운동을 해보는 건 어떨까?
킨볼을 굴리며 술래잡기도 해보고,
두 개의 원 대형으로 서서 그 사이로 공과 술래 간의 잡기놀이를
해보자.

함께 호흡하는 이 순간만큼은
모두가 하나 되어 하하 호호 웃으며 즐거운 시간이 될 수 있도록
하자.

넘치는 웃음 속에서 우리의 마음도 꽃이 피듯 열린다.
사람을 꽃에 비유한다면
우리의 삶도 꽃처럼 감동적이고 아름다워지는 것이다.
우리의 마음도 꽃과 같이 눈부시게 된다.

꽃과 같은 아이들의 마음이 아름답게 피어날 수 있도록
우리 아름다운 꽃이 되자.
향기로운 그늘로 아이들이 믿을 수 있는 성장의 발판이 되자.

너는 청개구리

노상래(경인교대 2학년)

플라잉디스크는 청개구리
내가 가라는 곳으로 안가고
다른 곳으로 도망간다.

플라잉디스크는 신기한 청개구리
가는 길에 커다란 장애물이 있어도
휙~ 옆으로 돌아서 피해간다.

플라잉디스크는 내말 안 듣는 청개구리
내말은 절대로 안 들으면서
선생님 손에서는 말 잘 듣는 순한 양이 된다.

하지만 플라잉 디스크는 나를 좋아하는 청개구리
내가 미워서 멀리 멀리 날려버려도
나에게 다시 돌아오려고 하는
나를 좋아하는 청개구리다.

너는 누구냐

장지인(경인교대 2학년)

거대한 공 무엇이냐
그 이름은 킨볼이네.

퉁퉁 뛰는 킨볼이랑
우리같이 놀아보세.

한사람은 술래하고
우리들은 킨볼 굴려.

술래학생 헉헉대고
우리들은 하하 호호.

다음번엔 내가 교사
PCK 구현합세.

볼 매

장혜수(경인교대 2학년)

우연히 시작된 너희와의 만남
납작하고 조그만 너 플라잉디스크
뚱뚱하고 둔한 너 킨볼
첫인상은 그냥 그랬지.

플라잉디스크
세심한 손길을 필요로 하는 너
때로는 과감하게 때로는 소심하게
재고 또 재서 다루지.

킨볼
많은 사람의 손길을 받는 너
때로는 과격하게 때로는 조심히
사람들 힘을 모으지.

예민하지만 귀여운 플라잉디스크
투박하지만 푸근한 킨볼
너희들은
볼
매
이젠 푹 빠져버렸다.

※ 볼 매 : 볼수록 매력

학생의 눈으로

박재연(경인교대 2학년)

학생의 눈으로 줄을 서보자.
앞의 친구와 뒤의 친구가
새로운 느낌으로 다가온다.

학생의 눈으로 새로운 것을 배워보자.
왜 내가 학생일 때는 이런 체육수업이 아니었을까?
왜 내가 학생일 때는 이런 교구를 못 배웠을까?

아쉬움은 곧 원망이 된다.
왜 그때 담임선생님은 그렇게 달리기만 고집하셨을까?
왜 그때 담임선생님은 체육수업 대신 수학수업을 하셨을까?

원망은 다시 다짐이 된다.
나는 재미있는 체육수업을 할 줄 아는 교사가 되자.
나는 아이들이 체육시간을 기다리도록 하는 교사가 되자.

학생의 눈으로 바라보면
좋은 교사가 되는 방법은 너무나 쉽게 찾을 수 있는 것을.

▌참고문헌

고문수(2004). 초등학생의 게임수업에 대한 인식. **한국체육학회지, 43**(1), 165~174.

고문수(2006). **초등학교 게임수업에서 갈등의 원천과 해소.** 미간행 박사학위논문, 인천대학교 대학원.

고문수(2008). 초등학교 체육수업의 가치 실천을 위한 방향 탐색. **한국스포츠교육학회지, 15**(4), 127~143.

고문수(2010). **초등 체육수업의 이해와 실제.** 한국학술정보(주).

고문수 · 강요한 · 김영근 · 박창건 · 조기희 · 조성익 공저(2010). **플라잉디스크를 활용한 체육수업.** 이담북스.

고문수 · 손천택(2009). **재미있는 도전활동 수업.** 서울: 레인보우북스.

고문수 · 이재용(2003). 초등학교 체육수업의 교수 전략 탐색. **한국체육학회지, 42**(5), 203~212.

곽은창 · 권순정(1999). 중학생의 남녀공학 체육수업 형태의 선호도와 체육활동에 관한 자아개념 분석. **한국스포츠교육학회지, 6**(2), 13~27.

교육과학기술부(2008). **초등학교 교육과정 해설Ⅴ: 체육, 음악, 미술, 외국어(영어).** 서울: 교육과학기술부.

교육인적자원부(2002). **초등학교 체육 교사용 지도서.** 대한교과서주식회사.

교육인적자원부(2007). **초중고등학교 교육과정.** 서울: 교육인적자원부.

권진규(2007). **고등학생의 뉴스포츠 참여에 따른 수업만족도와 스포츠 참여 의사의 관계.** 미간행 석사학위논문, 한국체육대학교 대학원.

김규성(2007). **여중생의 넷볼(NET-BALL) 수업 체험.** 미간행 석사학위논문, 고려대학교 대학원.

김나연(2004). **초등학교 여교사의 체육활동이 체육수업에 미치는 영향.** 미간행 석사학위논문, 이화여자대학교 대학원.

김낭규(2009). 뉴스포츠의 혼성 체육수업 적용 가능성 탐색: 학생체험을 중심으로. **한국스포츠교육학회지, 16**(3), 17~34.

김상용(2002). **자기 주도적인 준비운동 실시에 따른 체육 학습 효과.** 미간행 석사학위논문, 한국교원대학교.

김성곤(2008). 초등학교 예비교사의 뉴스포츠 종목을 활용한 체육실기 수업에 대한 인식. **한국체육학회지, 47(3)**, 151~163.

김승재(2007). 체육교사의 반성적 실천에 대한 내러티브 탐구. **한국스포츠교육학회지, 15(3)**, 1~20.

김승재 · 김진희 · 홍석표(2008). 뉴스포츠 운영을 통한 학교체육 활성화 방안. **한국체육학회지, 47(2)**, 197~208.

김영범(2008). 초등 체육교육에서의 뉴스포츠 운영 사례연구. **한국초등체육학회지, 14(3)**, 1~13.

김윤희(1999). 중학생들의 체육수업 선호 이유 분석. **한국스포츠교육학회지, 6(2)**, 93~110.

김윤희 · 강신복(2000). 중학생들의 체육수업 걱정거리 분석. **한국체육학회지, 39(2)**, 583~594.

김인상(2003). **초등학교 체육교육의 문제점과 개선방안에 관한 심층적 분석.** 미간행 박사학위논문, 경기대학교 대학원.

김태경(2008). **뉴스포츠의 체육수업 활용에 대한 체육교사의 내적 동기요인에 의한 직무 만족도.** 미간행 석사학위논문, 고려대학교 교육대학원.

김현우(2010). 넷볼(Net Ball)을 적용한 체육수업의 교육적 효과. **한국체육학회지, 49(1)**, 157~166.

김희상(2003). **뉴스포츠 개발을 위한 노인의 스포츠 활동 유형 및 요구 분석.** 미간행 박사학위논문, 고려대학교 대학원.

류태호(2005). 뉴스포츠의 사회적 역할. **한국체육학회 추계 학술대회 자료집.**

류태호 외 6인(2007). **게임수업의 새로운 접근.** 도서출판 대한미디어.

류태호 · 이병준(2006). 뉴스포츠의 개념과 교육적 의미. **한국스포츠교육학회지, 13(1)**, 67~82.

박노혁(2003). **초등학생의 방과 후 신체활동이 스트레스에 미치는 영향.** 미간행 석사학위논문, 청주교육대학교 교육대학원.

박성준(2005). **전통적 스포츠와 뉴스포츠 수업 참여자의 운동 능력별 동기요인 분석**, 미간행 석사학위논문, 고려대학교 대학원.

박종은(2009). **뉴스포츠 지도 경험에 대한 사례연구**. 미간행 석사학위논문, 한국교원대학교 대학원.

박현숙(2006). 특별활동 및 재량활동 교육과정 개발과 운영에 대한 초임교사의 내러티브 탐구. **초등교육연구, 19**(1), 421~448.

서영조 옮김(2009). **브레인 룰스**. 서울: 프런티어.

서장원(2007). **전인교육 실현을 위한 초등체육에의 통합적 접근: 서사적 관점에 근거한 하나로 수업 적용**. 미간행 박사학위논문, 건국대학교 대학원.

손환무(2008). **중학생들의 뉴스포츠 체육수업과 전통적 체육수업의 만족도 연구**. 미간행 석사학위논문, 한국체육대학교 대학원.

송형석(2005). **근대성, 몸 그리고 스포츠**. 이문출판사.

안양옥(2002). **초등학교 게임수업 탐구**. 도서출판 무지개사.

염지숙(2003). 교육 연구에서 내러티브탐구(Narrative Inquire)의 개념, 절차 그리고 딜레마. **교육인류학연구, 6**(1), 119~140.

유정애(2005). **체육과 교육과정 개정(시안) 연구 개발**. 한국교육과정평가원 CRC 2005 - 12.

유정애(2007). **체육과 교육과정 총론**. 서울: 대한미디어.

유정애 외 8인 공역(2003). **체육수업 모형**. 도서출판 대한미디어.

이경환(2010). 재미있는 킨볼 수업. **우리체육 5호**, 73~77.

이근오(2007). **뉴스포츠 활동이 초등학생의 체육학습에 미치는 효과**. 미간행 석사학위논문, 한국교원대학교 대학원.

이병관(2007). 체육수업에서 뉴스포츠 종목의 도안방안 모색. **한국스포츠리서치, 18**(2), 395~406.

이병준(2005). **중등체육과 1정 자격연수 자료집: 뉴스포츠의 이해와 적용**. 인하대학교 중등교육연수원.

이병화(2008). **뉴스포츠 활동이 초등학교 아동의 공격성 감소와 사회성에 미치는 영향**. 미간행 석사학위논문, 한국체육대학교 대학원.

이상기(2005). 학교체육 문제점과 해결방안에 관한 소고. **한국스포츠교육학회 학술대회 자료집**, 25~44.

이재용 · 안양옥 · 조순묵 · 이기천 공역(2005). **초등체육 가르치기.** 도서출판 대한미디어.

인천광역시교육청(2009). **학교체육활성화를 위한 체육교육 장학편람.** 인천: 유림출판사.

임수민(2009). **초등학생의 방과 후 뉴스포츠 활동 참여와 사회성 발달과의 관계.** 미간행 석사학위논문, 진주교육대학교 교육대학원.

장경환(2009). **플라잉디스크 활동이 초등학생의 체육수업 참여 태도와 만족도에 미치는 영향.** 미간행 석사학위논문, 서울교육대학교 교육대학원.

전세명(2010). 초등체육에서의 통합적 교수학습: 하나로 수업모형. **2010 초등체육의 새터 자료집,** 55~76.

전신옥(2008). **뉴스포츠 참여 중학생들의 신체적 자지효능감과 체육수업 만족이 학교생활 적응에 미치는 영향.** 미간행 석사학위논문, 용인대학교 대학원.

정기채(2005). **중등 체육과 직무연수 자료집: 체육교육 현장에서 뉴스포츠의 적용계획.** 광주광역시교육청.

천지애(2010). 교구를 활용한 표현활동. **2010 초등체육의 새 터 자료집,** 17~25.

최영효(2008). **고등학생의 뉴스포츠 체육수업에 대한 선호도와 만족도.** 미간행 석사학위논문, 한국체육대학교 대학원.

최의창(2005). 학교체육의 내실화와 초등체육의 역할. **한국체육정책학회 춘계 학술세미나,** 19~39.

최의창(2007). 중등체육에의 통합적 접근: 학문적 접근과 서사적 접근. **교육과 정평가연구,** 10(2), 349~376.

최의창(2010). **인문적 체육교육과 하나로 수업.** 서울: 레인보우북스.

하성화(2005). **변화하는 교육환경에 따른 뉴스포츠의 현장 활용 소개와 적용 방안.** 미간행 석사학위논문, 연세대학교 교육대학원.

홍은숙(2007). **교육의 개념.** 서울: 교육과학사.

Campbell, E.(2003). *The ethical teacher.* Philadelphia, PA: Open University Press.

Carlson, T. B.(1995). We hate gym: Students alienation from physical education.

Journal of teaching in Physical Education, 14, 467~477.

Clandinin, D. J. & Connelly, F. M.(2000). Narrative inquiry: Experience and story in Qualitative research. San Francisco: Jossey – Bass Publishers.

Housner, L. D. & Griffey, K. C.(1985). Teacher cognition: Differences in planing and interactive decision – making between experienced teachers. Research Quarterly for Exercise & Sport, 56, 45~53.

Luke, M. D. & Sinclair, G. D.(1991). Gender differences in adolescents' attitudes toward physical education. Journal of teaching in Physical Education, 11, 31~46.

Patton, M.(1990). Qualitative evaluation and research methods (2nd ed). Newbury Park, CA: Sage Publications.

Rink, J.(1993). Teaching physical education for learning (2nd ed). St. Louis: Times Mirror/Mosby.

Shulman, L. S.(1987). Knowledge of teaching: Foundation of the reform. Harvard Educational Review, 57, 1~21.

Spradley, J. P.(1979). The ethnographic interview. New York: Holt, Rienhart & Winston, 박종흡 역(2003). 문화기술적 면접법. 서울: 시그마프레스.

Wuest, D. & Bucher, C.(1999). Foundation of Physical Education and Sports. WCB/McGraw – Hill.

고문수

경인교육대학교 교육대학원 교육학석사(초등체육교육 전공)
인천대학교 대학원 체육학박사(스포츠교육학 전공)
전) 인천광역시 체육과 수석교사, 인천대학교 대학원 시간강사
현) 한국스포츠교육학회 상임이사, 우리체육 편집위원
　　경인교육대학교·인천광역시교육연수원 초등1정 강사
　　경인교육대학교·성결대학교 대학원 시간강사
　　인천광역시교육청 지식품앗이 강사
　　인천용일초등학교 교사

『초등학교 체육 6』 교과서 및 지도서 집필(2010)
『플라잉디스크를 활용한 체육수업』(2010)
『초등 체육수업의 이해와 실제』(2010)
『재미있는 도전활동 수업』(2009, 역서)
『육상수업, 체육관 100배 활용하기』(2010, 역서)

체육수업
어떻게 할까

초판인쇄 | 2010년 11월 22일
초판발행 | 2010년 11월 22일

지 은 이 | 고문수
펴 낸 이 | 채종준
펴 낸 곳 | 한국학술정보㈜
주   소 | 경기도 파주시 교하읍 문발리 파주출판문화정보산업단지 513-5
전   화 | 031) 908-3181(대표)
팩   스 | 031) 908-3189
홈페이지 | http://ebook.kstudy.com
E-mail | 출판사업부 publish@kstudy.com
등   록 | 제일산-115호(2000. 6. 19)

ISBN   978-89-268-1677-6 93690 (Paper Book)
           978-89-268-1678-3 98690 (e-Book)

이담 Books 는 한국학술정보(주)의 지식실용서 브랜드입니다.